会计综合模拟实训教程

主　编　刘丽娜
副主编　刘　芳　金　正　王金磊

中国财经出版传媒集团
中国财政经济出版社

图书在版编目（CIP）数据

会计综合模拟实训教程／刘丽娜主编．—北京：中国财政经济出版社，2017.3
ISBN 978-7-5095-7276-4

Ⅰ.①会… Ⅱ.①刘… Ⅲ.①会计学-教材 Ⅳ.①F230

中国版本图书馆 CIP 数据核字（2017）第 027839 号

责任编辑：温彦君　　　责任校对：张　凡
封面设计：孙俪铭　　　责任印制：杨　军

中国财政经济出版社 出版

URL：http：//www.cfeph.cn
E-mail：cfeph@cfeph.cn

（版权所有　翻印必究）

社址：北京市海淀区阜成路甲 28 号　邮政编码：100142
营销中心电话：88190406　北京财经书店电话：64033436　84041336
北京财经印刷厂印刷　　各地新华书店经销
787×1092 毫米　16 开　14.25 印张　370000 字
2017 年 3 月第 1 版　2017 年 3 月北京第 1 次印刷
定价：49.00 元
ISBN 978-7-5095-7276-4
（图书出现印装问题，本社负责调换）
本社质量投诉电话：010-88190744
打击盗版举报热线：010-88190492、QQ：634579818

前　言

2014年，国务院印发了《关于加快发展现代职业教育的决定》，明确提出探索发展本科层次职业教育。为了提高学生的社会职业素养和就业竞争力，应构建以职业需求为导向、以实践能力培养为重点的实践教学体系。

会计学专业作为一个应用型管理类专业，其培养的毕业生大多数从事实际的经济管理工作，因此，在会计教学过程中应始终坚持理论联系实际，不仅向学生传授会计理论和方法，而且要培养学生应用会计理论和方法来解决实际问题的能力。综合模拟实训是一种将理论与实务成功结合的教学方式，在培养会计学、财务管理等专业学生的实际动手能力，提高学生的综合分析及解决问题能力等方面具有极为重要的作用。本教材记录了与实际业务完全一致的原始凭证，力求还原企业经济业务的全貌，使参加实训的学生在模拟环境下，熟悉日常会计业务处理流程；掌握识别原始凭证、利用复式记账原理正确编制会计分录及过账的基本技能；掌握期末主要财务报表的编制；熟悉主要税种的报税业务等。

为了使毕业生走上工作岗位后能够尽快适应并胜任实际工作，本教材在内容安排上有以下几个特点：

1."新业务"。以《企业会计准则》（2006）和《会计基础工作规范》为依据，在总结会计实践教学基本业务类型的基础上，同时考虑了2014年准则的新变化，设计了相应的业务类型，目的是使学生掌握会计改革的新内容和新动向。

2."新税法"。2016年5月，我国全面实施"营改增"政策。在编写过程中，编者注重收集"营改增"后经济业务、原始凭证和纳税申报的一些新变动，并将其如实反映在教材中。

3."职业需求导向"。在现代企业中，除了农业、工业之外，服务型企业占比高，类型多。每年参加校园招聘的以房地产开发、物流、旅游饭店等企业居多，且会计学和财务管理专业学生的就业去向也以房地产开发、物流、旅游等服务型企业为主。而在会计学、财务管理专业培养方案中针对房地产开发、物流、旅游等服务型企业的经济业务会计处理基本不涉及，这就使得学生到了工作单位之后，有很长时间不能适应工作需要。本教材在结构设计上重视学生的职业需求，在业务选取方面强调学以致用，为会计学、财务管理专业学生缩短岗位"适应期",并能很快胜任会计工作提供了较大帮助。

  本教材的编写得到山东省省级教学改革与质量工程项目的资助。山东师范大学商学院刘丽娜教授担任本教材主编,负责全书的总体结构设计,拟定编写大纲并进行写作分工。山东师范大学商学院的刘芳老师、金正老师和王金磊老师担任本教材副主编。全书编写的具体分工为:上编第一、二章由刘芳老师编写;下编的第三章由王金磊老师编写;第四章由金正老师编写;第五章由刘丽娜老师编写。在教材的编写过程中,朱仁奎教授、孙静副教授、李颖老师提出了很多宝贵的意见。此外,参加本书原始凭证收集的有会计学专业的研究生,她们是陈慧敏、马亚民、于洁、刘婧泓、高冉、景佩佩、卞晓姗等同学,在此向他们表示感谢。最后,全书由刘丽娜教授总纂定稿。

  在此需要说明的是,教材中所涉及的单位名称、经济业务金额等全部是为了满足实训需要而虚构的。

  由于时间仓促,水平有限,加之新准则和"营改增"的影响,本教材的内容表述和业务的前后连贯性可能会存在疏漏和错误,恳请读者批评指正!

本教材由山东师范大学规划教材资助出版。

编 者
2016 年 12 月

目 录

上编 工业企业会计核算

第一章 工业企业基本经济业务 ·· 3
 第一节 工业企业概述 ·· 3
 第二节 工业企业会计核算流程及特点 ······························ 4
 第三节 工业企业会计核算案例 ······································ 6
第二章 工业企业报税业务 ·· 117
 第一节 增值税报税业务 ·· 118
 第二节 企业所得税报税业务 ·· 129

下编 服务企业会计核算

第三章 物流企业基本经济业务 ·· 137
 第一节 物流企业概述 ·· 137
 第二节 物流企业会计核算特点 ····································· 138
 第三节 物流企业会计核算案例 ····································· 139
第四章 房地产企业基本经济业务 ··· 166
 第一节 房地产企业概述 ··· 166
 第二节 房地产企业会计核算特点 ·································· 167
 第三节 房地产企业会计核算案例 ·································· 169

第五章 旅游饭店企业基本经济业务 …………………………… 187
 第一节 旅游饭店企业概述 ………………………………………… 187
 第二节 旅游饭店企业会计核算特点 ……………………………… 188
 第三节 旅游饭店企业会计核算案例 ……………………………… 189

上 编

工业企业会计核算

第一章 工业企业基本经济业务

【实验目的】

本章会计核算实务以工业企业日常经营活动为主要内容,重点展示了工业企业的资金筹集、生产准备、产品生产、产品销售以及财务成果形成与分配等经济业务。通过模拟企业某个会计期间各项经济业务的会计处理,使学生熟悉从填制审核会计凭证、登记会计账簿到形成会计报表的基本流程,掌握工业企业各种经济业务会计核算的基本方法,加强和提高对会计基本理论的系统理解,培养把理论知识运用于实践的能力,增强会计操作的动手能力。

【实验要求】

本章实验要求学生掌握以下内容:
一是熟悉工业企业会计操作的基本流程;
二是掌握会计实务中各种凭证的填写,各种经济业务处理的具体方法;
三是掌握产品成本的计算程序与方法以及会计实务工作中建账、登账和编制会计报表的基本方法;
四是熟悉会计实务工作中各岗位的任务和职责。

第一节 工业企业概述

工业企业是指在社会经济活动中,直接从事产品加工制造和销售活动,并以此为主营业务的独立核算、自主经营、自负盈亏的经济组织。

工业企业的主要经济活动有：

采购原材料。采购原材料是产品进入市场流通前的第一环节，是企业为保证日常生产的正常进行，为顺利实现生产作业计划所从事的准备工作。

制造工业性产成品。制造工业性产成品是从原材料投入到产成品出产的全过程，通常包括工艺过程、检验过程、运输过程、等待停歇过程和自然过程。

销售产成品。销售产成品是工业企业的关键环节，是从产成品验收入库开始到销售给购买方为止的过程，通常包括销售产成品、办理结算、收回货款等经济业务。

提供工业性劳务。提供工业性劳务是指工业企业对外提供工业劳务，比如：加工作业、设备技术改造劳务等。

第二节　工业企业会计核算流程及特点

一、工业企业会计核算流程

会计流程即会计工作基本流程，是会计人员在会计期间内，按照会计制度，运用一定的会计方法，遵循一定的会计步骤对经济数据进行记录、计算、汇总、报告，从编制会计凭证、登记会计账簿到形成会计报表的过程。这种依次发生、周而复始的会计处理过程也称为会计循环（见图1-1）。

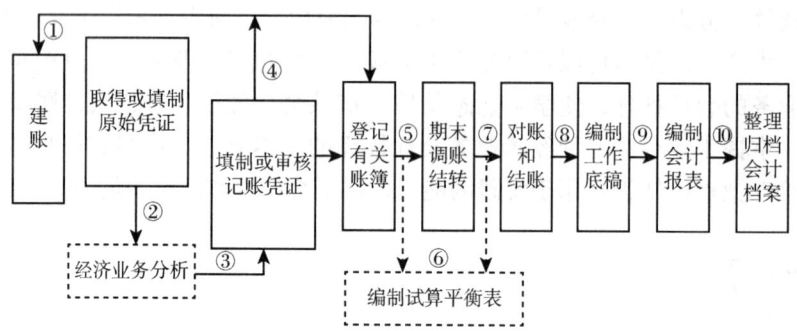

图1-1　会计工作基本流程图

工业企业的一般会计核算流程如下：

1. 建账。根据企业要求和企业特点，设计和购买符合企业所需要的账簿，然后根据企业日常发生的业务情况登记账簿；

2. 经济业务分析。会计在发生经济业务后，首先要进行分析：交易或事项对哪些会计等式项目产生影响，具体涉及哪些账户，账户是增加还是减少，余额变化是多少等，然后编制会计分录；

3. 编制记账凭证。对企业发生的经济业务进行确认和计量，并根据其结果，运用复式记账法编制会计分录，填写会计凭证；

4. 登记有关账簿。根据会计凭证分别登记有关的日记账、总分类账和明细分类账，并结出发生额和余额；

5. 编制试算平衡表。从账户的发生额和余额的角度验证记账是否正确，发现记账过程中的差错，及时纠正。试算平衡表可定期或不定期地编制，因为试算平衡表使用频繁，大多数企业会提前印制好，实际编制时只需填入各账户发生额或余额并予以汇总即可；

6. 期末调账与结转。期末将本月所发生的经济业务全部登记入账后，按照权责发生制原则，确认本期应计收入和费用，并据以对账簿记录的有关账项作出必要调整，编制结账分录并登记入账。期末损益结转是会计工作的重要业务，期末将收入收益、成本费用结转至本年利润，结转后损益类科目余额为零；

7. 对账和结账。对账是为确保账簿记录的正确、完整和真实，在有关经济业务入账以后，进行的核对工作，主要有账账、账证、账实核对；

8. 编制工作底稿。会计工作底稿是会计人员为便于对账、结账和编制会计报表而使用的一种计算方式。编制工作底稿是会计资料由账簿记录向报表过渡的一项重要的会计核算工作；

9. 编制会计报表。会计报表主要是以单位的账簿核算资料为依据编制的。会计报表所提供的资产、负债、所有者权益、收入、费用和利润等会计信息，对于企业的投资者、债权人以及政府管理部门等都有重要的作用；

10. 整理装订会计档案。会计档案是指会计凭证、会计账簿和财务报告等会计核算专业资料，是记录和反映单位经济业务的重要资料和证据。会计档案的整理和装订是会计业务范围内的工作，当年形成的会计档案由财务部门按照归档要求，负责整理立卷，装订成册，编制会计档案保管清册。暂由会计机构保管一年，期满后由会计机构移交本单位综合档案室统一保管。

二、工业企业会计核算特点

这里我们主要介绍工业企业成本费用的核算，具体包括成本核算内容、成本项目以及账户设置三部分。

1. 成本核算内容。工业企业产品生产成本的构成，包括生产过程中实际消耗的直接材料、直接人工、其他直接支出和制造费用；企业行政管理部门为管理和组织经营活动所发生的各项管理费用、企业为筹集资金而发生的财务费用、为销售产品而发生的销售费用与产品生产没有直接联系，而是按发生的期间归集，直接计入当期损益的，因此，它们构成了企业的期间费用。

2. 成本项目。为了便于归集生产费用，正确计算产品成本，需要对生产费用进行合理的分类。生产费用按经济用途划分，可分为以下三个成本项目：（1）直接材料。直接材料包括企业生产经营过程中实际消耗的原材料、辅助材料、备品配件、外购半成品、燃料、动力、包装物以及其他直接材料。（2）直接人工。直接人工包括支付给生产工人的工资及福利。（3）制造费用。制造费用包括企业各个生产单位（分厂、车间）为组织和管理生产所发生的各种费用。一般包括：生产单位管理人员工资及福利费，生产单位的固定资产折旧费，租入固定资产租赁费，修理费，机物料消耗，低值易耗品，取暖费，水电费，办公费，差旅费，运输费，保险费，设计制图费、实验检验费、劳动保护费，季节费，修理期间的停工损失费以及其他制造费用。

3. 账户设置。为了归集工业企业发生的各项费用和正确反映实际成本，工业企业应专门设置如下三个主要账户：（1）"基本生产成本"账户。用来核算基本生产所发生的各种生产费用。基本生产所发生的各项费用计入账户的借方，完工入库的产品成本计入账户的贷方，该账户的余额为基本生产在产品的成本。该账户应根据管理要求按车间及产品品种设置明细账。

（2）"辅助生产成本"账户。用来核算辅助生产所发生的各种生产费用。辅助生产所发生的各项费用记入账户的借方，完工入库的成本或分配转出的劳务费用记入账户的贷方，该账户的余额为辅助生产在产品的成本。该账户按辅助生产车间设置明细账。（3）"制造费用"账户。制造费用是指工业企业为生产产品（或提供劳务）而发生，应该计入产品成本但没有专设成本项目的各项生产费用。制造费用一般包括：机物料消耗、工资及福利费、折旧费、修理费、租赁（不包括融资租赁）费、保险费、低值易耗品摊销、水电费、取暖费、运输费、劳动保护费、设计制图费、实验检验费、差旅费、办公费、在产品盘亏、毁损和报废（减盘盈），以及季节性及修理期间停工损失等。发生的如上费用应记入该账户的借方，月末从贷方分配转出，一般情况下该账户月末无余额。

第三节 工业企业会计核算案例

一、企业基础信息

企业名称：立商有限责任公司
企业类型：工业企业
地址：山东省济南市文化东路666号
电话：0531-67755089
法定代表人：苏哲
纳税人类型：增值税一般纳税人
开户银行：1. 中国工商银行济南市文东支行
账户：基本存款账户　账号：01400822600777
2. 中国农业银行济南市文东支行
账号：05130066008823
注册资金：2 000万元　《企业法人营业执照》注册号：695947718
国家税务局、地方税务局《税务登记证》登记号：340883456119
占地使用面积：54亩（35 999.64平方米）
房产总值：15 673 780元
投资方名称及投资比例：①良帝公司，投资比例60%；②长林公司，投资比例40%。
生产概况：共设两个车间。其中，基本生产车间包括：①铸造车间，生产半成品铸件；②加工车间，生产产成品立商牌LS6-5型钻孔机、立商牌FB8-7型开孔机（主要用于各种运输管道的修理）。辅助生产车间一个：供汽车间，负责整个企业的动力需求。
职工人数：共229人。其中，董事长1人，财务部8人，行政办公室10人，质量检验部8人，业务部10人，仓储部6人，铸造车间管理人员8人，铸造车间生产工人90人，加工车间管理人员4人，加工车间生产工人70人，维修车间管理人员2人，维修车间工人12人。

二、主要组织机构、相关责任人及其职责

1. 董事长：苏哲，公司法定代表人，全面负责整个公司的生产经营管理工作，分管公司财

务部、行政办公室、业务部等有关部门。

2. 财务部：

（1）经理：肖燕。主要负责公司各项财务管理规章制度的制定，编制资金筹集和使用计划，进行财务决算、会计报表的分析和评价，负责进行会计稽核，参与公司重大经济业务的预测和决策，并参与相关经济业务合同的拟订及审核。

（2）总账会计：常林。主要负责定期汇总编制科目汇总表，登记总分类账户，进行产品成本核算，计算利润并进行利润分配。督促期末对账，负责编制公司各种财务报表，保管会计档案。

（3）二级账会计：李玉坤、王丽华、张明辉、刘淑云。负责填制记账凭证，登记除现金日记账、银行存款日记账之外的各种明细分类账户，负责开具增值税专用发票、普通发票等各种发票。

（4）出纳员：王天浩、张梦琪。负责办理公司现金和银行存款的收付业务，对公司的库存现金、各种有价证券和支票的安全性、完整性负责，对公司现金、银行存款收付的正确性负责，负责登记现金日记账、银行存款日记账，负责编制工资结算表。兼办税员，负责办理各项税款及各种社会保险的申报和缴纳。

3. 行政办公室：主任，王福军。主要负责整个公司的对外接待、联络，公司的人力资源管理、制定公司的工资方案、员工增减计划，负责公司的各项行政后勤事务等。

4. 质量检验部：主任，李志明。主要负责公司各个生产车间生产的半成品（铸件）和产成品（立商牌LS6-5型钻孔机、立商牌FB8-7型开孔机）的质量检测，负责对公司采购部采购的原材料、设备等进行检测，签署产品质量和原材料、设备质量意见。

5. 业务部：经理，孙海龙。主要负责建立公司产品的销售网络，签订公司产品销售合同和日常销售业务的管理，并负责公司销货款的回收等。具体包括组织公司原材料等货源，签订公司各种原材料、设备等进货合同，并保障其安全性。

6. 仓储部：部长，高振。主要负责办理公司各种原材料、半成品、产成品的验收入库手续，保障库存材料、半成品及产成品的安全和完整，负责办理原材料、半成品和产成品的出库手续，并及时为公司采购部、销售部提供各种原材料、半成品和产成品的库存数量等方面的信息。

7. 铸造车间：主任，詹天佑。主要负责铸造车间立商牌LS6-5型钻孔机和立商牌FB8-7型开孔机毛坯的生产和管理。

8. 加工车间：主任，田国庆。主要负责加工车间产成品立商牌LS6-5型钻孔机和立商牌FB8-7型开孔机的生产和管理。

9. 维修车间：主任，马丽。主要负责整个企业各种机器设备等的维护和修理。

三、企业内部会计制度设计

1. 会计核算工作的组织形式：采用公司财务部集中核算形式。
2. 会计账务处理程序：采用科目汇总表账务处理程序。每半个月编制一次科目汇总表。
3. 使用的会计制度：2006年财政部发布的于2007年施行的《企业会计准则》。
4. 记账方法：借贷记账法。

5. 采用的记账凭证格式：通用记账凭证。

6. 账簿的开设：按照《企业会计准则》的规定，公司会计核算开设总分类账、明细分类账和日记账。其中：总分类账采用三栏式账页，日记账包括库存现金日记账和银行存款日记账，采用三栏式账页，总账和日记账均采用订本账簿。明细分类账可根据核算需要分别选择各种格式的活页账，其中：债权、债务、资本等账簿采用三栏式账页，存货等财产物资采用数量金额式账页，固定资产采用卡片账，增值税等采用专用多栏式账页，生产成本、管理费用、制造费用、财务费用等采用多栏式账页账簿。

7. 会计报表的编制：按照《企业会计准则》规定，公司统一编制资产负债表和利润表。

8. 库存现金限额：10 000 元。

9. 坏账损失核算的规定：坏账损失的核算采用"备抵法"。"坏账准备"的计提采用"应收账款余额百分比法"，提取比例为5%。本公司的"应收票据"和"其他应收款"按历史情况分析，发生坏账的概率较小，所以期末对"应收票据"和"其他应收款"的余额不计提坏账准备金。

10. 存货核算的规定：

（1）材料、库存商品等按实际成本计价。入库时，根据材料入库单逐笔登记入库材料的成本；出库时，按月末一次加权平均法计算单位成本，其中，发出存货的成本采用倒挤法计算。本企业材料、库存商品设置数量金额式明细账，由财会部门登记。

（2）周转材料等按实际成本计价。入库时，根据入库单逐笔登记入库包装物、低值易耗品的成本；周转材料领用时采用期末一次加权平均法计算其发出存货成本，其中发出包装物的成本采用倒挤法计算，计价误差挤入随货同行发出包装物成本中；包装物的摊销采用一次摊销法，低值易耗品价值的摊销采用五五摊销法。

11. 固定资产核算的规定：

（1）固定资产折旧计提采用平均年限法。

（2）固定资产折旧额采用月分类折旧率计算，其中：房屋建筑物类月折旧率为0.5%；机器设备类月折旧率为0.8%；汽车及其他设备月折旧率为0.6%。

12. 无形资产核算的规定：

无形资产采用直线法摊销，摊销年限分别为：专利权为20年，专有技术为10年，商标权为10年，土地使用权为50年。

13. 成本费用核算的规定：

（1）产品成本计算按照公司生产经营的特点和成本管理的要求采用综合结转分步法（共分两步，第一步：生产立商牌LS6-5型钻孔机毛坯和立商牌FB8-7型开孔机毛坯；第二步：生产立商牌LS6-5型钻孔机和立商牌FB8-7型开孔机产成品）。第一步生产立商牌LS6-5型钻孔机毛坯和立商牌FB8-7型开孔机毛坯，完工时直接转入第二步生产产成品，不设自制半成品，半成品无期初、期末在产品。产成品不要求进行成本还原。立商牌LS6-5型钻孔机毛坯的定额工时为24工时，立商牌FB8-7型开孔机毛坯定额工时为34工时；将毛坯加工为产成品需要的工时分别为立商牌LS6-5型钻孔机19工时、立商牌FB8-7型开孔机26工时；相当于立商牌LS6-5型钻孔机总定额工时为43工时，立商牌FB8-7型开孔机总定额工时为60工时。

（2）不同产品共同耗用同一种材料，采用定额耗用量比例法在不同产品之间进行分配。开孔机毛坯投产产量400台，单位产品材料铸铁费用定额150元，单位产品材料生铁费用定额300

元。钻孔机毛坯投产产量 800 台，单位产品材料铸铁费用定额 55 元，单位产品材料生铁费用定额 100 元。

（3）公司外购电力按照各受益单位用电度数进行分配，车间生产产品用电费用按照各个车间生产产品的定额工时比例在各个车间的各种产品之间进行分配。

（4）外购水费按照各个受益对象直接进行分配。

（5）辅助生产车间发生的一切费用均直接记入"生产成本——辅助生产成本"，采用直接分配法。

（6）各个车间生产工人工资，按照每种产品的定额工时比例在各种产品之间进行分配。

（7）工会经费、职工教育经费分别按当月工资总额的 2% 和 2.5% 计提。

（8）各个车间的制造费用按照车间产品定额工时比例在不同产品之间进行分配。

（9）月末在产品成本采用约当产量法进行计算。原材料在每道工序开始生产时一次投入，月末在产品平均完工程度为 50%。

（10）各项成本费用分配率保留四位小数。

（11）借款利息按月预提，按季支付。

14. 相关税费核算的规定：

（1）本公司为增值税一般纳税人，税率为 17%。公司外购的材料、包装物、低值易耗品等以及销售的库存商品均为不含税价格。应由公司负担的购销过程中的运输费，按取得的运输部门开具的增值税专用发票上的金额抵扣增值税进项税额。

（2）城市维护建设税和教育费附加分别按照流转税额的 7% 和 3% 的比例计算缴纳。

（3）企业所得税按月计提预缴，按年汇算清缴。会计处理按照"资产负债表法"，税率为 25%；在计算应纳税所得额时，职工工资可以据实扣除，职工福利费据实扣除；职工教育经费及工会经费在工资总额的 2.5% 和 2% 范围内按实际发生额扣除；由公司承担并交纳的养老保险、医疗保险、失业保险、工伤保险、住房公积金等分别按上年度缴费职工月平均工资的 8%、2%、1%、0.8%、10% 计算，准予税前扣除（假定本月职工工资与上年度月平均工资额相同）。

（4）职工个人所得税按照七级超额累进税率计算代扣代缴。由职工个人承担的养老保险、医疗保险、失业保险、住房公积金等分别按其本人上年月平均工资总额的 10%、4%、2%、10% 的比例计算，并允许税前扣除。

（5）房产税、车船税、土地使用税按年征收。其中：房产税按房产原值扣除 30% 后的余额作为计税基础，税率为 1.2%。房屋出租，以租金收入作为计税基础，税率为 12%。土地使用税年应纳税额按 8 元每平米计算；车船税按照相关规定计算。

15. 利润及利润分配的规定：

（1）本公司的"本年利润"采用"账结法"计算。

（2）年末公司按税后净利润的 10% 比例计提法定盈余公积，按税后净利润的 5% 比例计提任意盈余公积。

（3）年末公司税后分配给各个投资者的比例由公司董事会决定。当年税后净利润提取法定盈余公积和任意盈余公积后的剩余利润的 40% 部分分配给各个投资者，按照各个投资者的投资比例进行，其中：良帝公司比例为 60%，长林公司为 40%。

16. 其他规定：

会计数据计算中，要求精确到小数点后两位（成本费用分配率除外），如果存在尾差按照业务需要进行调整。

四、经济业务资料

立商有限责任公司20**年11月30日总账、明细账期末余额及相关数量指标如下：

1. 总分类账和明细分类账11月30日余额见表1-1：

表1-1　　　　　立商有限责任公司相关账户11月30日余额　　　　　单位：元

总账科目	明细账科目	借方余额	贷方余额
库存现金		8 000.00	
银行存款	工行	7 205 680.00	
应收账款		1 558 890.80	
	建勋公司	640 000.00	
	红皖公司	868 890.80	
	青山公司	50 000.00	
坏账准备			77 944.54
预付账款		1 450 000.00	
	泰安贸易公司	250 000.00	
	西南钢铁厂	1 200 000.00	
原材料		2 357 652.00	
	铸铁	257 890.00	
	生铁	308 765.00	
	树脂	435 786.00	
	石英砂	589 321.00	
	电机	765 890.00	
生产成本		473 286.00	
	立商牌LS6-5型钻孔机	224 080.00	
	立商牌FB8-7型开孔机	249 206.00	
库存商品		2 517 637.40	
	立商牌LS6-5型钻孔机	1 246 175.00	
	立商牌FB8-7型开孔机	1 271 462.40	
周转材料		158 000.00	
	包装物（木箱）	78 000.00（单价60元）	
	低值易耗品（工作服）	16 000.00（单价80元）	
	低值易耗品（金属模具）	64 000.00（单价128元）	
固定资产		30 464 250.00	

续表

总账科目	明细账科目	借方余额	贷方余额
	建筑物	15 673 780.00	
	汽车	2 008 560.00	
	树脂砂设备	5 207 500.00	
	造型模具设备	6 789 410.00	
	锅炉	700 000.00	
	其他	85 000.00	
累计折旧			2 310 066.48
在建工程	厂房	4 506 420.00	
无形资产		7 800 000.00	
	专利权	5 000 000.00	
	商标权	800 000.00	
	土地使用权	2 000 000.00	
累计摊销			1 400 000.00
短期借款	工行		13 520 000.00
应付票据	武汉机械公司		1 200 000.00
应付账款			4 056 719.11
	明光工厂		2 151 670.00
	铜陵钢铁厂		1 850 668.88
	济南市自来水公司		10 206.00
	济南市供电公司		44 174.23
应付职工薪酬			484 408.16
	工资		353 470.00
	社会保险费		80 591.16
	住房公积金		35 347.00
	工会经费		15 000.00
应付利息	工行		207 856.00
应交税费			597 950.00
	应交企业所得税		175 800.00
	应交城建税		14 000.00
	应交教育费附加		6 000.00
	未交增值税		402 150.00
其他应付款			80 288.70
	社会保险费		38 881.70
	杨恒贵		6 060.00
	住房公积金		35 347.00
长期借款	工行		4 000 000.00

续表

总账科目	明细账科目	借方余额	贷方余额
实收资本			20 000 000.00
	良帝公司		12 000 000.00
	长林公司		8 000 000.00
资本公积			1 967 800.00
盈余公积			1 567 840.00
本年利润			2 056 700.00
利润分配	未分配利润		4 972 243.21
合计		58 499 816.20	58 499 816.20

2. "原材料"期末明细资料，见表1-2：

表1-2　　　　"原材料"相关明细账户11月30日余额　　　　单位：元

材料名称	计量单位	数量	单价	金额
铸铁	吨	50.00	5 157.80	257 890.00
生铁	吨	81.50	3 788.53	308 765.00
树脂	吨	164.45	2 650.00	435 786.00
石英砂	吨	94.29	6 250.50	589 321.00
电机	台	500	1 531.78	765 890.00
合计				2 357 652.00

3. "库存商品"期末明细资料，见表1-3：

表1-3　　　　"库存商品"相关明细账户11月30日余额　　　　单位：元

商品名称	数量（台）	单价	金额
立商牌LS6-5型钻孔机	350	3 560.50	1 246 175.00
立商牌FB8-7型开孔机	312	4 075.20	1 271 462.40
合计			2 517 637.40

4. "生产成本"期末明细资料，见表1-4：

表1-4　　　　"生产成本"相关成本项目11月30日余额　　　　单位：元

成本项目	直接材料	直接人工	制造费用	合计
立商牌LS6-5型钻孔机	144 030.00	50 950.00	29 100.00	224 080.00
立商牌FB8-7型开孔机	166 166.00	52 860.00	30 180.00	249 206.00
合计				473 286.00

5. 铸造车间立商牌 LS6 – 5 型钻孔机毛坯及 FB8 – 7 型开孔机毛坯月初月末均没有在产品。

五、12 月份经济业务

1. 1 日，从工商银行提取现金 6 500 元。原始凭证见相关单据 1 – 1。

原始凭证 1 – 1

2. 1 日，销售部陈伟去南京出差，预借差旅费 2 500 元。原始凭证见相关单据 1 – 2。

借款凭证

20＊＊年12月1日　　　　　　　　　　　　　　　　No.00126

借款部门：销售部		现金付讫
借款理由：往南京市联系业务。		
借款数额：人民币（大写）：贰仟伍佰元整　￥2 500.00		
借款部门负责人意见：同意。王天浩、张梦琪　借款人（签章）：陈伟		
厂部领导批示： 同意。 苏哲	会计主管审核： 同意。 肖燕	备注：

第二联　财会记账

原始凭证 1 – 2

3. 1日，向西南钢铁厂购入生铁50吨，单价4 000元，增值税税率17%，运费2 500元，材料已验收入库，货款已预付。原始凭证见相关单据1－3至单据1－7。

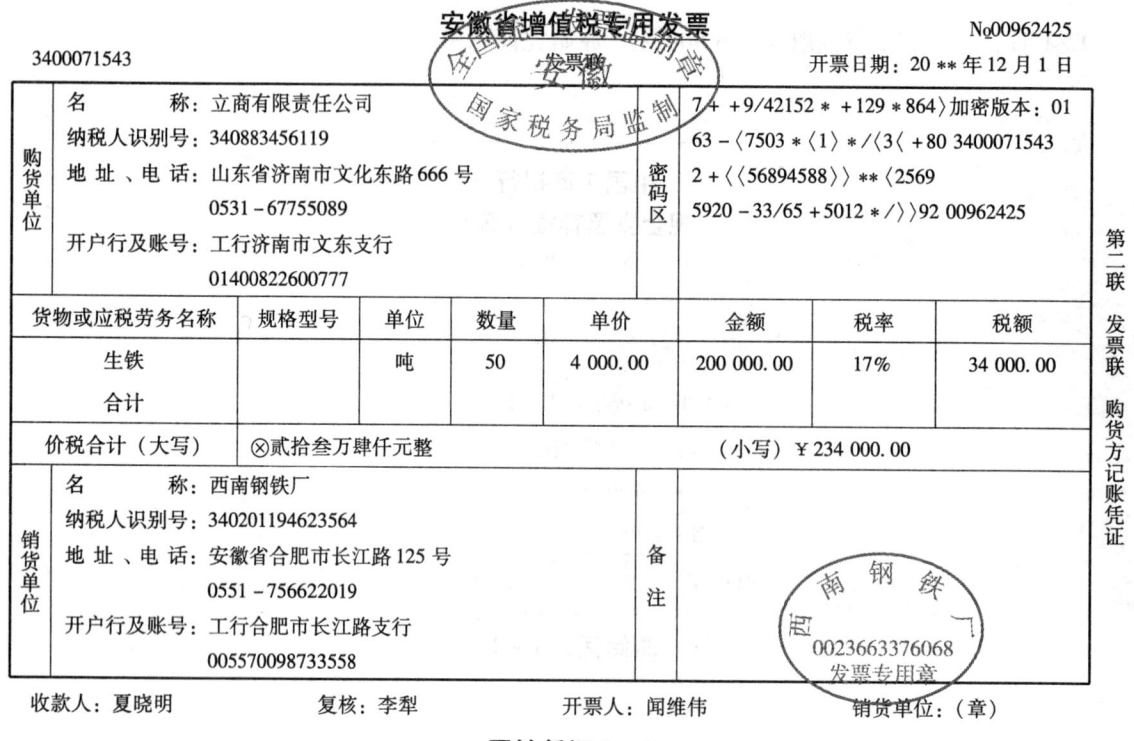

原始凭证1－3

材料入库单

No 000118

材料科目：原材料
材料类别：原料及主要材料　　　供应单位：西南钢铁厂
发票号码：00962142　　　　　　20∗∗年12月1日　　　　　　　收料仓库：1

材料名称	计量单位	数量		实际成本					备注
		应收	实收	买价		运杂费	其他	合计	单位成本
				单价	金额				
生铁	吨	50	50	4 000	200 000				

记账：王丽华　　　　　　　　　收料：高振　　　　　　　　　制单：王丽华

原始凭证1－4

安徽省增值税专用发票

No 00962425

3400071543　　　　　　　　　　　　　抵扣联　　　　　　　　　　　开票日期：20＊＊年12月1日

购货单位	名　　称：立商有限责任公司					密码区	7＋＋9/42152＊＋129＊864〉加密版本：01 63－〈7503＊〈1〉＊/〈3＋80 3400071543 2＋〈〈56894588〉〉＊＊〈2569 5920－33/65＋5012＊/〉〉92 00962425		
	纳税人识别号：340883456119								
	地　址、电　话：山东省济南市文化东路666号 　　　　　　　　0531－67755089								
	开户行及账号：工行济南市文东支行 　　　　　　　01400822600777								
货物或应税劳务名称	规格型号	单位	数量	单价		金额	税率	税额	
生铁		吨	50	4 000.00		200 000.00	17%	34 000.00	
合计									
价税合计（大写）	⊗贰拾叁万肆仟元整					（小写）￥234 000.00			
销货单位	名　　称：西南钢铁厂					备注	0023663376068 发票专用章		
	纳税人识别号：340201194623564								
	地　址、电　话：安徽省合肥市长江路125号 　　　　　　　　0551－756622019								
	开户行及账号：工行合肥市长江路支行 　　　　　　　005570098733558								

收款人：夏晓明　　　　复核：李犁　　　　开票人：闻维伟　　　　销货单位：（章）

原始凭证1－5

安徽省增值税专用发票

No 009262546

3400026251　　　　　　　　　　　　　发票联　　　　　　　　　　　开票日期：20＊＊年12月1日

购货单位	名　　称：立商有限责任公司					密码区	7＋＋9/42152＊＋129＊864〉加密版本：01 63－〈7503＊〈1〉＊/〈3＋80 3400026251 2＋〈〈56894588〉〉＊＊〈2569 5920－33/65＋5012＊/〉〉92 00962546		
	纳税人识别号：340883456119								
	地　址、电　话：山东省济南市文化东路666号 　　　　　　　　0531－67755089								
	开户行及账号：工行济南市文东支行 　　　　　　　01400822600777								
货物或应税劳务名称	规格型号	单位	数量	单价		金额	税率	税额	
提供运输服务		吨	50			2 500.00	11%	275.00	
合计									
价税合计（大写）	⊗贰仟柒佰柒拾伍元整					（小写）￥2 775.00			
销货单位	名　　称：九华物流公司					备注	货物名称：生铁 起运地、到达地：安徽→山东 632314564776 发票专用章		
	纳税人识别号：540106718540270								
	地　址、电　话：合肥市金陵区人民路6号 0551－7666655								
	开户行及账号：工行合肥市人民路支行 　　　　　　　004570455433547								

收款人：　　　　复核：　　　　开票人：　　　　销货单位：（章）

原始凭证1－6

安徽省增值税专用发票

No 009262546

3400026251　　　　　　　　　　　　　　　　　　　　　　　　　　　开票日期：20**年12月1日

购货单位	名　　称：立商有限责任公司					7+ +9/42152 * +129*864) 加密版本：01		
	纳税人识别号：340883456119					63 -(7503*(1) */(3 (+80 3400026251		
	地　址、电话：山东省济南市文化东路666号 0531-67755089					2+((56894588)) **(2569		
	开户行及账号：工行济南市文东支行 01400822600777					5920-33/65+5012*/))92 009262546		
货物或应税劳务名称	规格型号	单位	数量	单价	金额	税率	税额
提供运输服务		吨	50		2 500.00	11%	275.00
合计							
价税合计（大写）　⊗ 贰仟柒佰柒拾伍元整					（小写）¥2 775.00		
销货单位	名　　称：九华物流公司				备注	货物名称：生铁		
	纳税人识别号：540106718540270							
	地　址、电话：合肥市金陵区人民路6号 0551-7666655					起运地、到达地：安徽→山东		
	开户行及账号：工行合肥市人民路支行 004570455433547					632314564776 发票专用章		
收款人：　　　　　复核：　　　　　开票人：　　　　　销货单位：（章）								

原始凭证 1-7

4. 2日，以工行存款支付广告费15万元。原始凭证见相关单据1-8、1-9和1-10。

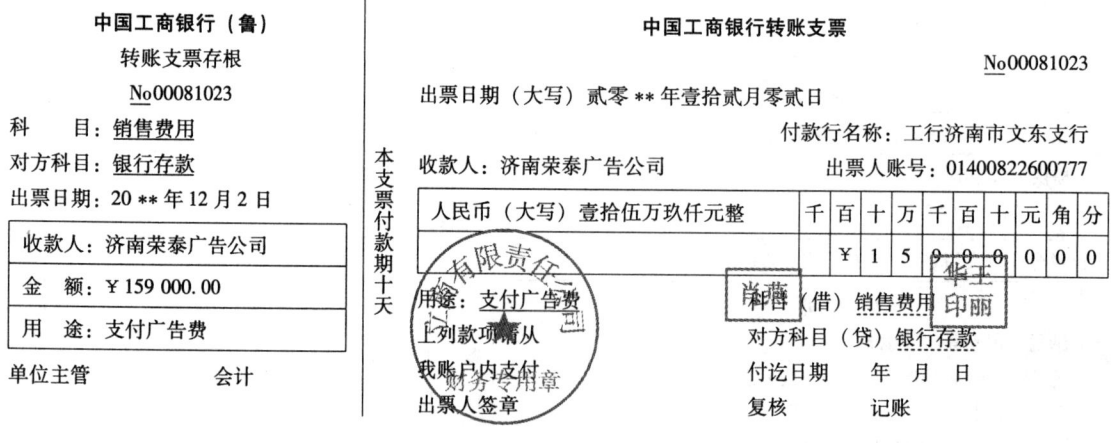

原始凭证 1-8

山东省增值税专用发票

No.00136868

34000221343　　　　　　　　　发票联　　　　　　　开票日期：20**年12月2日

购货单位	名　　称：立商有限责任公司						密码区	7+ +9/42152* +129*864〉加密版本：01 63 -〈7503*〈1〉*/〈3〈 +80 3400071543 2 +〈〈56894588〉〉**〈2569 5920 -33/65 +5012*/〉〉92 00136868		
	纳税人识别号：340883456119									
	地　址、电话：山东省济南市文化东路666号 　　　　　　　0531-67755089									
	开户行及账号：工行济南市文东支行 　　　　　　　01400822600777									
货物或应税劳务名称	规格型号	单位	数量	单价		金额		税率		税额
广告费						150 000.00		6%		9 000.00
合计										
价税合计（大写）	⊗壹拾伍万玖仟元整							（小写）￥159 000.00		
销货单位	名　　称：济南荣泰广告公司						备注	济南荣泰广告公司 522416600877 发票专用章		
	纳税人识别号：340802434383628									
	地　址、电话：山东省济南市泺源大街455号 　　　　　　　0531-85606776									
	开户行及账号：工行济南市泺源支行 　　　　　　　4016520920156665									

收款人：吴东成　　　复核：　　　开票人：甘志安　　　销货单位：（章）

原始凭证 1-9

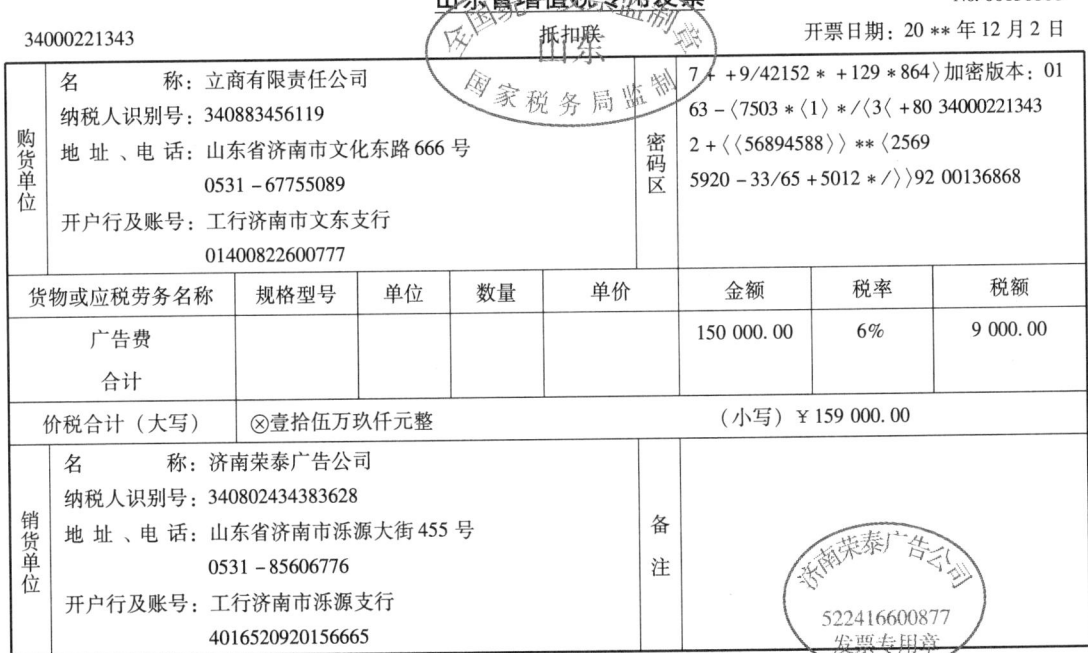

原始凭证 1-10

5. 2日，收到红皖公司前欠货款80万元。原始凭证见相关单据1－11。

中国工商银行 资金汇划（贷方）补充凭证 G0523659

行名：工行济南市文东支行　　　　　　　收报日期：20＊＊－12－02
业务种类：汇兑
收款人账号：01400822600777　　　　　付款人账号：032001470002826
收款人户名：立商有限责任公司
付款人户名：红皖公司
大写金额：人民币捌拾万元整
小写金额：￥800 000.00　　　　　　　　收报流水号：024711908
发报行行号：405281004986　　　　　　 收报行行号：421664370
发报行行名：民生银行常州市东城支行
打印日期：20＊＊－12－02
用途：还货款
客户附言：
银行附言：
收电：　　　　　　　记账：　　　　　　复核：

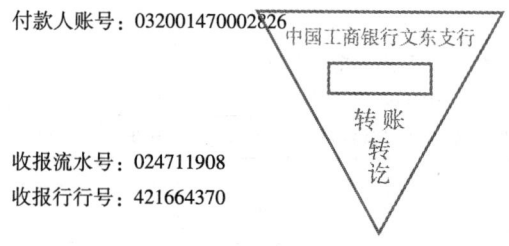

原始凭证1－11

6. 2日，向兴隆公司销售立商牌LS6－5型钻孔机100台，单价5 300元，增值税税率17%，领用不单独计价木箱100只。代垫运杂费950元，以现金支付，收到转账支票一张。原始凭证见相关单据1－12至单据1－15。

原始凭证1－12

产品销售出库单

购货单位：兴隆公司　　　　　　20**年12月2日　　　　　　鲁地税：No.0022635

品名	单位	单价	数量	金额	备注
立商牌LS6-5型钻孔机	台	5 300	100	530 000.00	
合计				530 000.00	
		购货方采购员签字：胡显魏			

记账：李玉坤　　　　　　　　发货：高振　　　　　　　　制单：李玉坤

第二联　记账联

原始凭证 1-13

立商有限责任公司往来账通知单

20**年12月2日　　　　　　No.004635481

客户：兴隆公司　　　　　　　　　　　　　　　　附件 贰 张

摘要	金额								
	百	十	万	千	百	十	元	角	分
代垫立商牌LS6-5型钻孔机运费（附运费单 No.0812667）					8	0	0	0	0
代垫立商牌LS6-5型钻孔机装车费（附装卸车费单 No.0052478）					1	5	0	0	0
合计（大写）：人民币玖佰伍拾元整					¥9	5	0	0	0
备注：代垫运杂费原始单据已交兴隆公司	现金付讫								

划账单位（盖章）：　　会计主管：肖燕　　出纳：王天浩　　制单：李玉坤

第三联　记账联

原始凭证 1-14

中国工商银行进账单（收账通知）3

No.0092052

20**年12月2日

出票人	全称	兴隆公司	收款人	全称	立商有限责任公司
	账号	3302659815636621		账号	01400822600777
	开户银行	工行济南市经十路支行		开户银行	工行济南市文东支行

金额	人民币（大写）陆拾贰万壹仟零伍拾元整	亿	千	百	十万	万	千	百	十	元	角	分
				¥6	2	1	0	5	0	0	0	

票据种类	转账支票	票据张数	壹张
票据号码	XIV00221356		

开户银行签章：中国工商银行文东支行　转账

此联是收款人开户银行交给收款人的收账通知

原始凭证 1-15

7.2日,以工行存款支付铸造车间维修费 3 500 元。原始凭证见相关单据 1-16、1-17 和 1-18。

中国工商银行　业务委托书

INOUSTRIAL AND COMMERCIAL BANK OF CHINA　　APPLICATION FOR MONEY TRANSFER

委托日期 DATE20 ** 年 Y12 月 M2 日 D　　鲁 A 01253655

银行打印						
客户填写	业务类型 TYPE	☑电汇 T/T　□信汇 M/T　□汇票申请书 D/D □本票申请书 P/D　□其他 OTHERS		汇款方式：□普通　□加急 TYPE OF REMITTANCE REGULAUR GENT		
客户填写	委托人 APPLICANT	全称 FULL NAME	立商有限责任公司	收款人 PAYEE	全称 FULL NAME	济南学仁工程维修有限公司
		账号或地址 ACCOUNT NO OR ADDR	01400822600777		账号或地址 ACCOUNT NO OR ADDR	004300913363127
		开户行名称 ACCOUNT BANK NAME	工行济南市文东支行		开户行名称 ACCOUNT BANK NAME	工行济南市山大南路支行
		开户银行 ACCOUNT BANK	山东省济南市 PROVINCE CITY		开户银行 ACCOUNTBANK	山东省济南市 PROVINCE CITY

金额（大写）人民币 AMOUNT IN WORDS RMB 叁仟伍佰元整	百	十	万	千	百	十	元	角	分
				¥3	5	0	0	0	0

支付密码 S.C

加急汇款签字
SIGNATURE FOR URGENT PAYMENT

上列款项及相关费用请从我账户内支付
The above yemittance and yelate charges are to be draw on my account
客户签章 Applicant signature and/or stamp.
（加盖预留银行印鉴）

附加信息及用途：
MESSAGE AND PURPOSE 支付修理费

事后监管：　　会计主管：　　复核：　　记账：

注：本业务委托书一式三联；第一联记账联，交银行；第二联发报或出票依据，交银行；第三联回单联，银行盖章后退回给企业据以入账。

原始凭证 1-16

山东省增值税专用发票

No. 00137768

34000222662

发票联

开票日期：20**年12月2日

购货单位	名　　称：立商有限责任公司 纳税人识别号：340883456119 地　址、电话：山东省济南市文化东路666号　　　　　　　0531-67755089 开户行及账号：工行济南市文东支行　　　　　　　　01400822600777	密码区	7+ +9/42152*+129*864〉加密版本：01 63-〈7503*〈1〉*/〈3〈+80 34000222662 2+〈〈56894588〉〉**〈2569 5920-33/65+5012*/〉〉92 00137768

货物或应税劳务名称	规格型号	单位	数量	单价	金额	税率	税额
车间维修					3 500.00	17%	595.00
合计							

价税合计（大写）	⊗肆仟零玖拾伍元整	（小写）￥4 095.00

销货单位	名　　称：济南市鸿昌汽修厂 纳税人识别号：340802434367786 地　址、电话：山东省济南市普利街002号　　　　　　　0531-85234432 开户行及账号：工行济南市普利支行　　　　　　　　4016520928989765	备注	（济南市鸿昌汽修厂 004267446117 发票专用章）

收款人：范文　　复核：　　开票人：程静　　销货单位：（章）

原始凭证1—17

山东省增值税专用发票

No. 00137768

34000222662

抵扣联

开票日期：20**年12月2日

收款人：范文　　复核：　　开票人：程静　　销货单位：（章）

原始凭证1—18

8.3 日,向上海金运公司销售 KB8-7 型开孔机 60 台,单价 14 200 元,增值税税率 17%,领用不单独计价木箱 60 只。已向银行办妥托收手续,以转账支票垫付运杂费 2 200 元。原始凭证见相关单据 1-19 至单据 1-23。

产品销售出库单

购货单位:上海金运公司　　　　20**年12月3日　　　　鲁地税:No.0024635

品名	单位	单价	数量	金额	备注
立商牌 KB8-7 型开孔机	台	14 200	60	852 000.00	
合计				852 000.00	
购货方采购员签字:江元					

记账:李玉坤　　　　发货:高振　　　　制单:李玉坤

第二联　记账联

原始凭证 1-19

立商有限责任公司往来账通知单

20**年12月3日　　　　No.0023678

客户:上海金运公司

摘要	金额 百 十 万 千 百 十 元 角 分
代垫立商牌 KB8-7 型开孔机运费(附运费单 No.0012568)	1 8 0 0 0 0
代垫立商牌 KB8-7 型开孔机装车费(附装卸车费单 No.0012569)	4 0 0 0 0
合计(大写):人民币贰仟贰佰元整	¥ 2 2 0 0 0 0
备注:代垫运杂费原始单据已交上海金运公司	现金付讫

划账单位(盖章):　　　会计主管:肖燕　　　出纳:王天浩　　　制单:李玉坤

第三联　记账联

原始凭证 1-20

中国工商银行
转账支票存根(鲁)
XIN00081012

____附加信息

出票日期:20**年12月3日

收款人:	合肥汽车运输公司
金　额:	¥2 200.00
用　途:	垫支上海金运公司运杂费

单位主管:　　　会计:

原始凭证 1-21

托收凭证（受理回单） 1

委托日期：20**年12月3日

业务类别	委托收款（☑邮划 □电划）托收承付□邮划□电划）											
付款人	全称	上海金运公司			收款人	全称	立商有限责任公司					
	账号	51026591467809				账号	01400822600777					
	地址	上海市	开户行	工行淮海路支行		地址	山东省济南市	开户行	工行济南市文东支行			
金额	人民币（大写）玖拾玖万玖仟零肆拾元整				千	百	十	万	千	百	十	元	角	分
						￥	9	9	9	0	4	0	0	0
款项内容	立商牌KB8-7型开孔机款	托收凭据名称	销售发票、运输费单据	附寄单据张数	5张
	商品发运情况	货已发运	合同名称号码	购销合同07-0135号
备注：复核 记账		款项收妥日期	年 月 日	年 月 日

（票据受理专用章：工行济南市文东支行 20**-12-03）
（收款单位开户银行签章）

原始凭证 1-22

原始凭证 1-23

9.3日，随同商品出售出租包装木箱，取得租金收入4 000元，押金26 000元，已存入银行。原始凭证见相关单据1-24、1-25和1-26。

现金存款凭证（回单）

交款日期：20**年12月3日　　　　　　　　　　　　　　　　　　　　　No.0023659

款项来源		包装木箱租金		收款单位名称			立商有限责任公司								
现金计划项目				收款单位账号			01400822600777								
				收款单位开户行			工行济南市文东支行								
人民币（大写）叁万零陆佰捌拾元整							十	万	千	百	十	元	角	分	
							￥	3	0	6	8	0	0	0	
券别	张数	金额	券别	张数	金额	券别	张数	金额							
壹佰元	306	30 600	贰元			伍分			上述现金收讫无误 收款人 王天浩						
伍拾元	1	50	壹元			贰分									
贰拾元	1	20	伍角			壹分									
壹拾元	1	10	贰角												
伍元			壹角												

（无收款员章及收讫章无效）

原始凭证1-24

收　据

20**年12月3日

今收到：济南大安公司			现金付讫
交来：包装物押金			
人民币（大写）贰万陆千元整	￥26 000.00		
收款单位（公章）	收款人	王天浩	
	交款人	张梦琪	

第二联　记账联

原始凭证1-25

山东省增值税专用发票

No.009236592

34000607202　　　　　　　记账联　　　　　　开票日期：20**年12月3日

购货单位	名　　称：济南大安公司 纳税人识别号：340010400107588 地　址、电　话：济南市花园庄东路26号　0531-55557766 开户行及账号：工行济南市花园庄支行　01486622059974	密码区	7++9/42152*+129*864〉加密版本：01 63-〈7503*〈1〉*/〈3〈+80 34000607202 2+〈〈56894588〉〉**〈2569 5920-33/65+5012*/〉〉92 009236592

货物或应税劳务名称	规格型号	单位	数量	单价	金额	税率	税额
包装木箱租金		个	400	10.00	4 000.00	17%	680.00
合计							

价税合计（大写）	⊗肆仟陆佰捌拾元整	（小写）¥4 680.00

销货单位	名　　称：立商有限责任公司 纳税人识别号：340883456119 地　址、电　话：山东省济南市文化东路666号　0531-67755089 开户行及账号：工行济南市文东支行　01400822600777	备注	（销货单位章）

收款人：王天浩　　复核：肖燕　　开票人：刘淑云　　销货单位：（章）

原始凭证1-26

10. 3日，应付武汉机械公司的商业承兑汇票到期，以存款支付90万元。原始凭证见相关单据1-27和1-28。

托收凭证（付款通知）5

委托日期：20**年12月3日　　　付款期限：20**年12月3日

业务类别	委托收款（□邮划☑电划）　托收承付（□邮划□电划）				
付款人	全称	立商有限责任公司	收款人	全称	武汉机械公司
	账号	01400822600777		账号	421089890046630
	地址	山东省济南市　开户行　工行文东支行		地址	武汉市　开户行　工行文化路支行

金额	人民币（大写）玖拾万元整	千	百	十	万	千	百	十	元	角	分
	¥			9	0	0	0	0	0	0	0

款项内容	材料款	托收凭据名称	商业承兑汇票00000351号	附寄单据张数	壹张
商品发运情况			合同名称号码		

备注： 付款人开户行收到日期 20**年11月30日	付款人开户银行签章 20**年12月3日	转账转讫 中国工商银行文东支行	付款人注意： 1. 根据支付结算办法，上列委托收款（托收承付）款项在付款期限内未提出拒付，即视为同意付款，以此代付款通知。 2. 如需提出全部或部分拒付，应在规定期限内，将拒付理由书并附债务证明退交开户银行。

原始凭证1-27

商业承兑汇票（卡片） 1

出票日期 贰零**年零壹月零玖日（大写） $\frac{A\ A}{0\ 1}$ 000030512

付款人	全 称	立商有限责任公司	收款人	全 称	武汉机械公司
	账 号	01400822600777		账 号	421089890046630
	开户银行	工行济南市文东支行		开户银行	工行武汉市文化路支行

金额人民币（大写） 玖拾万元整	亿	千	百	十	万	千	百	十	元	角	分
			¥	9	0	0	0	0	0	0	0

汇票到期日	贰零**年壹拾贰月零叁日	付款人开户行	行号	321564125
交易合同号码	20**－387号		地址	工行济南市文东支行

备注：

出票人签章

此联承兑人留存

原始凭证1－28

11. 4日，交纳上月增值税402 150.00元。原始凭证见相关单据1－29。

中华人民共和国 税收通用缴款书

纳税人编号：013007755465

隶属关系： 　　　　　　　　　　　　　　　　　　　　　（20**）鲁国缴电

注册类型：有限责任公司　　填发日期：20**年12月04日　　征收机关：山东省济南市国家税务局

付款人	代 号	340873456109	预算科目	编 码	101010103
	全 称	立商有限责任公司		名 称	工业企业增值税
	开户银行	工行济南市文东支行		级 次	中央75%县区25%
	账 号	01400822600777		收款国库	工行中央与地方共享收入 53400000023

缴款所属期间：20**年11月1日至20**年11月30日　　税款限缴日期：20**年12月18日

品目名称	课税数量	计税金额或销售收入	税率或单位税额	已缴或扣除额	实缴金额
工业（17%）	—	2 365 588.24	17%	0	402 150.00

金额合计人民币（大写） 肆拾万贰仟壹佰伍拾元整　　　　中国工商银行文东支行　　¥402 150.00

缴款单位（人）（盖章）	税务机关（盖章）	上列款项已收妥并划转收款单位账户 国库（银行）盖章	转账转讫	备注 一般申报 银税 20**2800068 山东省国家税务局
经办人（章）	填票人（章）	年 月 日		

逾期不缴按税法规定加收滞纳金

第一联（收据）国库（银行）收款盖章后退缴款单位

原始凭证1－29

12. 4日，交纳上月城建税14 000.00元，教育费附加6 000.00元以及社保费38 881.70元。原始凭证见相关单据1－30和1－31。

中华人民共和国 税收电子转账用完税凭证

（20**-12）鲁地 7015564560 号

填发日期：20** 年 12 月 04 日　　电子交易流水号：350080879025554473

纳税人代码：01307800934		征税机关：济南市地方税务局	
纳税人全称：立商有限责任公司		收款银行：工行济南市文东支行	
纳税人缴款账号：01400822600777		国　　库：343401552011	
税种（品目名称）	预算科目、预算级次	税款所属时期	实缴金额
教育费附加收入方其他单位（附加）城市维护建设税—所在地为市区的城建税	科目 103020301 预算级次 4 000 科目 103010903 预算级次 4 000	20**-11-01-20**-11-30　20**-11-01-20**-11-30	￥6 000.00　￥14 000.00
金额合计（大写）贰万元整			￥20 000.00
主管税务机关（盖章）	收款银行（盖章）	缴款单位经手人（盖章）	备注	字别号：30643　票证号码：9100935804　票证名称：税收电子转账专用完税证（电脑平摊）

此凭证不得用于收取现金税款，仅作纳税人电子转账完税凭证（电脑打印　手工填写无效）

原始凭证 1-30

中华人民共和国 税收电子转账用完税凭证

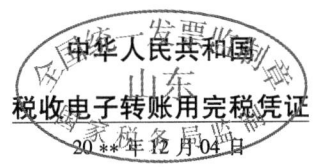

（20**-12）鲁地 7015564561 号

填发日期：20** 年 12 月 04 日　　电子交易流水号：350080879025554474

纳税人代码：01307800934		征税机关：济南市地方税务局	
纳税人全称：立商有限责任公司		收款银行：工行济南市文东支行	
纳税人缴款账号：01400822600777		国　　库：343401552011	
税种（品目名称）	预算科目、预算级次	税款所属时期	实缴金额
养老保险单位 养老保险个人 医疗保险单位 医疗保险个人 失业保险单位 失业保险个人 工伤保险单位	科目 103020301　预算级次　科目 103010903　预算级次	20**-11-01-20**-11-30　20**-11-01-20**-11-30	11 503.48　9 202.70　11 503.48　2 300.70　2 300.70　1 150.37　920.27
金额合计（大写）叁万捌仟捌佰捌拾壹元柒角整			￥38 881.70
主管税务机关（盖章）	收款银行（盖章）	缴款单位经手人（盖章）	备注	字别号：20061　票证号码：6102335696　票证名称：税收电子转账专用完税证（电脑平摊）

此凭证不得用于收取现金税款，仅作纳税人电子转账完税凭证（电脑打印　手工填写无效）

原始凭证 1-31

13. 4日，购买印花税票5 500元。原始凭证见相关单据1-32和1-33。

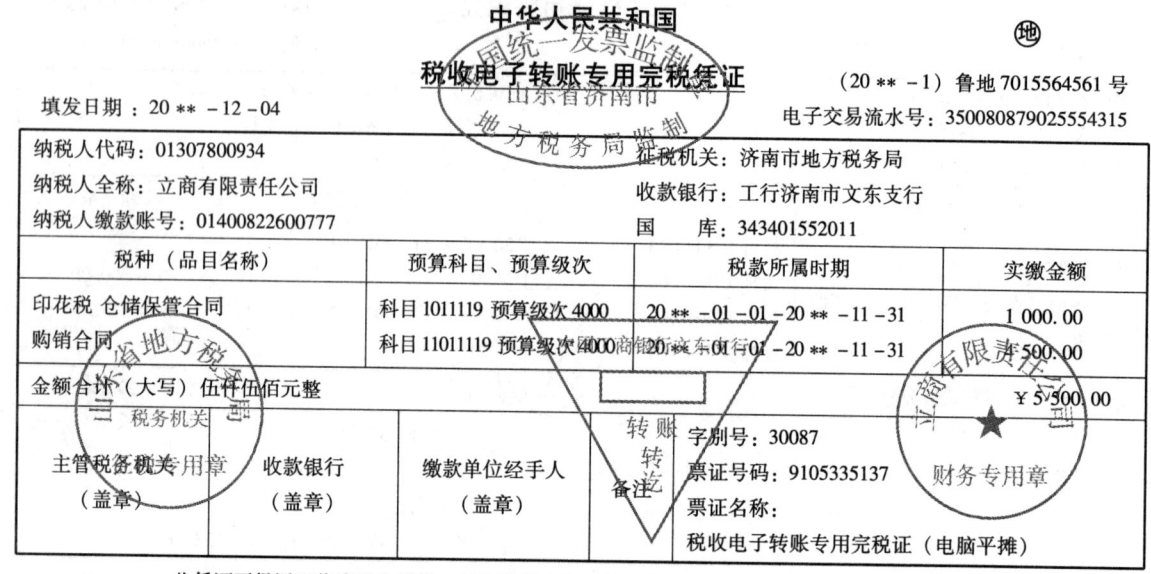

原始凭证1-32

印花税纳税申报表

填报日期：20**年12月4日　　　　　　　　　　日申报流水号：340216348933546545

纳税人登记号：340709900143587015　　　　　　税费所属期：20**年12月1日至20**年12月31日

纳税人电脑：01307804367　　　　　　　　　　　管理机关：

正常申报□　自行申报□　稽查自查申报□　延期申报预缴□　　　　　　单位：元（至角分）

纳税人名称（盖章）	立商有限责任公司	注册地址	山东省济南市文化东路666号	注册类型	有限责任公司	
开户银行	工行济南市文东支行	账号	01400822600777	联系电话	0531-67755089	邮编 250014
征收品目	计税金额（计税数量）	税率（单位税额）	应纳税额	购花数量		
仓储保管合同	1 000 000.00	1‰	1 000.00	面额	数量（枚）	金额
购销合同	15 000 000.00	0.3‰	4 500.00	壹元		
				贰元		
				伍元		
				拾元		
				伍拾元		
				壹佰元		
合计			5 500.00			

如纳税人填报，由纳税人填写以下各栏			如委托税务机构填报，由税务代理机构填写以下各栏		
纳税人声明：此纳税申报表是根据国家税收法律的规定填报的，我确信它是真实的、可靠的、完整的。 声明人签字：立商有限责任公司			代理人声明：此纳税申报表是根据国家税收法律的规定填报的，我确信它是真实的、可靠的、完整的。 声明人签名：		
主管会计	肖燕	经办人	王天浩	税务代理机构名称	税务代理机构地址	经办人
税务机关填写	受理日期：受理人签名：	审核日期：审核人签名：		录入日期：录入人员签名：	

说明事项：本表适用于纳税人申报缴纳印花税，购买印花税票请将所需的印花税票各面额和数量填好。

原始凭证1-33

14. 5日，以现金报销销售部业务招待费2 000.00元。原始凭证见相关单据1-34和1-35。

山东省增值税专用发票

No. 00138019

34000212346　　　　　　发票联　　　　　开票日期：20**年12月5日

购货单位	名　称：立商有限责任公司 纳税人识别号：340883456119 地　址、电话：山东省济南市文化东路666号 　　　　　　　0531－67755089 开户行及账号：工行济南市文东支行 　　　　　　　01400822600777	密码区	74＋9/42152＊+129＊864〉加密版本：01 63－〈7503＊〈1〉＊/〈3〈+80 34000212346 2+〈〈56894588〉〉＊＊〈2569 5920－33/65＋5012＊/〉〉92 00138019

货物或应税劳务名称	规格型号	单位	数量	单价	金额	税率	税额
餐饮					2 000.00	6%	120.00
合计							

价税合计（大写）	⊗贰仟壹佰贰拾元整	（小写）￥2 120.00

销货单位	名　称：济南天盛酒楼 纳税人识别号：340802434368900 地　址、电话：济南市历下区千佛山路9号 　　　　　　　0531－85670009 开户行及账号：工行济南千佛山支行 　　　　　　　4016520928945677	备注	济南天盛酒楼 0601344122 发票专用章

收款人：贾雨　　　　复核：　　　　开票人：刘明　　　　销货单位：（章）

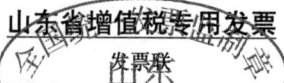

原始凭证1-34

山东省增值税专用发票

No. 00138019

34000212346　　　　　　抵扣联　　　　　开票日期：20**年12月5日

购货单位	名　称：立商有限责任公司 纳税人识别号：340883456119 地　址、电话：山东省济南市文化东路666号 　　　　　　　0531－67755089 开户行及账号：工行济南市文东支行 　　　　　　　01400822600777	密码区	74＋9/42152＊+129＊864〉加密版本：01 63－〈7503＊〈1〉＊/〈3〈+80 34000212346 2+〈〈56894588〉〉＊＊〈2569 5920－33/65＋5012＊/〉〉92 00138019

货物或应税劳务名称	规格型号	单位	数量	单价	金额	税率	税额
餐饮					2 000.00	6%	120.00
合计							

价税合计（大写）	⊗贰仟壹佰贰拾元整	（小写）￥2 120.00

销货单位	名　称：济南天盛酒楼 纳税人识别号：340802434368900 地　址、电话：济南市历下区千佛山路9号 　　　　　　　0531－85670009 开户行及账号：工行济南千佛山支行 　　　　　　　4016520928945677	备注	济南天盛酒楼 0601344122 发票专用章

收款人：贾雨　　　　复核：　　　　开票人：刘明　　　　销货单位：（章）

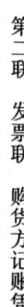

原始凭证1-35

15. 5日，报销销售部陈伟差旅费2 430元，退回现金70元。原始凭证见相关单据1-36和1-37。

收 据
20**年12月5日

今收到：陈伟		现金收讫	第二联
交来：出差剩余款			
人民币（大写）柒拾元整	￥70.00		记账联
收款单位（公章）	收款人	王天浩	
	交款人	陈伟	

原始凭证1-36

差旅费报销单

附件：壹佰壹拾张　　　　出票日期：20**年12月5日

部门名称	销售部	出差人		部门领导签字		同意报销。孙海龙	
出差事由	往南京市联系业务	陈伟					
地点	南京市	出差日期：自20**年12月1日至20**年12月5日共5天					
项目金额	交通工具						
	火车	汽车	市内交通费	旅馆费	伙食补助	其他	
		1 000.00	180.00	950.00	300.00		
报销总额	人民币（大写）贰仟肆佰叁拾元整			￥2 430.00			
预借差旅费	2 500.00			补领金额			
				交回余额	70.00		
单位主管：苏哲	财务主管：肖燕		审核人：肖燕		报销人：陈伟		

原始凭证1-37

16. 5日，购买股票开出转账支票一张，将工行100万元存入农行证券专户。原始凭证见相关单据1-38和1-39。

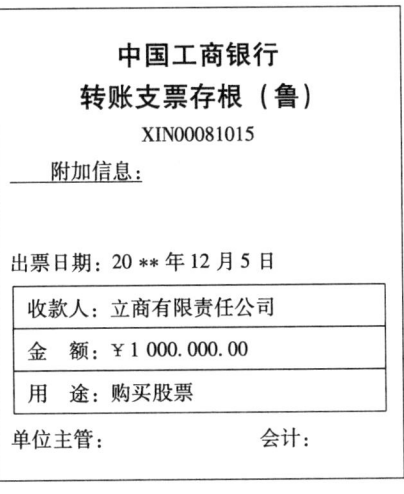

原始凭证1-38

中国农业银行联网业务入账通知

出票日期：20**年12月5日　　　　　　　　编号：4406892501190000014

付款人	全称：立商有限责任公司	收款人	全称：立商有限责任公司
	账号：01400822600777		账号：05130066008823
	开户行：工行济南市文东支行		开户行：农行济南市文东支行

金额：（大写）壹佰万元整	（小写）¥1 000 000.00
原始凭证种类：0484	上列款项已经贷记你单位账户。
原始凭证号码：00004279	跟单信息：N
摘要：证券交易款	机构号：540688099

（中国农业银行济南市文东支行　20**.12.05　办讫章）

原始凭证 1－39

17. 5日，购东风牌货车一辆，用于货物运输，价款30万元，增值税税率17%，以转账支票支付。原始凭证见相关单据1－40、1－41和1－42。

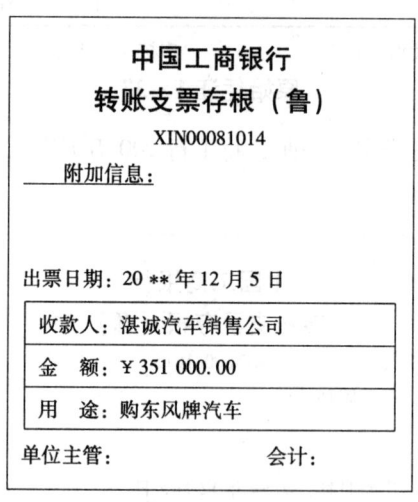

原始凭证 1－40

原始凭证1-41

原始凭证1-42

18. 6日，厂部办公室购买办公用品980元，当即交付使用，款项以现金支付。原始凭证见相关单据1-43和1-44。

山东省增值税专用发票

发票联

No. 00138988
开票日期：20＊＊年12月6日

| 购货单位 | 名　　　称：立商有限责任公司
纳税人识别号：340883456119
地　址、电话：山东省济南市文化东路666号
　　　　　　　0531－67755089
开户行及账号：工行济南市文东支行
　　　　　　　01400822600777 | 密码区 | 7＋＋9/42152＊＋129＊864〉加密版本：01
63－〈7503＊〈1〉＊/〈3〈＋80 34000223443
2＋〈〈56894588〉〉＊＊〈2569
5920－33/65＋5012＊/〉〉92 00138988 |

货物或应税劳务名称	规格型号	单位	数量	单价	金额	税率	税额
办公用品					980.00	17%	166.60
合计							

| 价税合计（大写） | ⊗壹仟壹佰肆拾陆元陆角整 | （小写）¥1 146.60 |

| 销货单位 | 名　　　称：济南市永达百货商场
纳税人识别号：340802434365665
地　址、电话：山东省济南市普利街400号
　　　　　　　0531－85677678
开户行及账号：工行济南市普利支行
　　　　　　　4016520928900987 | 备注 | （济南市永达百货市场 0911304060558 发票专用章） |

34000223443

收款人：尤雨　　　复核：胡项欧　　　开票人：余英明　　　销货单位：（章）

第二联　发票联　购货方记账凭证

原始凭证 1－43

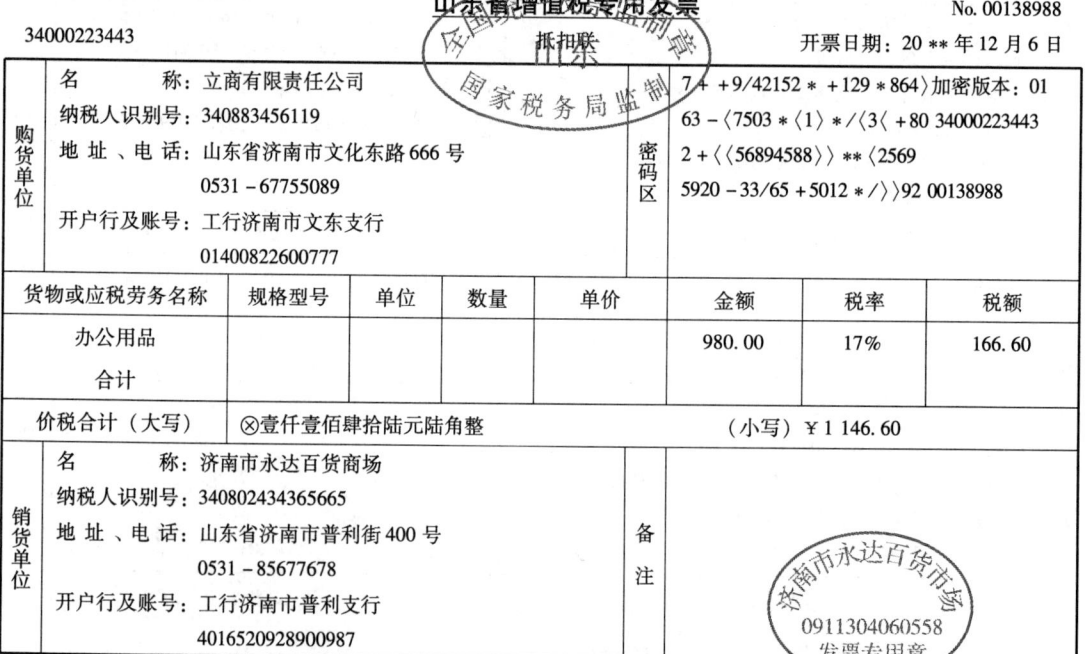

原始凭证 1－44

19. 6日，向泰安贸易公司购入树脂12吨，单价2 650元，增值税税率17%，并验收入库，货款已预付。原始凭证见相关单据1-45、1-46和1-47。

材料入库单

材料科目：原材料　　　　　　　　　　　　　　　　　　　　　　No. 007243
材料类别：原料及主要材料　　　　　　　　　　　　　　　　　　供应单位：泰安贸易公司
发票号码：008809029　　　　　　　　　　　　　　　　　　　　收料仓库：2

材料名称	计量单位	数量		实际成本						备注
		应收	实收	买价		运杂费	其他	合计	单位成本	
				单价	金额					
树脂	吨	12	12	2 650.00	31 800.00			31 800.00	2 650.00	

记账：李玉坤　　　　　　　　　　收料：高振　　　　　　　　　　制单：李玉坤

原始凭证 1-45

山东省增值税专用发票

No. 008809029
3400908552　　　　　　　　　　　　　　发票联　　　　　　　　开票日期：20** 年12月6日

购货单位	名　　称：立商有限责任公司 纳税人识别号：340883456119 地址、电话：山东省济南市文化东路666号 　　　　　　0531-67755089 开户行及账号：工行济南市文东支行 　　　　　　　01400822600777	密码区	7+ +9/42152*+129*864〉加密版本：01 63-〈7503*〈1〉*/〈3〈+80 34009008552 2+〈〈56894588〉〉**〈2569 5920-33/65+5012*/〉〉92 008809029
货物或应税劳务名称	规格型号　单位　数量　单价　金额　税率　税额		
树脂 合计	吨　　12　2 650.00　31 800.00　17%　5 406.00		
价税合计（大写）	⊗叁万柒仟贰佰零陆元整　　　　　　　（小写）¥37 206.00		
销货单位	名　　称：泰安贸易公司 纳税人识别号：700189234400179 地址、电话：山东省泰安市庐山路309号 　　　　　　0538-53796032 开户行及账号：工行庐山路支行 　　　　　　　0899211100783208	备注	

收款人：鲁源　　　　复核：　　　　开票人：洪青霞　　　　销货单位：（章）

原始凭证 1-46

山东省增值税专用发票
抵扣联

3400908552　　　　　　　　　　　　　　　　　　　　　　No.008809029
开票日期：20**年12月6日

购货单位	名　　　称：立商有限责任公司 纳税人识别号：340883456119 地　址、电　话：山东省济南市文化东路666号 　　　　　　　0531－67755089 开户行及账号：工行济南市文东支行 　　　　　　　01400822600777	密码区	7+ +9/42152 * +129 * 864〉加密版本：01 63－〈7503 * 〈1〉 * /〈3〈 +80 34009008552 2 + 〈〈56894588〉〉 ** 〈2569 5920－33/65 +5012 * /〉〉92 008809029

货物或应税劳务名称	规格型号	单位	数量	单价	金额	税率	税额
树脂		吨	12	2 650.00	31 800.00	17%	5 406.00
合计							

价税合计（大写）	⊗叁万柒仟贰佰零陆元整	（小写）￥37 206.00

销货单位	名　　　称：泰安贸易公司 纳税人识别号：700189234400179 地　址、电　话：山东省泰安市庐山路309号 　　　　　　　0538－53796032 开户行及账号：工行庐山路支行 　　　　　　　0899211100783208	备注	

收款人：鲁源　　　复核：　　　开票人：洪青霞　　　销货单位：（章）

原始凭证1－47

20.6日，收回建勋公司前欠货款560 000元（托收邮划）。原始凭证见相关单据1－48。

托收凭证（贷方凭证）　4

委托日期：20**年11月27日　　　　付款期限：　年　月　日

	业务类别	委托收款（□邮划□电划）　托收承付（☑邮划□电划）												
付款人	全称	建勋公司		收款人	全称	立商有限责任公司								
	账号	500188339200682			账号	01400822600777								
	地址	湖南省	开户行	工行云溪路分理处		地址	山东省济南市	开户行	工行济南市文东支行					
金额	人民币（大写）伍拾陆万元整					千	百	十	万	千	百	十	元	角	分
							￥	5	6	0	0	0	0	0	0
款项内容	立商牌KB8－7型开孔机款	托收凭据名称		销售发票、运输费单据		附寄单据张数		4张						
	商品发运情况			货已发运		合同名称号码		购销合同07－038号						
备注 复核 记账		上列款项已划回收入你方账户内 收款人开户行签章 20**年12月6日												

原始凭证1－48

21. 6日，向立原公司销售立商牌LS6-5型钻孔机120台，单价5 280元，增值税税率17%，领用不单独计价木箱120只。款项尚未收回。原始凭证见相关单据1-49、1-50和1-51。

原始凭证1-49

原始凭证1-50

托收凭证（受理回单） 1

委托日期：20**年12月6日　　　　　　　　　　　　（白纸蓝油墨）

业务类别	委托收款（☑邮划 □电划） 托收承付（□邮划 □电划）												
付款人	全称	立原公司		收款人	全称	立商有限责任公司							
	账号	0230089001177308			账号	01400822600777							
	地址	浙江省	开户行 工行杭州市分行		地址	山东省济南市	开户行 工行济南市文东支行						
金额	人民币（大写）柒拾肆万壹仟叁佰壹拾贰元整			千	百	十	万	千	百	十	元	角	分
				¥	7	4	1	3	1	2	0	0	
款项内容	钻孔机款	托收凭据名称	销售发票	附寄单据张数					2张				
商品发运情况		货已发运		合同名称号码				购销合同07-038号					
备注：复核：记账：			款项收妥日期　年　月　日					（收款单位开户银行签章）20**年12月6日					

第一联 作收款人开户银行给收款人的受理回单

（印章：济南市文东支行 20**-11-10 票据受理）

原始凭证1-51

22. 7日，购原材料——电机，货款28万元，增值税税率17%，以转账支票支付，材料已验收入库。原始凭证见相关单据1-52至1-55。

材料入库单

材料科目：原材料　　　　　20**年12月7日　　　　　　　No.000567
材料类别：外购件　　　　　　　　　　　　　　　供应单位：济南海舟电机有限公司
发票号码：00758900　　　　　　　　　　　　　　　　　　　　收料仓库：2

材料名称	计量单位	数量		实际成本						备注
		应收	实收	买价		运杂费	其他	合计	单位成本	
				单价	金额					
电机	台	200	200	1 400.00	280 000.00			280 000.00	1 400.00	

记账：李玉坤　　　　　　　收料：高振　　　　　　　　　制单：李玉坤

原始凭证1-52

山东省增值税专用发票

No. 00758900

340024082500 发票联 开票日期：20**年12月7日

购货单位	名 称：立商有限责任公司 纳税人识别号：340883456119 地 址、电 话：山东省济南市文化东路666号　0531-67755089 开户行及账号：中国工商银行济南市文东支行　01400822600777	密码区	7+ +9/42152*+129*864〉加密版本：01 63-〈7503*〈1〉*/〈3〈+80 340024082500 2+〈〈56894588〉〉**〈2569 5920-33/65+5012*/〉〉92 00758900

货物或应税劳务名称	规格型号	单位	数量	单价	金额	税率	税额
电机	TZR	台	200	1 400.00	280 000.00	17%	47 600.00
合计							

价税合计（大写）	⊗叁拾贰万柒仟陆佰元整	（小写）¥ 327 600.00

销货单位	名 称：济南海舟电机有限公司 纳税人识别号：560801008970542 地 址、电 话：济南市天桥区历山北路78号　0531-67765000 开户行及账号：中国工商银行济南市历北支行　330205639852	备注	（济南海舟电机有限公司 093565678072 发票专用章）

收款人：陈诚　　复核：张林　　开票人：刘丽　　销货单位：（章）

第二联 发票联 购货方记账凭证

原始凭证 1-53

山东省增值税专用发票

No. 00758900

340024082500 抵扣联 开票日期：20**年12月7日

购货单位	名 称：立商有限责任公司 纳税人识别号：340883456119 地 址、电 话：山东省济南市文化东路666号　0531-67755089 开户行及账号：中国工商银行济南市文东支行　01400822600777	密码区	7+ +9/42152*+129*864〉加密版本：01 63-〈7503*〈1〉*/〈3〈+80 340024082500 2+〈〈56894588〉〉**〈2569 5920-33/65+5012*/〉〉92 00758900

货物或应税劳务名称	规格型号	单位	数量	单价	金额	税率	税额
电机	TZR	台	200	1 400.00	280 000.00	17%	47 600.00
合计							

价税合计（大写）	⊗叁拾贰万柒仟陆佰元整	（小写）¥ 327 600.00

销货单位	名 称：济南海舟电机有限公司 纳税人识别号：560801008970542 地 址、电 话：济南市天桥区历山北路78号　0531-67765000 开户行及账号：中国工商银行济南市历北支行　330205639852	备注	（济南海舟电机有限公司 093565678072 发票专用章）

收款人：陈诚　　复核：张林　　开票人：刘丽　　销货单位：（章）

第三联 抵扣联 购货方扣税凭证

原始凭证 1-54

```
中国工商银行
转账支票存根（鲁）
XIN00081016
____附加信息：

出票日期：20＊＊年12月7日
收款人：济南海舟电机有限公司
金　额：￥327 600.00
用　途：购电机
单位主管：　　　　会计：
```

原始凭证 1－55

23. 7日，向泰安贸易公司购石英砂25吨，单价6 240元，增值税税率17％，款项已预付。原始凭证见相关单据1－56、1－57和1－58。

材料入库单

材料科目：原材料　　　　　　　　　　　　　　　　　　　　　　　　　　　　No. 000329
材料类别：原料及主要材料　　　　　　　　　　　　　　　　　　　供应单位：泰安贸易公司
发票号码：00388676　　　　　　　20＊＊年12月7日　　　　　　　收料仓库：3

材料名称	计量单位	数量		实际成本						备注
				买价		运杂费	其他	合计	单位成本	
		应收	实收	单价	金额					
石英砂	吨	25	25	6 240	156 000.00			156 000.00	6 240.00	

记账：李玉坤　　　　　　　　　　　收料：高振　　　　　　　　　　　制单：李玉坤

原始凭证 1－56

山东省增值税专用发票

No.00388676

34000298831　　　发票联　　　开票日期：20＊＊年12月7日

购货单位	名　称：立商有限责任公司 纳税人识别号：340883456119 地　址、电　话：山东省济南市文化东路666号　0531-67755089 开户行及账号：中国工商银行济南市文东支行　01400822600777	密码区	7＋＋9/42152＊＋129＊864〉加密版本：01 63-〈7503＊〈1〉＊/〈3〈+80 340007298831 2+〈〈56894588〉〉＊＊〈2569 5920-33/65＋5012＊/〉〉92 00388676

货物或应税劳务名称	规格型号	单位	数量	单价	金额	税率	税额
石英砂		吨	25	6 240.00	156 000.00	17%	26 520.00
合计							

价税合计（大写）	⊗壹拾捌万贰仟伍佰贰拾元整	（小写）￥182 520.00

销货单位	名　称：泰安贸易公司 纳税人识别号：700189234400179 地　址、电　话：山东省泰安市庐山路309号　0538-53796032 开户行及账号：工行庐山路支行　0899211100783208	备注	（泰安贸易公司发票专用章）

收款人：鲁源　　　复核：　　　开票人：洪青霞　　　销货单位：（章）

原始凭证1-57

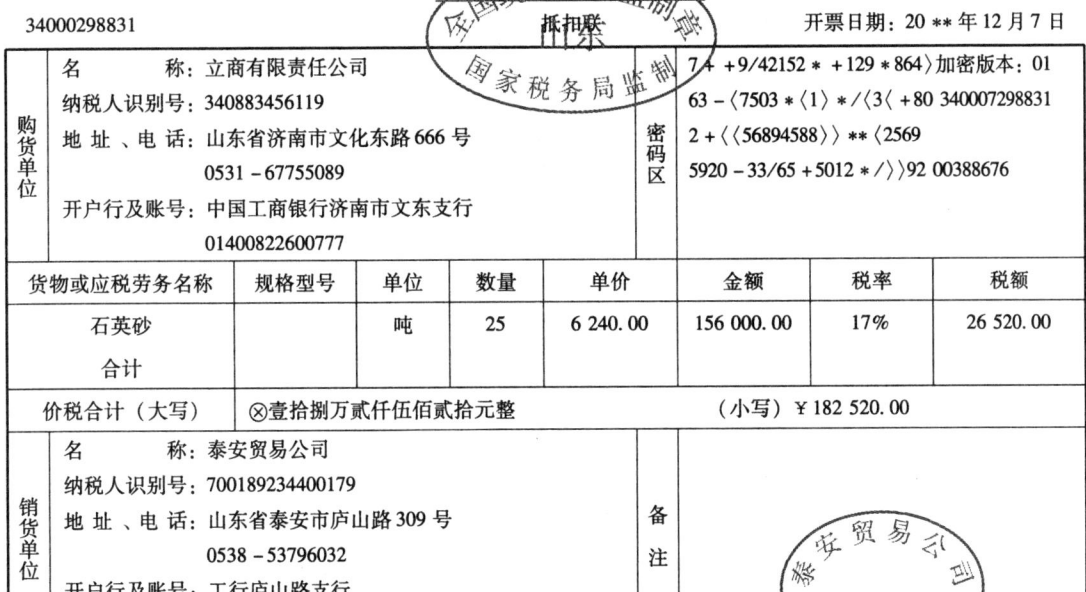

原始凭证1-58

24. 7日，以农行证券存款购买上海能源股票6万股，每股价格12元，实付金额722 801.00元，作为交易性金融资产。原始凭证见相关单据1－59和1－60。

银河证券中央登记结算公司

20＊＊－12－07　　　　　　　成交过户交割单　买

股东编号	A0113256066	成交证券	上海能源股票
电脑编号	42533	成交数量	60 000
公司名称	立商有限责任公司	成交价格	12.00
申报编号	0030341	成交金额	720 000.00
申报时间	11：00：00	佣金	1 800.00
成交时间	11：03：00	过户费	1.00
上次余额	0（手）	印花税	1 000.00
本次成交	600（手）	应付金额	
本次余额	600（手）	附加费用	
本次库存	600（手）	实收金额	722 801.00

经办单位：银河证券济南营业部　　客户签章：立商有限责任公司

③通知联

原始凭证1－59

银河证券济南营业部　　No.032485　　合同序号：0030341

（买）委托书

资金账号：××××××××××
证券账号：××××××××××

委托人：立商有限责任公司　　20＊＊年12月7日上午9时整

证券名称	股数与面额	限价	有效时间	附注
上海能源股票	60 000股	股/12元		
场内成交单号码				

委托方式	
电话	
电报	
书信	
当面委托	
划款方式	
自动划账	
当面签收	

营业员签章：＿＿＿＿＿　　委托人签章：

注意：1. 未填明（限价）者视为市价委托。
2. 未填明（有限期限）者视为当日有效。
3. 委托方式应予标明。
4. 书面或电报委托者应粘附函电。
5. 买卖如未成交，委托书应保存。

①

原始凭证1－60

25. 7日，向富民公司销售立商牌FB8－7型开孔机140台，单价14 120元，增值税税率17％，领用不单独计价木箱140只。款项已存入银行。原始凭证见相关单据1－61、1－62和1－63。

山东省增值税专用发票

No.004635481

3400073368

开票日期：20**年12月7日

购货单位	名　　　称：富民公司 纳税人识别号：340088229144302 地　址、电　话：安徽省芜湖市开源路346号 　　　　　　　0553-68163428 开户行及账号：工行芜湖市分行开源支行 　　　　　　　3572659816522490				密码区	7+ +9/42152*+129*864〉加密版本：01 63-〈7503*〈1>*/〈3〈+80 3400073368 2+〈〈56894588〉〉**〈2569 5920-33/65+5012*/〉92 004635481		
货物或应税劳务名称	规格型号	单位	数量	单价	金额		税率	税额
立商牌FB8-7型开孔机		台	140	14 120	1 976 800.00		17%	336 056.00
合计								
价税合计（大写）	⊗贰佰叁拾壹万贰仟捌佰伍拾陆元整				（小写）￥2 312 856.00			
销货单位	名　　　称：立商有限责任公司 纳税人识别号：340883456119 地　址、电　话：山东省济南市文化东路666号 　　　　　　　0531-67755089 开户行及账号：工行济南市文东支行 　　　　　　　01400822600777				备注			

收款人：王天浩　　　　复核：肖燕　　　　开票人：刘淑云　　　　销货单位：（章）

原始凭证1-61

产品销售出库单

购货单位：富民公司　　　　20**年12月7日　　　　No.0022635

品名	单位	单价	数量	金额	备注
立商牌FB8-7型开孔机	台	14 120	140	1 976 800.00	
合计				1 976 800.00	
购货方采购员签字：张春					

记账：李玉坤　　　　　　发货：高振　　　　　　制单：李玉坤

原始凭证1-62

中国工商银行进账单（收账通知） 3

20**年12月7日

出票人	全称	富民公司		收款人	全称	立商有限责任公司
	账号	3572659816522490			账号	01400822600777
	开户银行	工行芜湖市分行开源支行			开户银行	中国工商银行济南市文东支行

金额	人民币（大写）贰佰叁拾壹万贰仟捌佰伍拾陆元整	亿	千	百	十万	千	百	十	元	角	分
			¥	2	3	1	2	8	5	6	0	0

票据种类	转账支票	票据张数	壹张
票据号码		XIV00056432	

开户银行签章：中国工商银行文东支行（转讫）

此联是收款人开户银行交给收款人的收账通知

原始凭证 1-63

26. 8日，开出转账支票支付车间下年度财产保险费 17 500 元。原始凭证见相关单据 1-64、1-65 和 1-66。

中国工商银行
转账支票存根（鲁）

XIN00081017

附加信息：

出票日期：20**年12月8日

收款人：	永诚财产保险股份有限公司
金　额：	¥ 17 500.00
用　途：	机器厂房保险费

单位主管：　　　　会计：

原始凭证 1-64

永诚财产保险股份有限公司
YONGCHENG INSURANCE COMPANY
LIMITED OF CHINA
财产保险单
PROPERTY INSURANCE POLICY

济南市槐荫区经七路516号

电话：0531-81959971

保单号：ZV0043269

本公司根据被保险人的要求及其所交付约定的保险费，按本保单所载条款和附加条款以及所列项目，承保财产保险。特立本保险单。

被保险人：立商有限责任公司	
保险财产地址：山东省济南市文化东路666号	
保险期限：自20**年01月零时至20**年12月31日24时整	
保险及保险金额 固定资产原值　RMB5 000 000.00	
总保险金额　人民币伍佰万元整　RMB5 000 000.00	
保险费　人民币壹万柒仟伍佰元整　RMB17 500.00　年费率：按约定3.5‰	
免赔额	
备注	

永诚财产保险股份有限公司
YONGCHENG INSURANCE COMPANY
LIMITED OF CHINA

日期：20**年12月8日
签单公司地址及电话：济南市槐荫区经七路516号　TEL：0531-81959971
业务员：姚明坤

原始凭证1-65

永诚财产保险股份有限公司
YONGCHENG INSURANCE COMPANY LIMITED OF CHINA
保费收据 PREMIUM RECEIPT
20**年12月8日

No. 00880642

兹收到：立商有限责任公司
Resumof

保费金额（大写）壹万柒仟伍佰元整
The sum of _____（小写）￥17 500.00

系付保险单第　ZV0043269　号批单第　　号之保费
Being premium on the policy No.　End. No.

最后付款日期
Last date of Payment

业务员吴佳　复核汤项基　制单袁伟珍
（无现金收讫章或银行付款凭证无效）

收款签章处（永诚保险股份有限公司 保费专用章）

原始凭证1-66

27. 8日，缴纳企业所得税175 800.00元。原始凭证见相关单据1-67。

中华人民共和国
税收电子转账专用完税凭证

（20＊＊-1）鲁地 7015564560 号

填发日期：20＊＊年12月08日　　　　　电子交易流水号：320080232125551126

纳税人代码：01307800934	征税机关：济南市地方税务局
纳税人全称：立商有限责任公司	收款银行：工行济南市文东支行
纳税人缴款账号：01400822600777	国　　库：343401552011

税种（品目名称）	预算科目、预算级次	税款所属时期	实缴金额
企业所得税——企业所得税	科目 101233396 预算级次 1047	20＊＊-11-01-20＊＊-11-30	¥175 800.00
金额合计（大写）：壹拾柒万伍仟捌佰元整			¥175 800.00

主管税务机关 （盖章）	收款银行 （盖章）	缴款单位经手人 （盖章）	备注	字别号：20061 票证号码：7015564560 票证名称： 税收电子转账专用完税证（电脑平摊）

此凭证不得用于收取现金税款，仅作纳税人电子转账完税凭证（电脑打印　手工填写无效）

原始凭证1-67

28. 8日，购包装木箱200个，单价70元，增值税税率17%，以工行存款支付。原始凭证见相关单据1-68至单据1-71。

材料入库单

20＊＊年12月8日　　　　　No.002365

材料科目：周转材料　　　　　　　　　　　　　　　供应单位：皖宝木器厂
材料类别：包装物
发票号码：No.00215809　　　　　　　　　　　　　收料仓库：4

材料名称	计量单位	数量		实际成本					备注
		应收	实收	买价		运杂费	其他	合计	单位成本	
				单价	金额					
木箱	只	200	200	70.00	14 000.00			14 000.00	70.00	

记账：李玉坤　　　　　　收料：高振　　　　　　制单：李玉坤

原始凭证1-68

山东省增值税专用发票
发票联

No.00215809
开票日期：20**年12月8日

3400072370

购货单位	名称：立商有限责任公司 纳税人识别号：340883456119 地址、电话：山东省济南市文化东路666号 0531-67755089 开户行及账号：工行济南市文东支行 01400822600777	密码区	7+ +9/42152*+129*864〉加密版本：01 63-〈7503*〈1〉*/〈3〈+80 3400072370 2+〈〈56894588〉〉**〈2569 5920-33/65+5012*/〉〉92 00215809

货物或应税劳务名称	规格型号	单位	数量	单价	金额	税率	税额
木箱		只	200	70.00	14 000.00	17%	2 380.00
合计							

价税合计（大写）	⊗壹万陆仟叁佰捌拾元整	（小写）¥16 380.00

销货单位	名称：皖宝木器厂 纳税人识别号：440811197765626 地址、电话：安徽合肥市春风路6号 0551-2252369 开户行及账号：工行合肥市分行阳江大道分理处 130924620263189	备注	（皖宝木器厂 08333227086 发票专用章）

收款人：吴东　　复核：刘华明　　开票人：唐荣　　销货单位：（章）

原始凭证 1-69

山东省增值税专用发票
抵扣联

No.00215809
开票日期：20**年12月8日

3400072370

购货单位	名称：立商有限责任公司 纳税人识别号：340883456119 地址、电话：山东省济南市文化东路666号 0531-67755089 开户行及账号：工行济南市文东支行 01400822600777	密码区	7+ +9/42152*+129*864〉加密版本：01 63-〈7503*〈1〉*/〈3〈+80 3400072370 2+〈〈56894588〉〉**〈2569 5920-33/65+5012*/〉〉92 00215809

货物或应税劳务名称	规格型号	单位	数量	单价	金额	税率	税额
木箱		只	200	70.00	14 000.00	17%	2 380.00
合计							

价税合计（大写）	⊗壹万陆仟叁佰捌拾元整	（小写）¥16 380.00

销货单位	名称：皖宝木器厂 纳税人识别号：440811197765626 地址、电话：安徽合肥市春风路6号 0551-2252369 开户行及账号：工行合肥市分行阳江大道分理处 130924620263189	备注	（皖宝木器厂 08333227086 发票专用章）

收款人：吴东　　复核：刘华明　　开票人：唐荣　　销货单位：（章）

原始凭证 1-70

中国工商银行 业务委托书

INOUSTRIAL AND COMMERCIAL BANK OF CHINA　　APPLICATION FOR MONEY TRANSFER

委托日期 DATE20＊＊年Y12月M8日D　　鲁A 01253659

银行打印												
客户填写 委托人 APPLICANT	业务类型 TYPE	☑电汇T/T □信汇M/T □汇票申请书D/D □本票申请书P/D □其他OTHERS				汇款方式：□普通 □加急 TYPE OF REMITTANCE REGULA URGENT						
	全称 FULL NAME	立商有限责任公司			收款人 PAYEE	全称 FULLNAME			皖宝木器厂			
	账号或地址 ACCOUNT NO OR ADDR	01400822600777				账号或地址 ACCOUNT NO OR ADDR			130924620263189			
	开户行名称 ACCOUNT BANK NAME	中国工商银行济南市文东支行				开户行名称 ACCOUNT BANK NAME			工行合肥市分行阳江大道分理处			
	开户银行 ACCOUNT BANK	山东省济南市 PROVINCE CITY				开户银行 ACCOUNT BANK			安徽省合肥市 PROVINCE CITY			
金额（大写）人民币 AMOUNT IN WORDS RMB 壹万陆仟叁佰捌拾元整			百	十	万	千	百	十	元	角	分	
				¥	1	6	3	8	0	0	0	
支付密码 S.C						上列款项及相关费用请从我账户内支付 The above yemittance and yelate charges are to be draw on my account 客户签章 Applicant signature and/or stamp. （加盖预留银行印鉴）						
加急汇款签字 SIGNATURE FOR URGENT PAYMENT												
附加信息及用途： MESSAGE AND PURPOSE 支付修理费												

事后监管：　　　会计主管：　　　复核：　　　记账：

注：本业务委托书一式三联：第一联记账联，交银行；第二联发报或出票依据，交银行；第三联回单联，银行盖章后退回给企业据以入账。

原始凭证1-71

29.8日，从天津钢铁厂购铸铁35吨，单价4 260元，增值税税率17%，签发商业承兑汇票，材料未到。原始凭证见相关单据1-72、1-73和1-74。

原始凭证 1-72

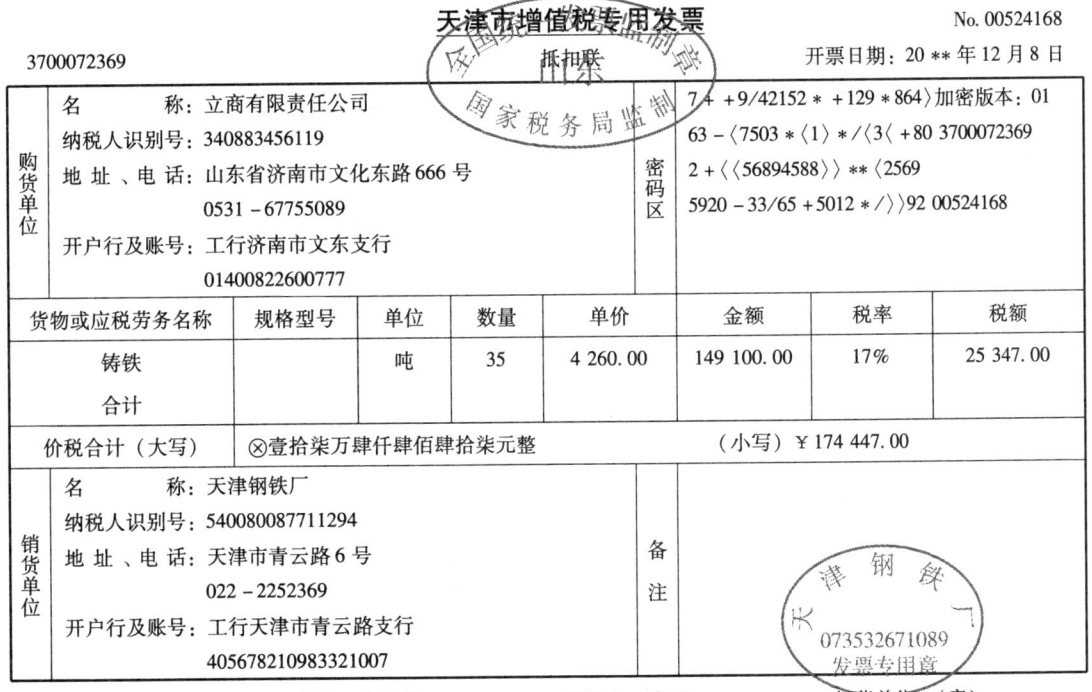

原始凭证 1-73

商业承兑汇票（卡片） 1

出票日期 贰零**年拾贰月零捌日（大写）　　$\frac{AA}{01}$　00206012

付款人	全称	立商有限责任公司	收款人	全称	天津钢铁厂
	账号	01400822600777		账号	40567810983321007
	开户银行	中国工商银行济南市文东支行		开户银行	工行天津青云路支行

金额	人民币（大写）壹拾柒万肆仟肆佰肆拾柒元整	亿	千	百	十	万	千	百	十	元	角	分
					¥	1	7	4	4	4	7	0	0

汇票到期日	贰零**年拾贰月零捌日	付款人开户行	行号	402864909
交易合同号码	20**-0256		地址	中国工商银行济南市文东支行

备注：

出票人签章（立商有限责任公司财务专用章）　　（华王印丽）

此联承兑人留存

原始凭证 1-74

30. 9日，用工行存款交付排污费5 000元。原始凭证见相关单据1-75和1-76。

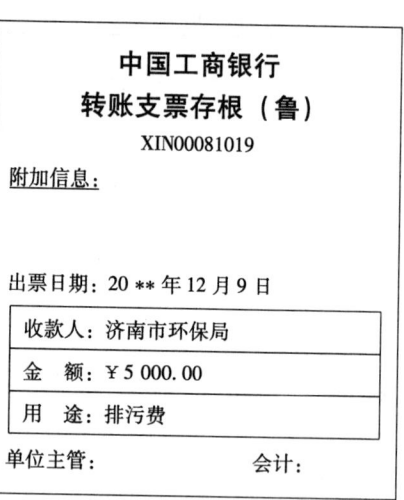

中国工商银行
转账支票存根（鲁）
XIN00081019
附加信息：

出票日期：20**年12月9日

| 收款人：济南市环保局 |
| 金　额：￥5 000.00 |
| 用　途：排污费 |

单位主管：　　会计：

原始凭证 1-75

山东省行政事业性收费统一发票
Administration and Enterprise Charge Unitary Invoice of Shandong Province

AB452379 6 4
财 政
20＊＊年12月9日
Y M D

缴款单位（人）：立商有限责任公司
Payer

执行单位代码 Unit Word	项目编号 Item Code	项目名称 Charge Item	计算单位 Unit	计算数量 Quantity	收费标准 Charge Standard	金额（元） Amount
22154601057		排污费				
合计人民币（大写） ¥ Amount（In words）	伍仟元整			¥5 000.00		
缴款通知书编号 Advice Note No.	0012356	缴款方式 Payment method	单位转账	备注 Notes		

收款单位（盖章）：　　　开票人：　　　收款人：
Receiver（seal）　　　　Drawer　　　　Payee

原始凭证1－76

31. 9日，向工行购转账及现金支票40本，支付工本费240元。原始凭证见相关单据1－77。

中国工商银行空白结算凭证领单　总字　号

20＊＊年12月9日

付款单位	全称	立商有限责任公司		收款人	名称	中国工商银行济南市文东支行	
	账号	01400822600777			账号		
凭证名称	号码		量	单价	金额		
	起	止					
转账支票	00123001	0012400	20	6.00	120.00		
现金支票	0002001	0002400	20	6.00	120.00		
人民币（大写）贰佰肆拾元整　　　¥240.00							

复核：　　　　　　　　　　　　记账：

原始凭证1－77

32. 9日，以工行存款支付电费51 683.85元，增值税税率17%（委托银行收款）。原始凭证见相关单据1－78至单据1－81。

山东省增值税专用发票
发票联

No.00136798

34000221553　　　　　　　　　　　　　　　　　　　开票日期：20＊＊年12月6日

购货单位	名　称	立商有限责任公司	密码区	7**+9/42152*+129*864〉加密版本：01 63-〈7503*〈1〉*/〈3〈+80 34000221553 2+〈〈56894588〉〉**<2569 5920-33/65+5012*/〉〉92 00136798
	纳税人识别号：340883456119			
	地址、电话：山东省济南市文化东路666号　0531-67755089			
	开户行及账号：工行济南市文东支行　01400822600777			

货物或应税劳务名称	规格型号	单位	数量	单价	金额	税率	税额
电力销售		KWH	58 704	0.752491	44 174.23	17%	7 509.62
合计							

价税合计（大写）	⊗伍万壹仟陆佰捌拾叁元捌角伍分	（小写）￥51 683.85

销货单位	名　称	济南市供电公司	备注	
	纳税人识别号：340801194383628			
	地址、电话：山东省济南市泺源大街238号　0531-85603162			
	开户行及账号：工行济南市泺源支行　4016520920198005			

收款人：吴东　　　复核：　　　开票人：唐荣　　　销货单位：（章）

原始凭证1-78

原始凭证1-79

托收凭证（付款通知） 5

委托日期：20＊＊年12月6日　　　付款期限：20＊＊年12月9日

业务类别	委托收款（☑邮划□电划）　托收承付（□邮划□电划）				
付款人	全称	立商有限责任公司	收款人	全称	济南市供电公司
	账号	01400822600777		账号	20150222092010000803
	地址	山东省济南市		地址	山东省济南市
	开户行	工行济南市文东支行		开户行	工行泺源支行

金额	人民币（大写）伍万壹仟陆佰捌拾叁元捌角伍分	千	百	十	万	千	百	十	元	角	分
				¥	5	1	6	8	3	8	5

款项内容	购电	托收凭据名称	发票及电费清单	附寄单据张数	叁张
商品发运情况			合同名称号码		

备注：
付款人开户行收到日期
20＊＊年12月6日

付款人开户银行签章
20＊＊年12月9日

付款人注意：
1. 根据支付结算办法，上列委托收款（托收承付）款项在付款期限内未提出拒付，即视为同意付款，以此代付款通知。
2. 如需提出全部或部分拒付，应在规定期限内，将拒付理由书并附债务证明退交开户银行。

此联是付款人开户银行给付款人按时付款通知

原始凭证1-80

0089143

济南市供电公司电费清单

（只作发票附件，不作收付款凭证）

供电区域：历下区　　　开票日期：20＊＊-12-06

户名：立商有限责任公司　　电费年月20＊＊-11　　托收号码A00354

户号	地址	有功表读数		倍率	有功电量	有功变损	实用功电量	电价（元/kwh）	电量电费金额（元）	三峡基金（元）	市政附加费（元）
		峰平谷总	本月	上月							
31 202g	历下区		936.48	895.12	600	24 816		20 018	0.9192	18 400.54	140.13	280.25
			1 800.5	1 720.57	600	47 958		38 686	0.5818	22 507.52	270.80	541.60

户号	无功表读数			无功		基本电费			力率调整			水库移民后期扶持金（元）上月
	本月	上月	倍率	电量	变损	实用电量	容（需）量	单价（元/KW）	金额（元）	力率	调整率	本月
31202	646.08	607.41	600	232 020	0	23 202	515	18.0000	9 270.00	0.9700	0.75	-420.09	693.10

电费共计：¥51 683.85 元　　金额大写：伍万壹仟陆佰捌拾叁元捌角伍分

备注：已预收　　元，结算　　元。

收款单位盖章　　　　　　　复核员　　　　　　　操作员：叶伟康

原始凭证1-81

33. 9日，支付办公室汽车修理费 7 500 元。原始凭证见相关单据 1-82、1-83 和 1-84。

中国工商银行
转账支票存根（鲁）
XIN00081020

附加信息：

出票日期：20＊＊年12月9日
收款人：济南市鸿昌汽修厂
金　额：￥7 500.00
用　途：汽车修理费
单位主管：　　　会计：

原始凭证 1-82

山东省增值税专用发票

No.00137008
34000222002　　　发票联　　　开票日期：20＊＊年12月9日

购货单位	名　称：立商有限责任公司 纳税人识别号：340883456119 地　址、电　话：山东省济南市文化东路 666 号 　　　　　　0531-67755089 开户行及账号：工行济南市文东支行 　　　　　　01400822600777	密码区	7＊+9/42152＊+129＊864〉加密版本：01 63-〈7503＊〈1〉＊/〈3〈+80 34000222002 2+〈〈56894588〉〉＊＊〈2569 5920-33/65+5012＊/〉92 00137008

货物或应税劳务名称	规格型号	单位	数量	单价	金额	税率	税额
汽车维修					7 500.00	17%	1 275.00
合计							

价税合计（大写）	⊗捌仟柒佰柒拾伍元整	（小写）￥8 775.00

销货单位	名　称：济南市鸿昌汽修厂 纳税人识别号：340802434367786 地　址、电　话：山东省济南市普利街 002 号 　　　　　　0531-85234432 开户行及账号：工行济南市普利支行 　　　　　　4016520928989765	备注	济南市鸿昌汽修厂 004267446117 发票专用章

收款人：范文　　　复核：　　　开票人：程静　　　销货单位：（章）

原始凭证 1-83

山东省增值税专用发票
抵扣联

No.00137008

34000222002 开票日期：20**年12月9日

购货单位	名　　称：立商有限责任公司 纳税人识别号：340883456119 地址、电话：山东省济南市文化东路666号 　　　　　　0531-67755089 开户行及账号：工行济南市文东支行 　　　　　　　01400822600777	密码区	7+ +9/42152**129*864〉加密版本：01 63-〈7503*〈1〉*/〈3〈+80 34000222002 2+〈〈56894588〉〉**〈2569 5920-33/65+5012*/〉〉92 00137008

货物或应税劳务名称	规格型号	单位	数量	单价	金额	税率	税额
汽车维修					7 500.00	17%	1 275.00
合计							

价税合计（大写）	⊗捌仟柒佰柒拾伍元整	（小写）¥8 775.00

销货单位	名　　称：济南市鸿昌汽修厂 纳税人识别号：340802434367786 地址、电话：山东省济南市普利街002号 　　　　　　0531-85234432 开户行及账号：工行济南市普利支行 　　　　　　　4016520928989765	备注	

收款人：范文　　复核：　　开票人：程静　　销货单位：（章）

原始凭证1-84

34. 10日，收回货款。原始凭证见相关单据1-85。

托收凭证（收款通知单） 1

委托日期：20**年12月6日　　　　　　　　　　　　　　　　（白纸蓝油墨）

业务类别	委托收款（□邮划☑电划）　托收承付（□邮划□电划）			
付款人	全称	立原公司	收款人	全称	立商有限责任公司
	账号	0230089001177308		账号	01400822600777
	地址	浙江省	开户行	工行杭州市分行	地址	山东省济南市	开户行	工行济南市文东支行

金额	人民币（大写）柒拾肆万壹仟叁佰壹拾贰元整	千	百	十	万	千	百	十	元	角	分
			¥	7	4	1	3	1	2	0	0

款项内容	钻孔机款	托收凭据名称	销售发票	附寄单据张数	2张
商品发运情况	货已发运		合同名称号码	购销合同05-035号	

备注： 复核 记账：		款项收妥日期 20**年12月10日	（收款单位开户银行签章） 20**年12月10日

原始凭证1-85

35. 10日，向日神电机公司购入电机100台，单价1 800元，增值税税率17%，并验收入库，货款下月支付。原始凭证见相关单据1－86、1－87和1－88。

材料入库单

20＊＊年12月10日

材料科目：原材料　　　　　　　　　　　　　　　　　　　　　　　　　　　No.000568
材料类别：外购件　　　　　　　　　　　　　　　　　　　　　　　　供应单位：日神电机公司
发票号码：00543261　　　　　　　　　　　　　　　　　　　　　　　　　　收料仓库：2

材料名称	计量单位	数量		实际成本						备注
		应收	实收	买价		运杂费	其他	合计	单位成本	
				单价	金额					
电机	台	100	100	1 800.00	180 000.00					

记账：李玉坤　　　　　　　　　　　　收料：高振　　　　　　　　　　　　制单：李玉坤

原始凭证1－86

河北省增值税专用发票

发票联

No.0056785

3605246753

开票日期：20＊＊年12月10日

购货单位	名　　称：立商有限责任公司	密码区	7４＋9/42152＊＋129＊864〉加密版本：01
	纳税人识别号：340883456119		63－〈7503＊〈1〉＊/〈3＜＋80 3605246753
	地　址、电话：山东省济南市文化东路666号 0531－67755089		2＋〈〈56894588〉〉＊＊〈2569
	开户行及账号：工行济南市文东支行 01400822600777		5920－33/65＋5012＊/〉92 0056785

货物或应税劳务名称	规格型号	单位	数量	单价	金额	税率	税额
电机	TZR	台	100	1 800.00	180 000.00	17%	30 600
合计							

价税合计（大写）　⊗贰拾壹万零陆佰元整　　　　　　（小写）￥210 600.00

销货单位	名　　称：河北日神电机公司	备注	
	纳税人识别号：441225194623465		
	地　址、电话：河北省石家庄市青海路18号 0311－23698688		
	开户行及账号：工行石家庄市青海路支行 635656325976877		

收款人：徐斌　　　　复核：张笑　　　　开票人：郭峰　　　　销货单位：（章）

第二联　发票联　购货方记账凭证

原始凭证1－87

原始凭证1-88

36. 10日，向铜陵钢铁厂采购生铁2吨，单价4 000元，增值税税率17%，货款未付。直接送南江机械厂委托该厂加工金属模具。原始凭证见相关单据1-89、1-90和1-91。

原始凭证1-89

委托加工材料出库单

20＊＊年12月10日   No.0022635

委托加工单位：南江机械厂   发料仓库：直接加工

合同编号	加工后品名及规格	单位	数量	交货日期
07－130	金属模型	件	90	20＊＊年12月18日
材料编号	材料名称及规格	单位	数量	金额（元）
10103	生铁	台	2	8 000.00

发料：高振   填证：李玉坤

原始凭证1－90

原始凭证1－91

37. 10日，向皖雅服装厂购工作服500套，单价90元，增值税税率17％，已入库。签发商业承兑汇票。原始凭证见相关单据1－92至单据1－95。

入 库 单

20＊＊年12月10日   No.0011236

供应单位：安徽皖雅服装厂   发票号码：011250638

品名	单位	单价	数量	金额
工作服	套	90.00	500	45 000.00
合计			500	45 000.00

记账：李玉坤   收料：高振   制单：李玉坤

原始凭证1－92

安徽省增值税专用发票

No.0011256832
3400014208 发票联 开票日期：20**年12月10日

购货单位	名　　称：立商有限责任公司 纳税人识别号：340883456119 地　址、电　话：山东省济南市文化东路666号 　　　　　　　0531-67755089 开户行及账号：工行济南市文东支行 　　　　　　　01400822600777	密码区	7+ +9/42152 * +129·864〉加密版本：01 63-〈7503*〈1〉*/〈3〈 +80 3400014208 2 +〈〈56894588〉〉** 〈2569 5920-33/65 +5012 */〉〉92 001125632

货物或应税劳务名称	规格型号	单位	数量	单价	金额	税率	税额
工作服		套	500	90.00	45 000.00	17%	7 650.00
合计							

价税合计（大写）	⊗伍万贰仟陆百伍拾元整	（小写）¥ 52 650.00

销货单位	名　　称：安徽皖雅服装厂 纳税人识别号：340824214653902 地　址、电　话：安徽省合肥市东流路422号 　　　　　　　0551-75625061 开户行及账号：工行合肥市东流支行 　　　　　　　02015140886863450	备注	安徽皖雅服装厂 6204308211 发票专用章

收款人：江中宝　　　复核：林大伟　　　开票人：吴洪波　　　销货单位：（章）

原始凭证 1－93

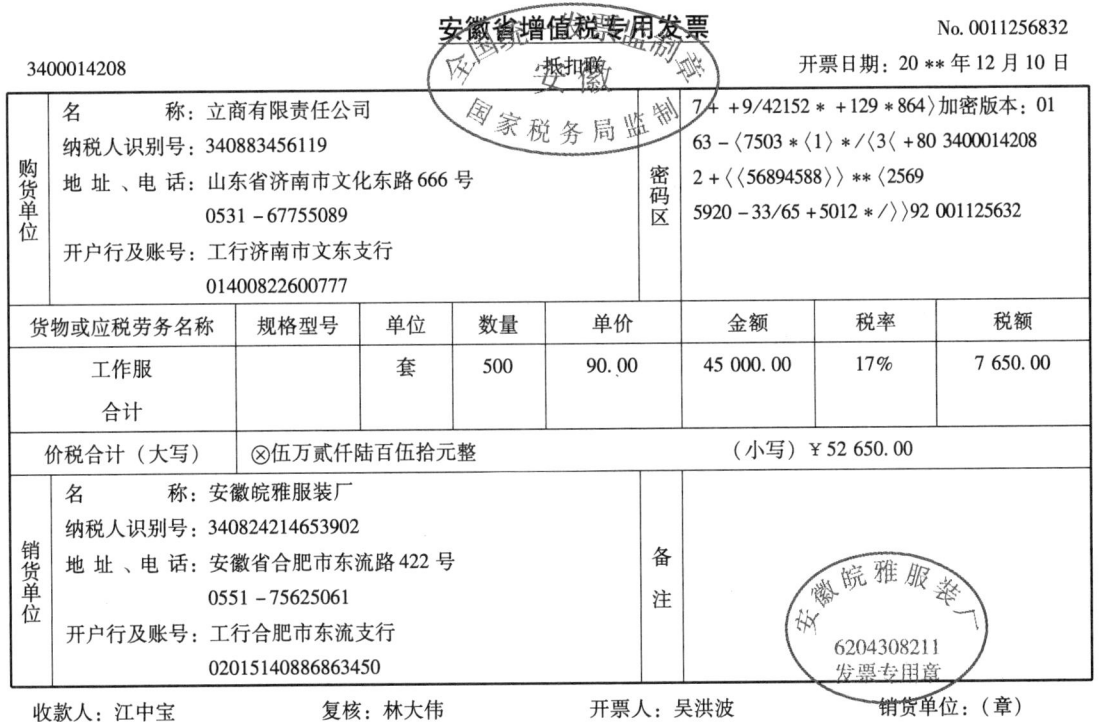

原始凭证 1－94

商业承兑汇票（卡片）1

出票日期　贰零**年拾贰月零壹拾日（大写）　　　$\frac{AA}{01}$　00206012

付款人	全　称	立商有限责任公司	收款人	全　称	安徽皖雅服装厂
	账　号	01400822600777		账　号	02015140886863450
	开户银行	中国工商银行济南市文东支行		开户银行	工行合肥市东流支行
金额	人民币（大写）伍万贰仟陆百伍拾元整		亿 千 百 十 万 千 百 十 元 角 分 　　　　　￥ 5 2 6 5 0 0 0		
汇票到期日	贰零**年拾贰月零壹拾日		付款人开户行	行号	402864909
交易合同号码	20**-0256			地址	中国工商银行济南市文东支行
			备注： 出票人签章		

此联承兑人留存

原始凭证 1-95

38. 10 日，开出转账支票购专有技术 65 000 元。原始凭证见相关单据 1-96 和 1-97。

原始凭证 1-96

专用收款数据   No. 0207618

收款日期：20＊＊年12月10日

付款单位（交款人）	立商有限责任公司	收款单位（领款人）	市科研所	收款项目									购专有技术
人民币（大写）	陆万伍仟元整			千	百	十	万	千	百	十	元	角	分	结算方式
						¥	6	5	0	0	0	0	0	支票
收款事由	购专有技术			经办	部门								
					人员								
上述款项照数收讫无误。收款单位财会专用章（领款人签章）		会计主管	稽核	出纳 姜伟	交款人 朱宏								

（第三联 给付款单位作收据）

（现金收讫 章）

原始凭证 1-97

39. 10日，因违约，支付飞鹏公司违约金3 500元（要求填写支票）。原始凭证见相关单据1-98和1-99。

飞鹏公司收款收据   No. 0033617

20＊＊年12月10日

交款单位名称：立商有限责任公司

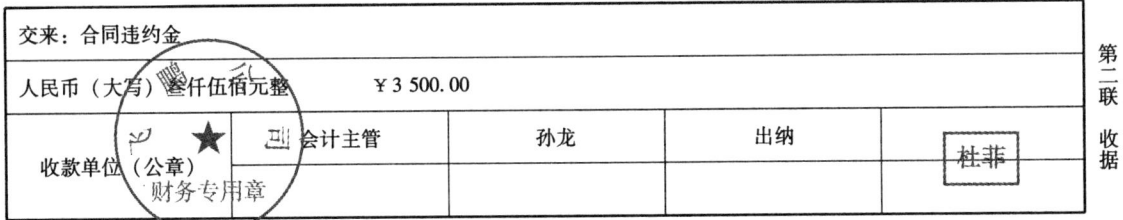

交来：合同违约金				
人民币（大写）叁仟伍佰元整	¥ 3 500.00			
收款单位（公章）财务专用章	会计主管	孙龙	出纳	杜菲

（第二联 收据）

原始凭证 1-98

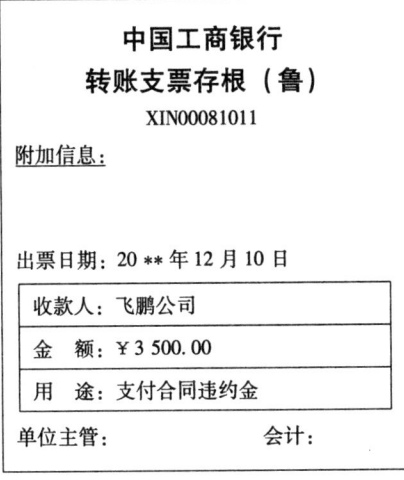

中国工商银行
转账支票存根（鲁）
XIN00081011

附加信息：

出票日期：20＊＊年12月10日

收款人：	飞鹏公司
金　额：	¥ 3 500.00
用　途：	支付合同违约金

单位主管：　　　　会计：

原始凭证 1-99

40. 10日，支付办公室电话费8 848.96元。原始凭证见相关单据1－100和1－101。

中国工商银行代理业务回单

扣款日期：20＊＊.12.10

借方	户名	立商有限责任公司	贷方	户名	代理电信资金清算
	账号	01400822600777		账号	20215299119012117790
	金额	人民币捌仟捌佰肆拾捌元玖角陆分		￥	8 848.96
备注	缴费月份：20＊＊年12月　　缴费号码：61204512				

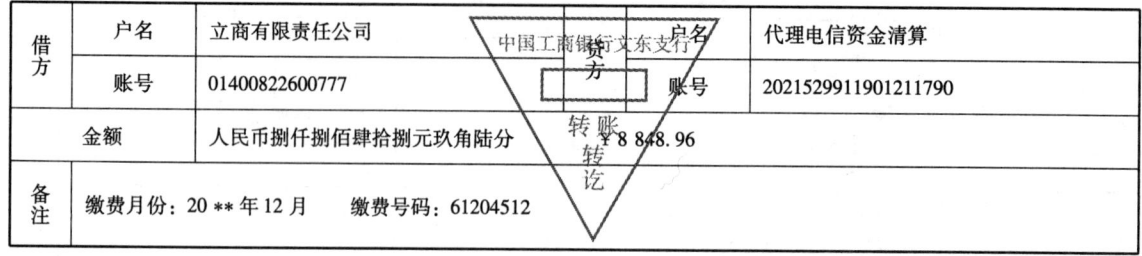

会计（主管）：　　　　　　　　　　　记账：

原始凭证1－100

中国电信　　　　　**山东省电信公司济南市分公司通信费专用发票**
CHINATELECOM

　　　　　　　　　　　　发票联　　　　　　　　　　　　　244080741230
　　　　　　　　　　　　　　　　　　　　　　　　　　　　No. 01736652

客户名称：立商有限责任公司　　　　　　　　　　客户号码：6124512
开户银行：工行济南市文东支行　　　　　　　　　银行账号：01400822600777
计费周期：20＊＊－11－01－20＊＊－11－30　　　20＊＊年12月10日填开

项　目	金额（元）	项目	金额（元）	项目	金额（元）
固定费	620.00				
通话费	3 721.50				
套餐费	20.00				
优惠赠送	21.00				
E家套餐费用	2 200.00				
固定费	24.00				
通话费	1 885.50				
代收费	50.00				
优惠赠送	286.96				

备注：本月应收8 848.96 上月未付：0.00 余额冲减0.00
本月实收8 848.96 下月应补：0.00
应收合计（大写）人民币捌仟捌佰肆拾捌元玖角陆分

收款员：600002 打印工号：60036 打印时间：20＊＊－12－10 09：15：16：13　　收款单位（盖章）
说明：本发票经收款单位和收款员盖方有效。　　　　　　　　　　　　　　　（本发票手写无效）

原始凭证1－101

41. 10日，偿付前欠铜陵钢铁厂货款900 000元（汇兑）。原始凭证见相关单据1－102。

中国工商银行　业务委托书

INOUSTRIAL AND COMMERCIAL BANK OF CHINA　　APPLICATION FOR MONEY TRANSFER

委托日期 DATE 20＊＊年 Y12月 M10日 D　　鲁 A 01253655

银行打印							
客户填写 APPLICANT	业务类型 TYPE	☑电汇 T/T　□信汇 M/T　□汇票申请书 D/D □本票申请书 P/D　□其他 OTHERS		收款人 PAYEE	汇款方式：□普通　□加急 TYPE OF REMITTANCE REGULA URGENT		
	全称 FULL NAME	立商有限责任公司			全称 FULL NAME		铜陵钢铁厂
	账号或地址 ACCOUNT NO OR ADDR	01400822600777			账号或地址 ACCOUNT NO OR ADDR		005570098733558
	开户行名称 ACCOUNT BANK NAME	工行济南市文东支行			开户行名称 ACCOUNT BANK NAME		工行铜陵市黄山路支行
	开户银行 ACCOUNT BANK	山东省济南市 PROVINCE CITY			开户银行 ACCOUNT BANK		安徽省铜陵市 PROVINCE CITY
金额（大写）人民币 AMOUNT IN WORDS RMB 玖拾万元整				百 十 万 千 百 十 元 角 分 ¥　9　0　0　0　0　0　0　0			
支付密码 S.C							
加急汇款签字 SIGNATURE FOR URGENT PAYMENT				上列款项及相关费用请从我账户内支付 The above yemittance and yelate charges are to be draw on my account 客户签章 Applicant signature and/or stamp. （加盖预留银行印鉴）			
附加信息及用途： MESSAGE AND PURPOSE 支付修理费							

事后监管：　　　会计主管：　　　复核：　　　记账：

注：本业务委托书一式三联：第一联记账联，交银行；第二联发报或出票依据，交银行；第三联回单联，银行盖章后退回给企业据以入账。

原始凭证1－102

42. 11日，向建勋公司销售立商牌 FB8－7型开孔机60台，单价14 180元，增值税税率17%，随货销售领取不单独计价的木箱60个，款项尚未收回，已办妥托收货款手续。原始凭证见相关单据1－103、1－104和1－105。

山东省增值税专用发票

No.0046354817

3400073369 开票日期：20**年12月11日

购货单位	名　称：建勋公司
	纳税人识别号：3402803340820136
	地　址、电话：芜湖市中山路999号
	0553－68163420
	开户行及账号：工行中山路办理处
	221080123620136

密码区：
7＋＋9/42152＊＋129＊864〉加密版本：01
63－〈7503＊〈1〉＊/〈3〈＋80 3400073369
2＋〈〈56894588〉〉＊＊〈2569
5920－33/65＋5012＊/〉92 004635487

货物或应税劳务名称	规格型号	单位	数量	单价	金额	税率	税额
立商牌FB8-7型开孔机		台	60	14 180	850 800.00	17%	144 636.00
合计							

价税合计（大写）⊗玖拾玖万伍仟肆佰叁拾陆元整　（小写）¥995 436.00

销货单位	名　称：立商有限责任公司
	纳税人识别号：340883456119
	地　址、电话：山东省济南市文化东路666号
	0531－67755089
	开户行及账号：工行济南市文东支行
	01400822600777

备注：004366670116

收款人：王天浩　　复核：肖燕　　开票人：刘淑云　　销货单位：（章）

原始凭证 1-103

产品销售出库单

购货单位：建勋公司　　20**年12月11日　　No.0022635

品名	单位	单价	数量	金额	备注
立商牌FB8-7型开孔机	台	14 180	60	850 800.00	
合计				850 800.00	

购货方采购员签字：汪越明

记账：李玉坤　　　发货：高振　　　制单：李玉坤

原始凭证 1-104

托收凭证（受理回单） 1

委托日期：20＊＊年12月11日

业务类别	委托收款（□邮划☑电划）		托收承付（□邮划□电划）									
付款人	全称	建勋公司		收款人	全称	立商有限责任公司						
	账号	221080123620136			账号	01400822600777						
	地址	安徽省芜湖市	开户行	工行中山路办事处		地址	山东省济南市	开户行	工行济南市文东支行			
金额	人民币（大写）玖拾玖万伍仟肆佰叁拾陆元整				千	百	十	万	千	百	十	元 角 分
						¥	9	9	5	4	3	6 0 0
款项内容	立商牌FB8－7型开孔机		托收凭据名称	销售发票、运输费单据	附寄单据张数							
	商品发运情况		货已发运		合同名称号码				购销合同07－0185号			
备注：复核 记账			款项收妥日期 年 月 日									

（白纸蓝油墨）

第一联 作收款人开户银行给收款人的受理回单

原始凭证1－105

43. 11日，向明光公司购树脂20吨，单价2 500元，增值税税率17%，已入库。以工行存款支付。原始凭证见相关单据1－106至1－109。

材料入库单

20＊＊年12月11日　　　　　　　　　　　No.000123

材料科目：原材料
材料类别：原料及主要材料　　　　　　　　供应单位：明光公司
发票号码：02222535　　　　　　　　　　　收料仓库：2

材料名称	计量单位	数量		实际成本						备注
		应收	实收	买价		运杂费	其他	合计	单位成本	
				单价	金额					
树脂	吨	20	20	2 500.00	50 000.00					

记账：王丽华　　　　　　　　　收料：高振　　　　　　　　　制单：李玉坤

原始凭证1－106

安徽省增值税专用发票

No.002222529

34000257535 开票日期：20**年12月11日

购货单位	名称	立商有限责任公司				密码区	7++9/42152*+129*864）加密版本：01 63-〈7503*〈1〉*/〈3〈+80 34000257535 2+〈〈56894588〉〉**〈2569 5920-33/65+5012*/〉92 002222529
	纳税人识别号	340883456119					
	地址、电话	山东省济南市文化东路666号 0531-67755089					
	开户行及账号	工行济南市文东支行 01400822600777					

货物或应税劳务名称	规格型号	单位	数量	单价	金额	税率	税额
树脂		吨	20	2 500	50 000.00	17%	8 500.00
合计							

价税合计（大写）	⊗伍万捌仟伍佰元整	（小写）￥58 500.00

销货单位	名称	明光公司	备注	
	纳税人识别号	340688776644008		
	地址、电话	安徽淮南市董家湾路51号 0554-6632588		
	开户行及账号	工行淮南市董家湾路支行 00377661100799213		

收款人：陈蔚　　复核：周财　　开票人：洪青霞　　销货单位：（章）

原始凭证 1-107

中国工商银行　业务委托书　3

INOUSTRIAL AND COMMERCIAL BANK OF CHINA　　APPLICATION FOR MONEY TRANSFER

委托日期 DATE 20**年Y 12月M 11日D　　鲁A 01253655

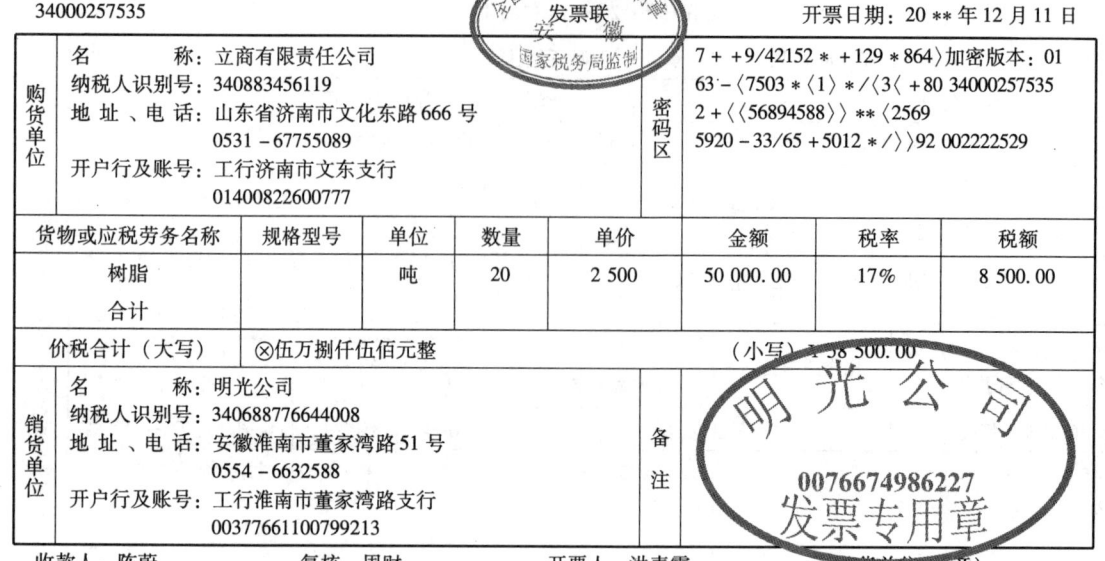

	业务类型 TYPE	☑电汇T/T　□信汇M/T　□汇票申请书D/D □本票申请书P/D　□其他OTHERS		汇款方式：□普通　□加急 TYPE OF REMITTANCE REGULA URGENT	
客户填写 APPLICANT	委托人	全称 FULL NAME	立商有限责任公司	全称 FULLNAME	明光公司
		账号或地址 ACCOUNT NO OR ADDR	01400822600777	账号或地址 ACCOUNT NO OR ADDR	00377661100799213
		开户行名称 ACCOUNT BANK NAME	工行济南市文东支行	开户行名称 ACCOUNT BANK NAME	工行淮南市董家湾路支行
		开户银行 ACCOUNT BANK	山东省济南市 PROVINCE CITY	开户银行 ACCOUNTBANK	安徽省淮南市 PROVINCE CITY
	金额（大写）人民币 AMOUNT IN WORDS RMB	伍万捌仟伍佰元整		百 十 万 千 百 十 元 角 分 ￥　　5　8　5　0　0　0　0	
	支付密码 S.C			上列款项及相关费用请从我账户内支付 The above yemittance and yelate charges are to be draw on my account	
	加急汇款签字 SIGNATURE FOR URGENT PAYMENT			客户签章 Applicant signature and/or stamp. （加盖预留银行印鉴）	
	附加信息及用途： MESSAGE AND PURPOSE	支付修理费			

事后监管：　　　会计主管：　　　复核：　　　记账：

注：本业务委托书一式三联：第一联记账联，交银行；第二联发报或出票依据，交银行；第三联回单联，银行盖章后退回给企业据以入账。

原始凭证 1-108

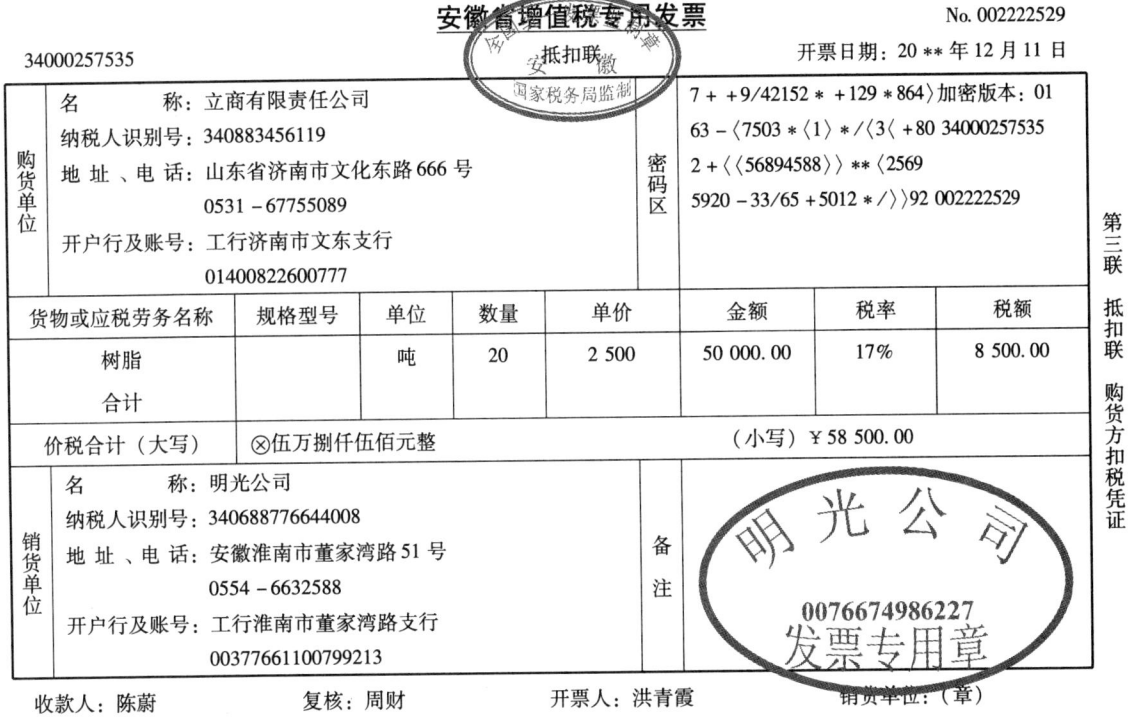

原始凭证 1-109

44. 11日,经批准报废解放运输汽车一辆,原价20万元,已提折旧18.5万元。原始凭证见相关单据1-110和1-111。

固定资产清理单

20**年12月11日　　　　　　　　　　　　　　　　　　　编号：001

固定资产名称	编号	规格型号	开始使用时间
解放运输汽车	鲁A08836	载重8吨	2004.12.01
报废申请单编号及批准时间			
固定资产原值	200 000.00	已提折旧	185 000.00
开始清理时间		完成清理时间	
清理费用与变价收入									

时间	凭证	项目	金额	时间	凭证	项目	金额

备注	

原始凭证 1-110

固定资产报废审批单

20**年12月11日

申报单位：立商有限责任公司　　　　　　　　　　　　　　　　　　　　　金额单位：元

固定资产名称	解放牌货车	单位	辆	规格	载重8吨	数量	1
资产编号	鲁A08836	使用时间	2004.12.01	购建时间	2004.12.01	使用部门	销售部
已使用年限	10	原值	200 000.00	已提折旧		185 000.00	
应使用年限	10	净值	6 000.00	预计清理残值			
报废原因	使用年限已到经车辆年验不合格不能上路							
使用部门意见	不符合行驶要求，不能上路行驶。 负责人：孙海龙　经办人：马丽　　　　　　（盖章）20**年12月11日							
公司最高管理层意见	同意报废 董事长：苏香　　　　　　　　　　　　　　　（盖章）20**年12月11日							

注明：如企业属于国有企业还需报经上级主管部门以及国有资产管理局审批。

原始凭证 1-111

---

45. 11日，以现金报销厂部管理部门职工蒋文医药费970元。原始凭证见相关单据1-112。

济南市人民医院门诊医疗收据

姓名：蒋文　　　　　20**年12月11日　　　　　　　　　　No. 07844016

项目	百	十	元	角	分
检查费		9	0	0	0
医疗费	2	0	0	0	0
放射费					
手术费					
化验费			3	0	0
输血费					
观察费					
西药费	6	5	0	0	0
中成药费					
中草药费					
自费中药					
自费西药					

人民币
（大写）玖佰柒拾元整

济南市人民医院
（3）
门诊医疗费收讫章

现金付讫

1. 收据丢失不补
2. 无收讫印无效
3. 检查费包括心电、脑电、B超、镜检等各种仪器检查。

收款人：金晨曦

原始凭证 1-112

46. 12日,支付前欠明光公司货款100万元。原始凭证见相关单据1-113。

中国工商银行　业务委托书　3
INOUSTRIAL AND COMMERCIAL BANK OF CHINA　　APPLICATION FOR MONEY TRANSFER

委托日期 DATE20＊＊年Y12月M12日D　　鲁 A 01 263656

银行打印												
客户填写 APPLICANT	业务类型 TYPE	☑电汇T/T　□信汇M/T　□汇票申请书D/D □本票申请书P/D　□其他OTHERS				汇款方式:□普通　□加急 TYPE OF REMITTANCE REGULA URGENT						
	委托人	全称 FULL NAME	立商有责任公司			收款人 PAYEE	全称 FULLNAME		明光公司			
		账号或地址 ACCOUNT NO OR ADDR	01400822600777				账号或地址 ACCOUNT NO OR ADDR		00377661100799213			
		开户行名称 ACCOUNT BANK NAME	工行济南市文东支行				开户行名称 ACCOUNT BANK NAME		工行淮南市董家湾路支行			
		开户银行 ACCOUNT BANK	山东省济南市 PROVINCE CITY				开户银行 ACCOUNT BANK		安徽省淮南市 PROVINCE CITY			
金额（大写）人民币 AMOUNT IN WORDS RMB 壹佰万元整				千	百	十	万	千	百	十	元	角	分
				¥ 1	0	0	0	0	0	0	0	0	0
支付密码 S.C				上列款项及相关费用请从我账户内支付 The above yemittance and yelate charges are to be draw on my account 客户签章 Applicant signature and/or stamp. (加盖预留银行印鉴)									
加急汇款签字 SIGNATURE FOR URGENT PAYMENT													
附加信息及用途: MESSAGE AND PURPOSE 还前欠货款													

事后监管：　　会计主管：　　复核：　　记账：

注：本业务委托书一式三联：第一联记账联，交银行；第二联发报或出票依据，交银行；第三联回单联，银行盖章后退回给企业据以入账。

原始凭证1-113

47. 12日,从工行提现金1 000元备用。原始凭证见相关单据1-114。

原始凭证1-114

48. 13日,立商有限责任公司发出材料汇总表见相关单据1-115。

发出材料汇总表

20**年12月13日

领料部门及用途	原材料									包装物(木箱)		周转材料				
	铸铁		生铁		树脂		石英砂		电机		煤		低值易耗品(工作服)		低值易耗品(金属模具)	
	数量	金额	数量	金额	数量	金额	数量	金额	数量	金额	数量	金额	数量	金额	数量	金额
铸造车间 生产立商牌LS6-5型钻孔机毛坯	10	46 192.40	25.5	98 025.32												
生产立商牌FB8-7型开孔机毛坯	13	60 050.12	38	146 076.94												
小计	23	106 242.52	63.5	244 102.26									55	4 792.70	135	16 200.00
加工车间 生产立商牌LS6-5型钻孔机产成品					42	109 956.00	33	206 280.69	446	676 697.96						
生产立商牌FB8-7型开孔机产成品					48	125 664.00	35	218 782.55	256	388 418.56						
小计					90	235 620.00	68	425 063.24	702	1 065 116.52			34	2 962.76	45	5 400.00
维修车间													2	174.28		
管理部门													5	435.70		
销售部门													4	348.56		
合计	23	106 242.52	63.5	244 102.26	90	235 620.00	68	425 063.24	702	1 065 116.52			100	8 714.00	180	21 600.00

原始凭证 1-115

49. 13 日，立商牌 LS6－5 型钻孔机和立商牌 FB8－7 型开孔机完工并验收入库，原始凭证见相关单据 1－116。

入 库 单

地点：1 号库　　　　　　　　20＊＊年 12 月 13 日

品名	单位	单价	数量	金额	备注
立商牌 LS6－5 型钻孔机	台	3 560.50	320	1 139 360.00	
立商牌 FB8－7 型开孔机	台	4 075.20	230	937 296.00	
合计					

第二联 记账联

仓管员：高振　　　　　　　　经手人：田国庆

原始凭证 1－116

50. 13 日，支付前欠铜陵钢铁厂货款 50 万元。原始凭证见相关单据 1－117。

中国工商银行　业务委托书
INOUSTRIAL AND COMMERCIAL BANK OF CHINA　　APPLICATION FOR MONEY TRANSFER
委托日期 DATE 20＊＊年 Y12 月 M13 日 D　　鲁 A 01253657

银行打印						
客户填写 APPLICANT	业务类型 TYPE	☑电汇 T/T　□信汇 M/T　□汇票申请书 D/D □本票申请书 P/D　□其他 OTHERS		汇款方式：□普通　□加急 TYPE OF REMITTANCE REGULA URGENT		
	委托人	全称 FULL NAME	立商有限责任公司	收款人 PAYEE	全称 FULL NAME	铜陵钢铁厂
		账号或地址 ACCOUNT NO OR ADDR	01400822600777		账号或地址 ACCOUNT NO OR ADDR	005570098733558
		开户行名称 ACCOUNT BANK NAME	工行济南市文东支行		开户行名称 ACCOUNT BANK NAME	工行铜陵市黄山路支行
		开户银行 ACCOUNT BANK	山东省济南市 PROVINCE CITY		开户银行 ACCOUNT BANK	安徽省铜陵市 PROVINCE CITY
金额（大写）人民币 AMOUNT IN WORDS RMB 伍拾万元整				百	十 万 千 百 十 元 角 分 ¥ 5 0 0 0 0 0 0 0	
支付密码 S.C				上列款项及相关费用请从我账户内支付 The above yemittance and yelate charges are to be draw on my account		
加急汇款签字 SIGNATURE FOR URGENT PAYMENT						
附加信息及用途： MESSAGE AND PURPOSE 还前欠货款				客户签章 Applicant signature and/or stamp. （加盖预留银行印鉴）		

事后监管：　　　会计主管：　　　复核：　　　记账：

注：本业务委托书一式三联：第一联记账联，交银行；第二联发报或出票依据，交银行；第三联回单联，银行盖章后退回给企业据以入账。

原始凭证 1－117

51. 13 日，预付泰安贸易公司树脂购料款 150 000 元（电汇）。原始凭证见相关单据 1－118。

中国工商银行　业务委托书　3
INOUSTRIAL AND COMMERCIAL BANK OF CHINA　　APPLICATION FOR MONEY TRANSFER

委托日期 DATE 20＊＊年Y 12月M 13日D　　鲁A 01253658

转　账

银行打印						
客户填写	业务类型 TYPE	☑电汇 T/T　□信汇 M/T　□汇票申请书 D/D □本票申请书 P/D　□其他 OTHERS		汇款方式：□普通　□加急 TYPE OF REMITTANCE REGULA URGENT		
	委托人 APPLICANT	全称 FULL NAME	立商有限责任公司	收款人 PAYEE	全称 FULL NAME	泰安贸易公司
		账号或地址 ACCOUNT NO OR ADDR	01400822600777		账号或地址 ACCOUNT NO OR ADDR	0899211100783208
		开户行名称 ACCOUNT BANK NAME	工行济南市文东支行		开户行名称 ACCOUNT BANK NAME	工行庐山路支行
		开户银行 ACCOUNT BANK	山东省济南市 PROVINCE CITY		开户银行 ACCOUNT BANK	山东省泰安市 PROVINCE CITY

金额（大写）人民币 AMOUNT IN WORDS RMB 壹拾伍万元整	百	十	万	千	百	十	元	角	分
		¥	1	5	0	0	0	0	0

支付密码 S.C	
加急汇款签字 SIGNATURE FOR URGENT PAYMENT	上列款项及相关费用请从我账户内支付 The above yemittance and yelate charges are to be draw on my account 客户签章 Applicant signature and/or stamp. （加盖预留银行印鉴）
附加信息及用途： MESSAGE AND PURPOSE 付货款	

事后监管：　　　会计主管：　　　复核：　　　记账：

注：本业务委托书一式三联：第一联记账联，交银行；第二联发报或出票依据，交银行；第三联回单联，银行盖章后退回给企业据以入账。

原始凭证 1－118

52. 13日，向富民公司销售立商牌LS6－5型钻孔机70台，单价5 380元，增值税税率17%，领用木箱70个，不单独计价。收到不带息商业承兑汇票一张。原始凭证见相关单据1－119、1－120和1－121。

商业承兑汇票（卡片） 1

出票日期　贰零**年拾贰月壹拾叁日（大写）　　　　$\dfrac{AA}{01}$　02030065

付款人	全称	富民公司	收款人	全称	立商有限责任公司										此联承兑人留存
	账号	12067901652014468		账号	01400822600777										
	开户银行	工行芜湖市分行东马支行		开户银行	工行济南市文东支行										
金额	人民币（大写）肆拾肆万零陆佰贰拾贰元整				亿	千	百	十	万	千	百	十	元	角	分
								¥4	4	0	6	2	2	0	0
汇票到期日	贰零**年拾贰月壹拾叁日			付款人开户行	行号	3									
交易合同号码	1×－0098				地址	芜湖市大光区东马路									
本汇票已经承兑，到期无条件支付票款。				本汇票请予以承兑于到期日付款。											

原始凭证1－119

产品销售出库单

购货单位：富民公司　　　　20**年12月13日　　　　粤地税：No.0022326

品名	单位	单价	数量	金额	备注
立商牌LS6－5型钻孔机	台	5 380	70	376 600.00	
合计				376 600.00	
购货方采购员签字：胡显魏					

记账：李玉坤　　　　　　发货：高振　　　　　　制单：李玉坤

第二联　记账联

原始凭证1－120

山东省增值税专用发票

No.004635482

3400073370　　　　　　　　　　　　　记账联　　　　开票日期：20**年12月13日

购货单位	名　称：富民公司
	纳税人识别号：340088229144302
	地址、电话：安徽省芜湖市开源路346号　0553-68163418
	开户行及账号：工行芜湖市分行开源支行　3572659816522490

密码区：
7++9/42152*+129*864〉加密版本：01
63-〈7503*〈1〉*/〈3〈+80 3400073370
2+〈〈56894588〉〉**〈2569
5920-33/65+5012*/〉〉92 004635482

第一联 记账联 销货方记账凭证

货物或应税劳务名称	规格型号	单位	数量	单价	金额	税率	税额
立商牌LS6-5型钻孔机		台	70	5 380.00	376 600.00	17%	64 022.00
合计							

价税合计（大写）：⊗肆拾肆万零陆佰贰拾贰元整　　（小写）￥440 622.00

销货单位	名　称：立商有限责任公司
	纳税人识别号：340883456119
	地址、电话：山东省济南市文化东路666号　0531-67755089
	开户行及账号：工行济南市文东支行　01400822600777

备注：立商有限责任公司 0043666670116 发票专用章

收款人：王天浩　　复核：肖燕　　开票人：刘淑云　　销货单位：（章）

原始凭证1-121

53. 13日，以现金报销销售部招待费3 450元，原始凭证见相关单据1-122和1-123。

山东省增值税专用发票

No.00138009

34000212456　　　　　　　　　　　　　发票联　　　　开票日期：20**年12月13日

购货单位	名　称：立商有限责任公司
	纳税人识别号：340883456119
	地址、电话：山东省济南市文化东路666号　0531-67755089
	开户行及账号：工行济南市文东支行　01400822600777

密码区：
7++9/42152*+129*864〉加密版本：01
63-〈7503*〈1〉*/〈3〈+80 34000212456
2+〈〈56894588〉〉**〈2569
5920-33/65+5012*/〉〉92 00138009

第二联 发票联 购货方记账凭证

货物或应税劳务名称	规格型号	单位	数量	单价	金额	税率	税额
餐饮					3 450.00	6%	207.00
合计							

价税合计（大写）：⊗叁仟陆佰伍拾柒元整　　（小写）￥3 657.00

销货单位	名　称：济南天盛酒楼
	纳税人识别号：340802434368900
	地址、电话：济南市历下区千佛山路9号　0531-85670009
	开户行及账号：工行济南千佛山支行　4016520928945677

备注：济南天盛酒楼 0601344122 发票专用章

收款人：贾雨　　复核：　　开票人：刘明　　销货单位：（章）

原始凭证1-122

山东省增值税专用发票

No.00138009

34000212456

抵扣联

开票日期：20**年12月13日

购货单位	名　　　称：	立商有限责任公司				密码区	7 + +9/42152 * +129 * 864〉加密版本：01 63 - 〈7503 * 〈1〉 * /〈3〈 +80 34000212456 2 + 〈〈56894588〉〉** 〈2569 5920 - 33/65 +5012 * /〉92 00138009		
	纳税人识别号：	340883456119							
	地　址、电话：	山东省济南市文化东路666号 0531 - 67755089							
	开户行及账号：	工行济南市文东支行 01400822600777							
货物或应税劳务名称	规格型号	单位	数量	单价		金额	税率		税额
餐饮						3 450.00	6%		207.00
合计									
价税合计（大写）	⊗叁仟陆佰伍拾柒元整					（小写）¥3 657.00			
销货单位	名　　　称：	济南天盛酒楼				备注			
	纳税人识别号：	340802434368900							
	地　址、电话：	济南市历下区千佛山路9号 0531 - 85670009							
	开户行及账号：	工行济南千佛山支行 4016520928945677							
收款人：贾雨		复核：		开票人：刘明			销货单位：（章）		

原始凭证1-123

54. 13日，支付下年度报刊杂志费8 400元。原始凭证见相关单据1-124和1-125。

中国邮政报刊费收据

No.032572

客户名称：立商有限责任公司
地　　址：山东省济南市文化东路666号

报刊代号-名称	起止订期	订阅份数	单价	共计款额
齐鲁晚报		5	240	1 200.00
大众日报	20** -01 -12	10	320	3 200.00
人民日报		10	400	4 000.00
金额合计（大写）	人民币捌仟肆佰元整	¥8 400.00		
备注：				
订户注意	1. 请核对填写的内容是否正确。 2. 本收据款额如有涂改或未加盖日戳无效。 3. 如有查询等事项请交验收据。 收款员：		陶佳平	济南市邮政局报刊费 20**-11-13 收据专用章

原始凭证1-124

原始凭证 1-125

55. 14日，卖出当月购入的上海能源股票，实收 432 824 元。原始凭证见相关单据 1-126 和 1-127。

原始凭证 1-126

银河证券济南营业部委托书

No.037654　　合同序号：00301609

（卖）

委托人：立商有限责任公司

资金账号：××××××××××
证券账号：××××××××××

20**年12月14日上午10：30时整

证券名称	股数与面额	限价	有效时间	附注
上海能源股票	30 000 股	14.45	T+1	
场内成交单号码				

委托方式	
电话	
电报	
书信	
当面委托	
划款方式	
自动划账	
当面签收	

营业员签章：　　　　委托人签章：

注意：1. 未填明（限价）者视为市价委托。
　　　2. 未填明（有限期限）者视为当日有效。
　　　3. 委托方式应予标明。
　　　4. 书面或电报委托者应粘附函电。
　　　5. 买卖如未成交，委托书应保存。

【银河证券济南营业部 证券业务专用章】

②

原始凭证 1-127

56. 14 日，朱丽云出差预借差旅费 2 600 元，以现金支付。原始凭证见相关单据 1-128。

借款凭证
20**年12月14日

借款部门：销售部		
借款理由：往武汉市联系业务		
借款数额：人民币（大写）：贰仟陆佰元整　￥2 600.00		
借款部门负责人意见：同意。王天浩、张梦琪	借款人（签章）：朱丽云	
厂部领导批示：同意。苏哲	会计主管审核：同意。肖燕	备注：

【现金付讫】

第二联　财会记账

原始凭证 1-128

57. 14 日，向江北钢铁厂购生铁 30 吨，单价 3 725 元，增值税税率 17%，对方代垫运杂费 5 518.21 元，款项尚未支付，材料已入库。原始凭证见相关单据 1-129 至单据 1-133。

材料入库单

材料科目：原材料　　　　　　　　　　　　　　　　　　　　　No.000118
材料类别：原料及主要材料　　　　　　　　　　　　　　　供应单位：江北钢铁厂
发票号码：00489227　　　20**年12月14日　　　　　收料仓库：1

材料名称	计量单位	数量		实际成本					备注
		应收	实收	买价		运杂费	其他	合计	单位成本
				单价	金额				
生铁	吨	30	30	3 725.00	111 750.00				

记账：王丽华　　　　　　　　收料：高振　　　　　　　　制单：王丽华

原始凭证 1-129

河南省增值税专用发票

No. 00489227

320088703　　　　　　　　　　　　　　　　　　发票联　　　　　　开票日期：20**年12月14日

购货单位	名　称：立商有限责任公司 纳税人识别号：340883456119 地址、电话：山东省济南市文化东路666号 　　　　　　　0531-67755089 开户行及账号：工行济南市文东支行 　　　　　　　01400822600777	密码区	7++9/42152*+129*864〉加密版本：01 63-〈7503*〈1〉*/<3<+80 320088703 2+〈〈56894588〉〉**〈2569 5920-33/65+5012*/〉〉92 00489227

货物或应税劳务名称	规格型号	单位	数量	单价	金额	税率	税额
生铁		吨	30	3 725.00	111 750.00	17%	18 997.50
合计							

价税合计（大写）	⊗壹拾叁万零柒佰肆拾柒元伍角整	（小写）¥130 747.50

销货单位	名　称：江北钢铁厂 纳税人识别号：340546894616442 地址、电话：河南新乡驾云路54号 　　　　　　　0373-66281600 开户行及账号：工行新乡市第三支行 　　　　　　　220802561560570	备注	（江北钢铁厂 0581344476 发票专用章）

收款人：吴因　　　复核：李娜　　　开票人：张乔　　　销货单位：（章）

原始凭证1-130

河南省增值税专用发票

No. 00489227

320088703　　　　　　　　　　　　　　　　　　抵扣联　　　　　　开票日期：20**年12月14日

购货单位	名　称：立商有限责任公司 纳税人识别号：340883456119 地址、电话：山东省济南市文化东路666号 　　　　　　　0531-67755089 开户行及账号：工行济南市文东支行 　　　　　　　01400822600777	密码区	7++9/42152*+129*864〉加密版本：01 63-〈7503*〈1〉*/<3<+80 320088703 2+〈〈56894588〉〉**〈2569 5920-33/65+5012*/〉〉92 00489227

货物或应税劳务名称	规格型号	单位	数量	单价	金额	税率	税额
生铁		吨	30	3 725.00	111 750.00	17%	18 997.50
合计							

价税合计（大写）	⊗壹拾叁万零柒佰肆拾柒元伍角整	（小写）¥130 747.50

销货单位	名　称：江北钢铁厂 纳税人识别号：340546894616442 地址、电话：河南新乡驾云路54号 　　　　　　　0373-66281600 开户行及账号：工行新乡市第三支行 　　　　　　　220802561560570	备注	（江北钢铁厂 0581344476 发票专用章）

收款人：吴因　　　复核：李娜　　　开票人：张乔　　　销货单位：（章）

原始凭证1-131

河南省增值税专用发票

发票联

No.00489326
开票日期：20**年12月14日

320002625

购货单位	名　　称：	立商有限责任公司					
	纳税人识别号：	340883456119					
	地　址、电话：	山东省济南市文化东路666号 0531-67755089					
	开户行及账号：	工行济南市文东支行 01400822600777					

密码区：
7++9/42152*+129*864〉加密版本：01
63-〈7503*〈1〉*/<3<+80 320002625
2+〈〈56894588〉〉**〈2569
5920-33/65+5012*/〉〉92 00489326

货物或应税劳务名称	规格型号	单位	数量	单价	金额	税率	税额
提供运输服务		件	800		2 228.00	11%	245.08
合计							

价税合计（大写）　⊗贰仟肆佰柒拾叁元零捌分　　（小写）￥2 473.08

销货单位	名　　称：	河南铁路（集团）公司
	纳税人识别号：	340546894645442
	地　址、电话：	河南新乡人民路67号 0373-7456655
	开户行及账号：	工行新乡市人民路支行 220802561545570

备注：
货物名称：生铁
起运地、到达地：河南→山东
其他杂费费别及金额：
印花税：￥1.11　　取送车费：￥42.00
电话费：￥521.90　保险费：￥200.00
分流费：￥062.10　装卸费：￥2 250.90
中转作业费：￥2.20

收款人：　　　复核：　　　开票人：　　　销货单位：（章）

原始凭证 1-132

河南省增值税专用发票

抵扣联

No.00489326
开票日期：20**年12月14日

320002625

购货单位	名　　称：	立商有限责任公司
	纳税人识别号：	340883456119
	地　址、电话：	山东省济南市文化东路666号 0531-67755089
	开户行及账号：	工行济南市文东支行 01400822600777

密码区：
7++9/42152*+129*864〉加密版本：01
63-〈7503*〈1〉*/<3<+80 320002625
2+〈〈56894588〉〉**〈2569
5920-33/65+5012*/〉〉92 00489326

货物或应税劳务名称	规格型号	单位	数量	单价	金额	税率	税额
提供运输服务		件	800		2 228.00	11%	245.08
合计							

价税合计（大写）　⊗贰仟肆佰柒拾叁元零捌分　　（小写）￥2 473.08

销货单位	名　　称：	河南铁路（集团）公司
	纳税人识别号：	340546894645442
	地　址、电话：	河南新乡人民路67号 0373-7456655
	开户行及账号：	工行新乡市人民路支行 220802561545570

备注：
货物名称：生铁　起运地、到达地：河南→山东
其他杂费费别及金额：
印花税：￥1.11　　取送车费：￥42.00
电话费：￥521.90　保险费：￥200.00
分流费：￥062.10　装卸费：￥2 250.90
中转作业费：￥2.20

收款人：　　　复核：　　　开票人：　　　销货单位：（章）

原始凭证 1-133

58. 15日，支付报废解放牌汽车清理费1 200元。原始凭证见相关单据1-134、1-135和1-136。

中国工商银行
转账支票存根（鲁）
XIN006223036

附加信息：

出票日期：20 ** 年12月15日

收款人：	吕龙运输服务有限公司
金　额：	￥1 200.00
用　途：	支付清理报废汽车费

单位主管：　　　　会计：

原始凭证 1-134

山东省增值税专用发票　　　No.00139808

34000218778　　　发票联　　开票日期：20 ** 年12月15日

购货单位	名　　称：	立商有限责任公司				密码区	7＋＋9/42152＊＋129＊864〉加密版本：01
	纳税人识别号：	340883456119					63-〈7503＊〈1〉＊/〈3〈＋80 34000218778
	地址、电话：	山东省济南市文化东路666号					2＋〈〈56894588〉〉＊＊〈2569
		0531-67755089					5920-33/65＋5012＊/〉〉92 00139808
	开户行及账号：	工行济南市文东支行					
		01400822600777					
货物或应税劳务名称	规格型号	单位	数量	单价		金额	税率	税额
拆卸报废汽车费						1 200.00	6%	72.00
合计								
价税合计（大写）	⊗壹仟贰佰柒拾贰元整					（小写）￥1 272.00		
销货单位	名　　称：	吕龙运输服务有限公司				备注	吕龙运输服务有限公司
	纳税人识别号：	340802434786500					0381416680
	地址、电话：	济南市历下区千佛山路500号					发票专用章
		0531-85689890					
	开户行及账号：	工行济南千佛山支行					
		4016520928142009					

收款人：杜明　　复核：　　开票人：马田　　销货单位：（章）

原始凭证 1-135

山东省增值税专用发票

No.00139808

34000218778 抵扣联 开票日期：20**年12月15日

购货单位	名　　称	立商有限责任公司	密码区	7++9/42152**129*864〉加密版本：01 63-〈7503*〈1〉*/〈3〈+80 34000218778 2+〈〈56894588〉〉**〈2569 5920-33/65+5012*/〉〉92 00139808
	纳税人识别号：34088345611			
	地址、电话：山东省济南市文化东路666号 0531-67755089			
	开户行及账号：工行济南市文东支行 01400822600777			

货物或应税劳务名称	规格型号	单位	数量	单价	金额	税率	税额
拆卸报废汽车费					1 200.00	6%	72.00
合计							

价税合计（大写）	⊗壹仟贰佰柒拾贰元整	（小写）¥1 272.00	

销货单位	名　　称	吕龙运输服务有限公司	备注	（吕龙运输服务有限公司 0381416680 发票专用章）
	纳税人识别号：340802434786500			
	地址、电话：济南市历下区千佛山路500号 0531-85689890			
	开户行及账号：工行济南千佛山支行 4016520928142009			

收款人：杜明　　　复核：　　　开票人：马田　　　销货单位：（章）

原始凭证 1-136

---

59. 15日，报废解放汽车残值收入6 000元存入银行。原始凭证见相关单据1-137和单据1-138。

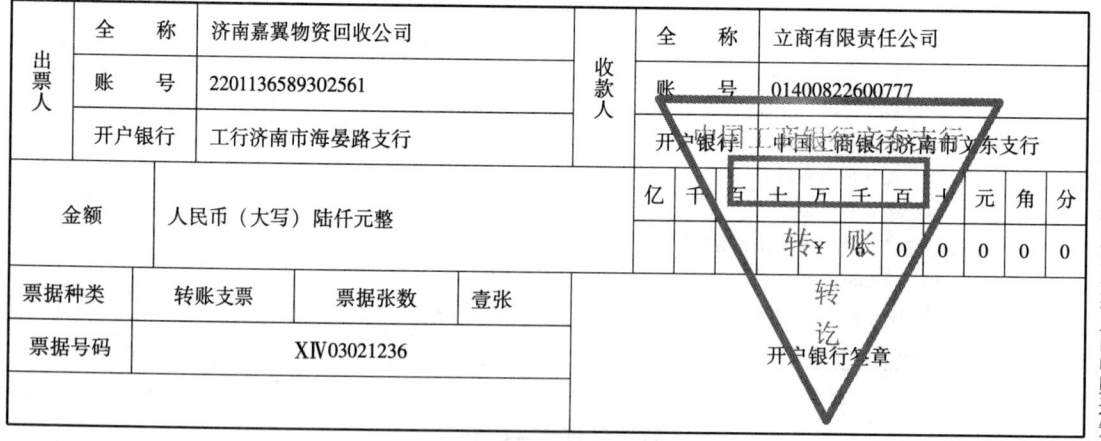

原始凭证 1-137

济南嘉翼物资回收公司

单位地址：济南市历下区海宴门废品街北首
税务登记号：440804182203698
工商登记号：4408120002

收购凭单
20**年12月15日

No.0012365

收购货物名称	计量单位	数量	单价	金额 万	千	百	十	元	角	分
废钢铁	吨	2	3 000.00	¥	6	0	0	0	0	0
合计（大写）	人民币陆仟元整			¥	6	0	0	0	0	0

收款单位：（盖章）　　　　　　复核：周易　　　　　　制单：孟梦

第二联 交出售单位作收入凭证

原始凭证 1-138

60. 15日，结转报废解放汽车的净损益。原始凭证见相关单据1-139。

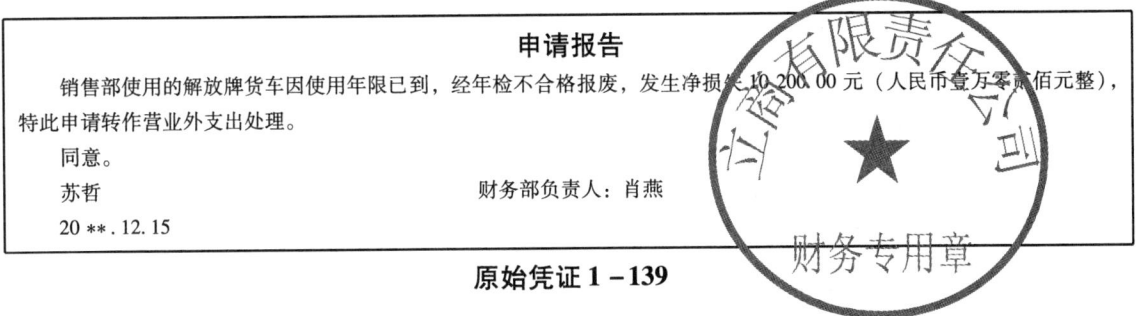

申请报告

销售部使用的解放牌货车因使用年限已到，经年检不合格报废，发生净损失10 200.00元（人民币壹万零贰佰元整），特此申请转作营业外支出处理。

同意。
苏哲
20**.12.15

财务部负责人：肖燕

原始凭证 1-139

61. 16日，从工行账户提现4 000元。原始凭证见相关单据1-140。

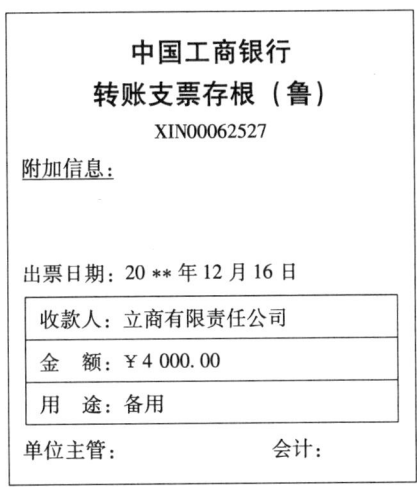

中国工商银行
转账支票存根（鲁）
XIN00062527

附加信息：

出票日期：20**年12月16日
收款人：立商有限责任公司
金　额：¥4 000.00
用　途：备用
单位主管：　　　　会计：

原始凭证 1-140

62. 16日，支付水费等17 212.18元（委托银行收款）。原始凭证见相关单据1-141至单据 1-143。

托收凭证（付款通知） 5

委托日期：20**年12月16日　　付款期限：20**年12月16日

业务类别	委托收款（□邮划☑电划）		托收承付（□邮划□电划）			
付款人	全称	立商有限责任公司	收款人	全称	济南市自来水公司	
	账号	01400822600777		账号	40985020509013102470	
	地址	山东省济南市 开户行 工行济南市文东支行		地址	山东省济南市 开户行 工行济南市普利支行	
金额	人民币（大写）壹万柒仟贰佰壹拾贰元壹角捌分		千 百 十 万 千 百 十 元 角 分 ￥ 1 7 2 1 2 1 8			
款项内容	水费	托收凭据名称		附寄单据张数	叁张	
	商品发运情况			合同名称号码		
备注：付款人开户行收到日期 20**年11月30日		付款人开户银行签章 20**年12月16日 （中国工商银行文东支行 转账转讫）	付款人注意： 1. 根据支付结算办法，上列委托收款（托收承付）款项在付款期限内未提出拒付，即视为同意付款，以此代付款通知。 2. 如需提出全部或部分拒付，应在规定期限内，将拒付理由书并附债务证明退交开户银行。			

此联是付款人开户银行给付款人按时付款通知

原始凭证 1-141

原始凭证 1-142

山东省政府性基金（资金）通用票据
Government Fund Unitary Invoice of Shandong Province

BA026546 9 9
财 政
20**年12月16日
Y　M　D

缴款单位（人）：立商有限责任公司
Payer

执行单位代码 Unit Word	项目编号 Item Code	项目名称 Charge Item	计算单位 Unit	计算数量 Quantity	收费标准 Charge Standard	金额（元） Amount
20001236	2342004054	污水处理费	0.60	8 000		4 800.00
		垃圾处理费				1 900.00
合计人民币（大写） ¥ Amount（In words）		零仟零佰零拾零万陆仟柒佰零拾零元零角零分			¥ 6 700.00	
缴款通知书编号 Advice Note No		缴款方式 Payment method	单位转账		备注 Notes	

收款单位（盖章）：　　　　　开票人：　　　　　收款人：
Receiver（seal）　　　　　Drawer　　　　　　Payee

（济南市自来水公司 发票专用章 0662511616）

原始凭证 1-143

---

63. 16 日，向上海神力电机公司购电机 400 台，单价 1 500 元，增值税税率 17%，已入库。以工行存款支付。原始凭证见相关单据 1-144 至单据 1-147。

材料入库单

20**年12月16日　　　　　　No.000569

材料科目：原材料　　　　　　　　　　　供应单位：上海神力电机公司
材料类别：外购件　　　　　　　　　　　收料仓库：2
发票号码：033445678

材料名称	计量单位	数量		实际成本						备注
		应收	实收	买价		运杂费	其他	合计	单位成本	
				单价	金额					
电机	台		400	400	1 500.00	600 000.00				

记账：王丽华　　　　　　　　收料：高振　　　　　　　　制单：王丽华

原始凭证 1-144

上海市增值税专用发票

No. 033445626

3502556789 发票联 开票日期：20＊＊年12月16日

购货单位	名　称	立商有限责任公司		密码区	7＋＋9/42152＊＋129＊864〉加密版本：01 63－〈7503＊〈1〉＊/〈3＜＋80 3502556789 2＋〈〈56894588〉〉＊＊〈2569 5920－33/65＋5012＊/〉〉92 003445626
	纳税人识别号	340883456119			
	地址、电话	山东省济南市文化东路666号 0531－67755089			
	开户行及账号	工行济南市文东支行 01400822600777			

货物或应税劳务名称	规格型号	单位	数量	单价	金额	税率	税额
电机	TZR	台	400	1 500.00	600 000.00	17%	102 000.00
合计							

价税合计（大写）	⊗柒拾万零贰仟元整		（小写）¥702 000.00

销货单位	名　称	上海神力电机公司	备注
	纳税人识别号	441981194627685	
	地址、电话	上海市祁门路68号 021－66325889	
	开户行及账号	工行上海市祁门路支行 456789212456	

收款人：刘鑫　　　复核：孟慧　　　开票人：方琼　　　销货单位：（章）

第二联 发票联 购货方记账凭证

原始凭证 1－145

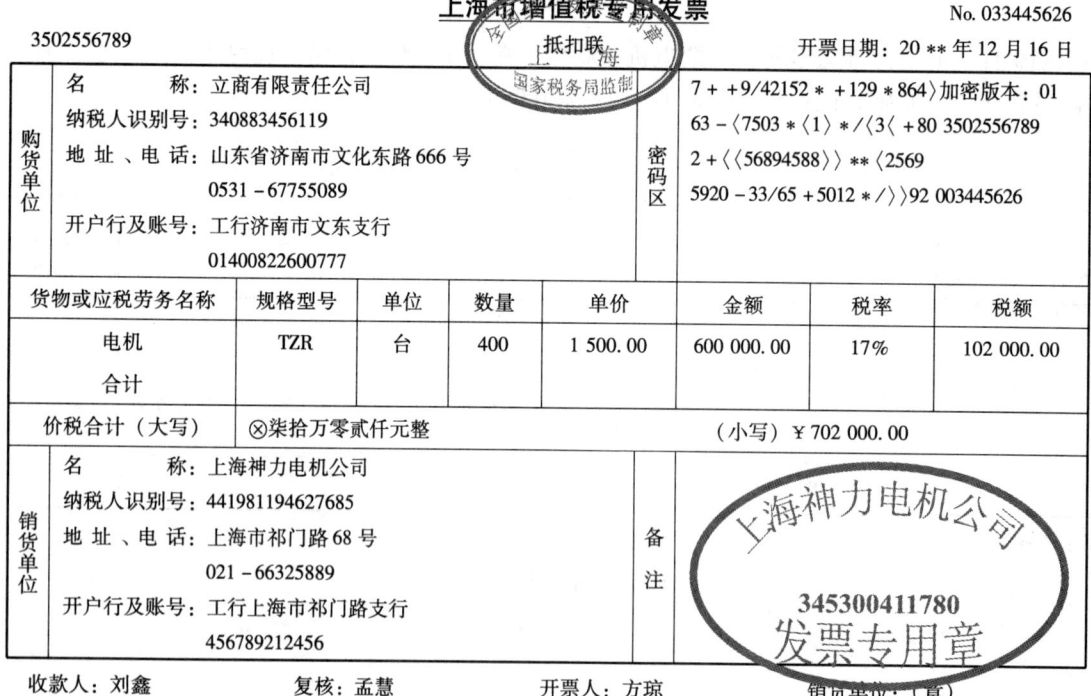

原始凭证 1－146

— 86 —

中国工商银行 业务委托书

INOUSTRIAL AND COMMERCIAL BANK OF CHINA　　APPLICATION FOR MONEY TRANSFER

委托日期 DATE 20＊＊年Y 12月M 16日D　　沪A 01253659

银行打印												
客户填写	业务类型 TYPE	☑电汇T/T　□信汇M/T　□汇票申请书D/D □本票申请书P/D　□其他OTHERS			汇款方式：□普通　□加急 TYPE OF REMITTANCE REGULA URGENT							
	委托人 APPLICANT	全称 FULL NAME	立商有限责任公司	收款人 PAYEE	全称 FULL NAME		上海神力电机公司					
		账号或地址 ACCOUNT NO OR ADDR	01400822600777		账号或地址 ACCOUNT NO OR ADDR		050205010023526891					
		开户行名称 ACCOUNT BANK NAME	中国工商银行济南市文东支行		开户行名称 ACCOUNT BANK NAME		工行上海市祁门路支行					
		开户银行 ACCOUNT BANK	山东省济南市 PROVINCE CITY		开户银行 ACCOUNT BANK		上海市祁门路 PROVINCE CITY					
金额（大写）人民币 AMOUNT IN WORDS RMB			柒拾万零贰仟元整	百	十	万	千	百	十	元	角	分
				￥	7	0	2	0	0	0	0	0
支付密码 S.C				上列款项及相关费用请从我账户内支付 The above yemittance and yelate charges are to be draw on my account 客户签章 Applicant signature and/or stamp. （加盖预留银行印鉴）								
加急汇款签字 SIGNATURE FOR URGENT PAYMENT												
附加信息及用途： MESSAGE AND PURPOSE			付货款									

事后监管：　　　会计主管：　　　复核：　　　记账：

注：本业务委托书一式三联：第一联记账联，交银行；第二联发报或出票依据，交银行；第三联回单联，银行盖章后退回给企业据以入账。

原始凭证 1－147

64. 16日，10月销售的立商牌LS6-5型钻孔机退回10台，单价5 510元，增值税税率17%，货款已退回给建勋公司。（LS6-5型钻孔单位成本为3 650元）。原始凭证见相关单据1-148、1-149和1-150。

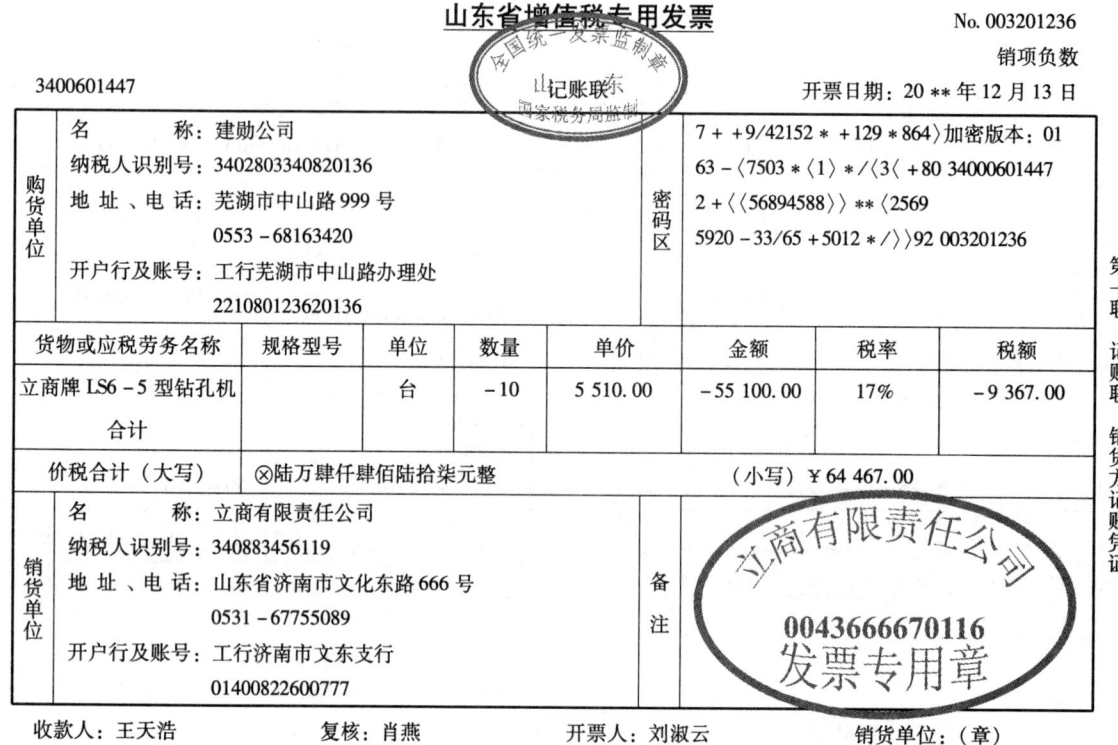

原始凭证1-148

原始凭证1-149

中国工商银行 业务委托书
INOUSTRIAL AND COMMERCIAL BANK OF CHINA　APPLICATION FOR MONEY TRANSFER

委托日期 DATE 20＊＊年Y 12月M 16日D　　皖 A 01253660

银行打印								
客户填写	委托人 APPLICANT	业务类型 TYPE	☑电汇T/T □信汇M/T □汇票申请书D/D □本票申请书P/D □其他OTHERS		收款人 PAYEE	汇款方式：□普通 □加急 TYPE OF REMITTANCE REGULA URGENT		
		全称 FULL NAME	立商有限责任公司			全称 FULL NAME	建勋公司	
		账号或地址 ACCOUNT NO OR ADDR	01400822600777			账号或地址 ACCOUNT NO OR ADDR	221080123620136	
		开户行名称 ACCOUNT BANK NAME	工行济南市文东支行			开户行名称 ACCOUNT BANK NAME	工行芜湖市中山办理处	
		开户银行 ACCOUNT BANK	山东省济南市 PROVINCE CITY			开户银行 ACCOUNT BANK	安徽省芜湖市 PROVINCE CITY	
	金额（大写）人民币 AMOUNT IN WORDS RMB		陆万肆仟肆佰陆拾柒元整	百	十 万 千 百 十 元 角 分 ¥　6 4 4 6 7 0 0			
	支付密码 S.C			上列款项及相关费用请从我账户内支付 The above yemittance and yelate charges are to be draw on my account				
	加急汇款签字 SIGNATURE FOR URGENT PAYMENT							
	附加信息及用途： MESSAGE AND PURPOSE 付货款			客户签章 Applicant signature and/or stamp. （加盖预留银行印鉴）				
	事后监管：	会计主管：			复核：		记账：	

注：本业务委托书一式三联：第一联记账联，交银行；第二联发报或出票依据，交银行；第三联回单联，银行盖章后退回给企业据以入账。

（盖章：中国工商银行文东支行 转账）

原始凭证 1 - 150

65. 16日，以现金支付维修车间薛宝丽生活困难补助费1 500元。原始凭证见相关单据1 - 151。

职工困难补助申请表（代现金收据）
20＊＊年12月16日

申请人姓名	薛宝丽	所在部门	维修车间
申请金额	1 500.00	家庭年人均收入	（现金付讫 500.00）
申请理由	爱人下岗、女儿病重		
工会小组意见	情况属实，建议补壹仟伍佰元整	厂工会批示 同意工会小组意见。	人民币（大写）：壹仟伍佰元整 签收：张梦琪

原始凭证 1 - 151

66. 16日，发放工资。原始凭证见相关单据1－152。

工资结算汇总表（简表）

编制单位：立商有限责任公司

部门	项目	人数	基本工资、奖金、津贴等	应付工资	代扣款项			实发工资	签名
					水电费	代扣养老、医疗、失业保险	个人所得税		
铸造车间	管理人员	8	99 000.00	99 000.00	4 000.00	10 890.00	72.00	84 038.00	略
	工人	90	961 457.14	961 457.14	37 414.29	105 760.29	27.64	818 254.93	略
加工车间	管理人员	4	49 666.67	49 666.67	1 203.33	5 463.33	80.67	42 919.33	略
	工人	70	791 000.00	791 000.00	23 227.27	87 010.00	482.36	680 280.36	略
维修车间	管理人员	2	19 500.00	19 500.00	795.00	2 145.00	0	16 560.00	略
	工人	12	132 300.00	132 300.00	4 584.00	14 553.00	61.20	113 101.80	略
董事长		1	26 250.00	26 250.00	1 025.50	2 887.50	324.00	22 013.00	略
行政办公室		10	131 250.00	131 250.00	5 127.50	14 437.50	1 620.00	110 065.00	略
质检部		8	80 600.00	80 600.00	3 102.00	8 866.00	0	68 632.00	略
业务部		10	128 750.00	128 750.00	4 725.00	14 162.50	155.00	109 707.50	略
仓储部		6	59 250.00	59 250.00	2 505.00	6 517.50	0	50 227.50	略
财务部		8	84 500.00	84 500.00	3 261.00	9 295.00	134.00	71 810.00	略
合计		229	2 563 523.81	2 563 523.81	90 969.89	281 987.62	2 956.87	2 187 609.42	

会计主管：肖燕　　　　　　　复核：肖燕　　　　　　　制表：张梦琪

注：养老金按8%代扣；医疗保险按2%代扣；失业保险按1%代扣。

原始凭证1－152

67. 16日，用转账支票发放工资。原始凭证见相关单据1－153。

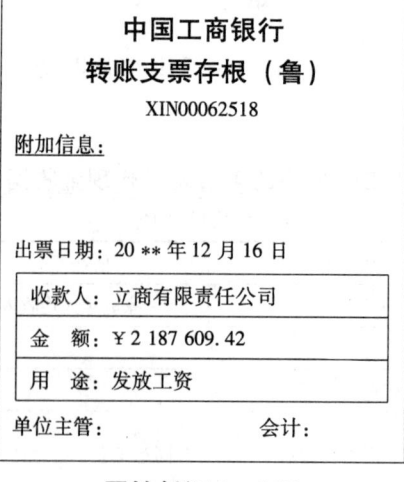

原始凭证1－153

68. 17日,8日从天津钢铁厂所购的铸铁35吨已验收入库。原始凭证见相关单据1-154。

材料入库单

20**年12月17日

材料类别:原材料
供应单位:天津钢铁厂
发票号码:No.00524168 收料仓库:1

材料名称	计量单位	数量		实际成本					备注
		应收	实收	买价		运杂费	其他	合计	单位成本	
				单价	金额					
铸铁	吨	35	35	4 260.00	149 100.00			149 100.00	4 260.00	

记账:王丽华   收料:高振   制单:王丽华

原始凭证1-154

69. 17日,预收南海贸易公司货款50万元,产品尚未发出。(要求办理进账手续,假设已办妥进账手续)。原始凭证见相关单据1-155和1-156。

付款期限 壹个月 (行徽)

中国工商银行
银 行 汇 票

地名 $\frac{BA}{01}$ 00004056

出票日期 贰零**年拾贰月壹拾伍日(大写)		代理付款行:	行号:
收款人:立商有限责任公司		账号:01400822600777	
出票金额人民币(大写)伍拾万元整			

实际结算金额人民币(大写)	千	百	十	万	千	百	十	元	角	分
	¥	5	0	0	0	0	0	0	0	0

申请人:南海贸易公司 账号:201502030902453262
出票行:工行佛山市**支行 行号:42021156346
备注:预收货款
见票付款
出票行签章

(中国工商银行 22440085622 票据专用章)

密押	
多余金额	
千 百 十 万 千 百 十 元 角 分	

复核: 记账:

(专用水印纸蓝油墨,出票金额栏加红水印)

原始凭证1-155

中国工商银行进账单（收账通知） 3

20**年12月17日

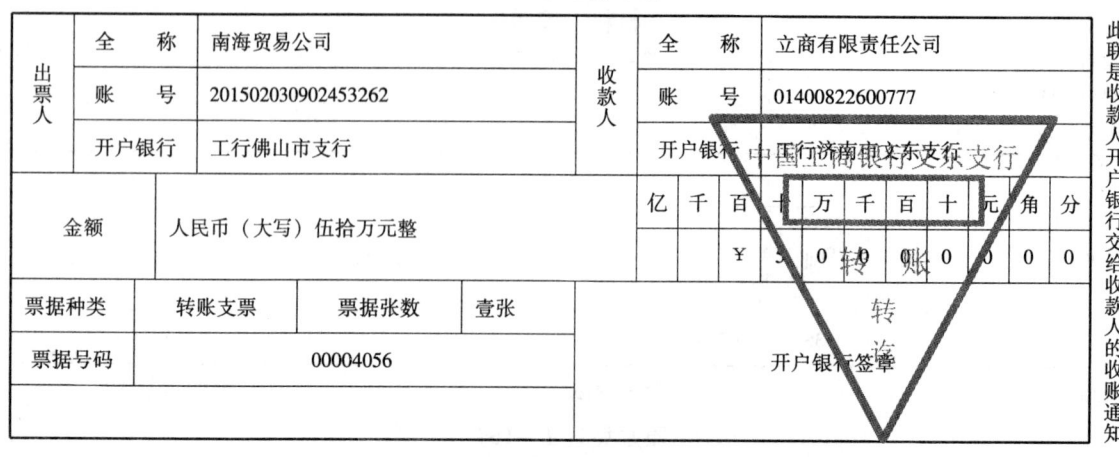

原始凭证1-156

70. 17日，向工行借入6个月期贷款100万元。原始凭证见相关单据1-157。

借款凭证第四联（回单）

20**年12月17日   No.0002369

借款单位名称	立商有限责任公司	贷款户账号	130924560222365
		存款户账号	01400822600777
借款金额	人民币（大写）壹佰万元整	亿 千 百 十 万 千 百 十 元 角 分 ￥ 1 0 0 0 0 0 0 0 0	
借款用途	生产周转	约定还款期	20**年6月17日
上列款项已核准发放并已转入你单位账户（银行盖章）		备注	

原始凭证1-157

71. 17日，现金报销采购部邮政费200元。原始凭证见相关单据1-158。

邮政业务专用票据

付款单位：立商有限责任公司   No.6584231

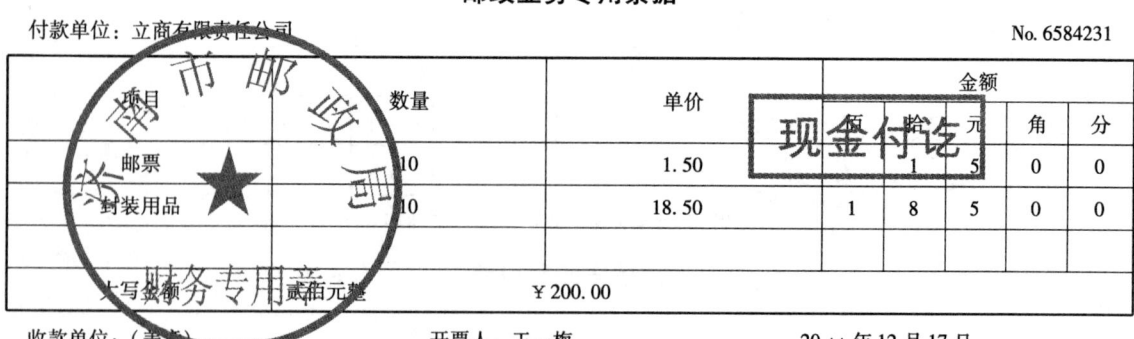

收款单位：（盖章）   开票人：王一梅   20**年12月17日

原始凭证1-158

72. 17日，收到上海金运公司货款 999 040.00 元。原始凭证见相关单据 1-159。

托收凭证（汇款依据或收账通知） 4

委托日期：20＊＊年12月3日　　付款期限：20＊＊年12月17日

业务类别	委托收款（☑邮划□电划）托收承付（□邮划□电划）														
付款人	全称	上海金运公司			收款人	全称	立商有限责任公司								
	账号	2202659815663589				账号	01400822600777								
	地址	上海市	开户行	工行上海市龙华路支行		地址	山东省济南市	开户行	工行济南市文东支行						
金额	人民币（大写）玖拾玖万玖仟零肆拾元整						千	百	十	万	千	百	十	元	角	分
							￥		9	9	9	0	4	0	0	0
款项内容	立商牌 KB8-7 型开孔机款		托收凭据名称		销售发票运输费单据		附寄单据张数			5 张						
商品发运情况				货已发运			合同名称号码			购销合同 07-0135 号						
备注：复核　　记账				上列款项已划回收入你方账户内。收款人开户银行签章　　年　月　日												

原始凭证 1-159

73. 18日，出租临街门面房给诚信培训学校，收到当月租金 12 750 元存入银行。该出租门面房的原值为 260 万元，原始凭证见相关单据 1-160、1-161 和 1-162。

原始凭证 1-160

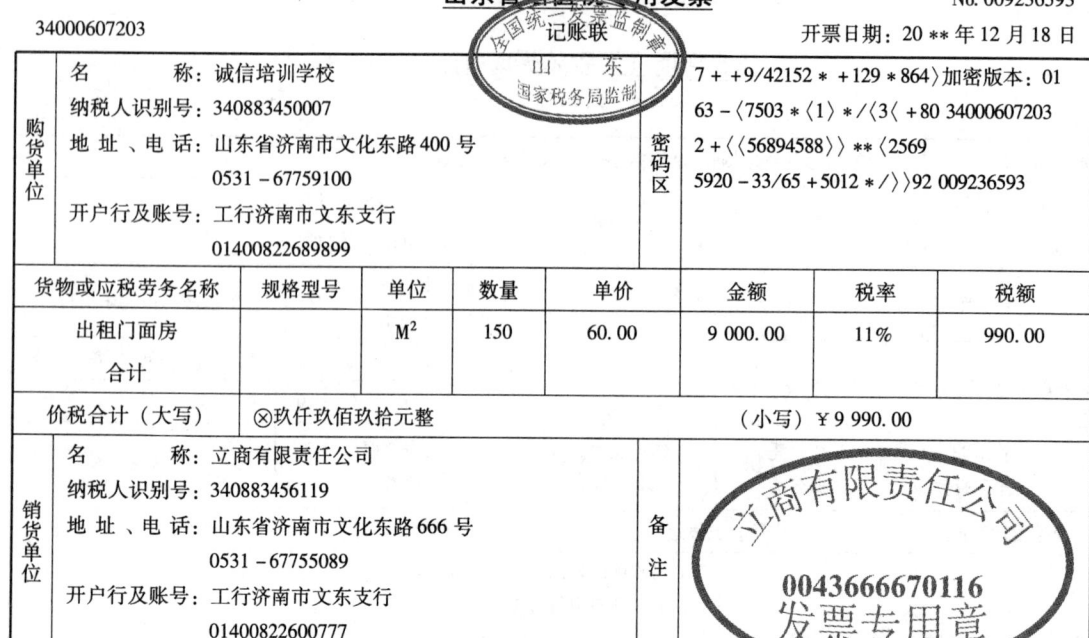

原始凭证 1-161

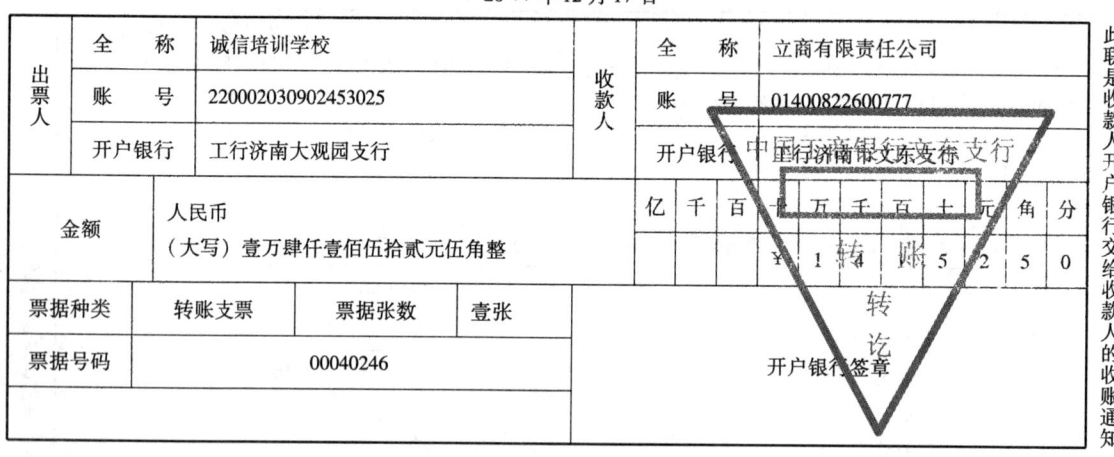

原始凭证 1-162

74. 18日，支付南江机械厂加工费6 000元，增值税1 020元，以工行存款支付。原始凭证见相关单据1-163、1-164和1-165。

中国工商银行　业务委托书

INOUSTRIAL AND COMMERCIAL BANK OF CHINA　　APPLICATION FOR MONEY TRANSFER

委托日期 DATE20＊＊年Y12月M16日D　　皖 A 01253661

银行打印						
客户填写	委托人 APPLICANT	业务类型 TYPE	☑电汇T/T □信汇M/T □汇票申请书D/D □本票申请书P/D □其他OTHERS		汇款方式：□普通　□加急 TYPE OF REMITTANCE REGULA URGENT	
		全称 FULL NAME	立商有限责任公司	收款人 PAYEE	全称 FULL NAME	南江机械厂
		账号或地址 ACCOUNT NO OR ADDR	01400822600777		账号或地址 ACCOUNT NO OR ADDR	2128005632953258
		开户行名称 ACCOUNT BANK NAME	工行济南市文东支行		开户行名称 ACCOUNT BANK NAME	工行海滨路支行
		开户银行 ACCOUNT BANK	山东省济南市 PROVINCE CITY		开户银行 ACCOUNT BANK	安徽省芜湖市 PROVINCE CITY
	金额（大写）人民币 AMOUNT IN WORDS RMB	柒仟零贰拾元整		百 十 万 千 百 十 元 角 分 ￥　　　　7 0 2 0 0 0		
	支付密码 S.C			上列款项及相关费用请从我账户内支付 The above yemittance and yelate charges are to be draw on my account		
	加急汇款签字 SIGNATURE FOR URGENT PAYMENT			客户签章 Applicant signature and/or stamp. （加盖预留银行印鉴）		
	附加信息及用途： MESSAGE AND PURPOSE 付货款					
事后监管：	会计主管：		复核：		记账：	

注：本业务委托书一式三联：第一联记账联，交银行；第二联发报或出票依据，交银行；第三联回单联，银行盖章后退回给企业据以入账。

原始凭证 1-163

安徽省增值税专用发票

No.005021279

340002561732 开票日期：20**年12月18日

购货单位	名　　称：立商有限责任公司 纳税人识别号：340883456119 地址、电话：山东省济南市文化东路666号 　　　　　　0531-67755089 开户行及账号：工行济南市文东支行 　　　　　　01400822600777	密码区	7 + +9/42152 * +129*864〉加密版本：01 63-〈7503*〈1〉*/〈3〈+80 340002561732 2 +〈〈56894588〉〉**〈2569 5920-33/65+5012*/〉〉92 005021279

货物或应税劳务名称	规格型号	单位	数量	单价	金额	税率	税额
加工模型		件	150	40.00	6 000.00	17%	1 020.00
合计							

价税合计（大写）	⊗柒仟零贰拾元整	（小写）￥7 020.00

销货单位	名　　称：南江机械厂 纳税人识别号：440925194653573 地址、电话：芜湖市海滨路125号 　　　　　　0553-75662019 开户行及账号：工行芜湖市海滨路支行 　　　　　　2128005632953258	备注	

收款人：　　　　　　复核：　　　　　　开票人：　　　　　　销货单位：（章）

原始凭证 1-164

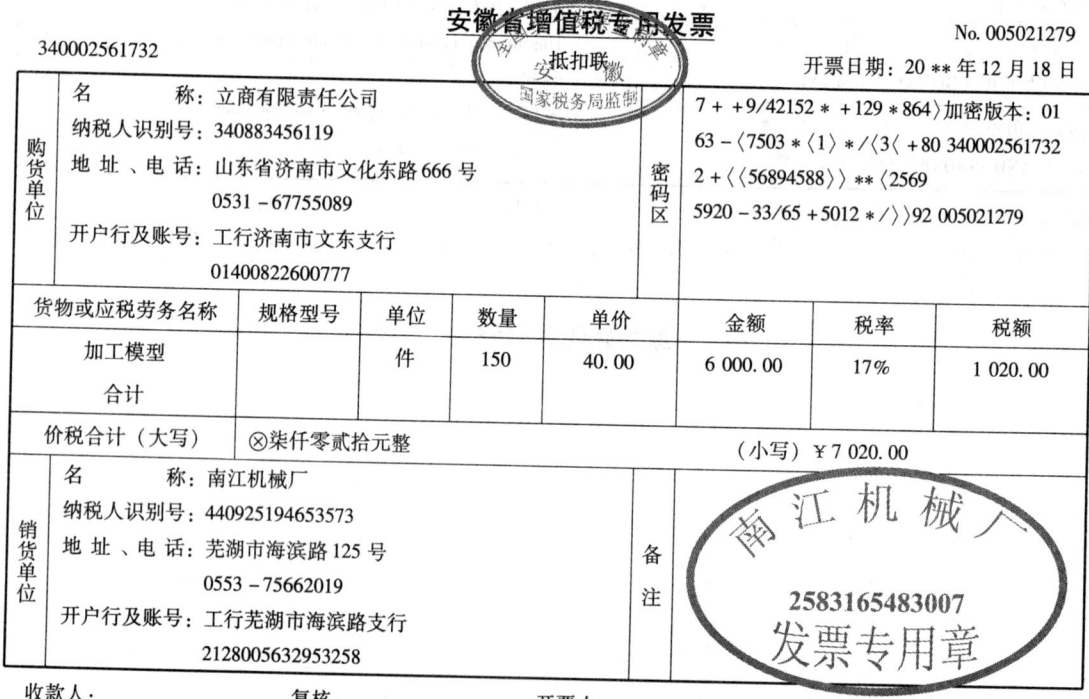

原始凭证 1-165

75. 18日，上述加工金属模具旧件已运回验收入库，作低值易耗品。原始凭证见相关单据 1-166。

委托加工材料入库单

收料仓库：2
委托加工单位：南江机械厂　　　　　　20**年12月18日

发料单号码	加工后材料名称及规格	单位	应收	实收	金额	运杂费	加工费	实际成本合计
0002365	金属模具	件	150	150	8 000.00		6 000.00	14 000.00

记账：王丽华　　　　　　收料：高振　　　　　　制单：王丽华

原始凭证1-166

76. 18日，向南海贸易公司发出LS6-5型钻孔机80台，单价5 310元，增值税税率17%，随货销售不单独计价木箱80只，货款已预收。原始凭证见相关单据1-167和1-168。

原始凭证1-167

产品销售出库单

购货单位：南海贸易公司
20**年12月18日
粤地税：No.0022862

品名	单位	单价	数量	金额	备注
立商牌LS6-5型钻孔机	台	5 310	80	424 800.00	
合计				424 800.00	

购货方采购员签字：李洪江

记账：李玉坤　　　　发货：高振　　　　制单：李玉坤

第二联　记账联

原始凭证1-168

77. 18日，购煤20吨，单价450元，货款9 000元，增值税1 530元，以工行存款支付。原始凭证见相关单据1-169至单据1-172。

中国工商银行　业务委托书

INOUSTRIAL AND COMMERCIAL BANK OF CHINA　　APPLICATION FOR MONEY TRANSFER

委托日期 DATE 20**年Y12月M18日D　　皖A01255620

银行打印											
客户填写 APPLICANT	业务类型 TYPE	☑电汇T/T　□信汇M/T　□汇票申请书D/D □本票申请书P/D　□其他OTHERS				汇款方式：□普通　□加急 TYPE OF REMITTANCE REGULA URGENT					
	全称 FULL NAME	立商有限责任公司			收款人 PAYEE	全称 FULL NAME	皖北煤炭公司				
	账号或地址 ACCOUNT NO OR ADDR	01400822600777				账号或地址 ACCOUNT NO OR ADDR	004570628733547				
	开户行名称 ACCOUNT BANK NAME	工行济南市文东支行				开户行名称 ACCOUNT BANK NAME	工行淮北市人民路支行				
	开户银行 ACCOUNT BANK	山东省济南市 PROVINCE CITY				开户银行 ACCOUNT BANK	安徽省淮北市 PROVINCE CITY				
金额（大写）人民币 AMOUNT IN WORDS RMB 壹万零壹佰柒拾元整					百	十	万	千	百	十 元 角 分
					¥		1	0	1	7 0 0 0
支付密码 S.C					上列款项及相关费用请从我账户内支付 The above yemittance and yelate charges are to be draw on my account					
加急汇款签字 SIGNATURE FOR URGENT PAYMENT										
附加信息及用途 MESSAGE AND PURPOSE 付货款					客户签章 Applicant signature and/or stamp. （加盖预留银行印鉴）					

事后监管：　　　　会计主管：　　　　复核：　　　　记账：

注：本业务委托书一式三联：第一联记账联，交银行；第二联发报或出票依据，交银行；第三联回单联，银行盖章后退回给企业据以入账。

（印章：中国工商银行文东支行　转账转讫）

原始凭证1-169

安徽省增值税专用发票

No. 009261246

3400025451

发票联

开票日期：20** 年 12 月 18 日

购货单位	名 称：	立商有限责任公司		密码区	7 + +9/42152 * +129 *864〉加密版本：01 63 −〈7503 *〈1〉*/〈3〈 +80 3400025451 2 +〈〈56894588〉〉**〈2569 5920 − 33/65 +5012 */〉〉92 009261246
	纳税人识别号：	340883456119			
	地 址、电话：	山东省济南市文化东路 666 号 0531 − 67755089			
	开户行及账号：	工行济南市文东支行 01400822600777			

货物或应税劳务名称	规格型号	单位	数量	单价	金额	税率	税额
煤		吨	20	450	9 000.00	17%	1 170.00
合计							

价税合计（大写）	⊗壹万零壹佰柒拾元整	（小写）¥ 10 170.00

销货单位	名 称：	皖北煤炭公司	备注	
	纳税人识别号：	3408010203012569		皖北煤炭公司
	地 址、电话：	淮北市人民路 2983 号 0561 − 7603655		2031234787805 发票专用章
	开户行及账号：	工行淮北市人民路支行 004570628733547		

收款人： 复核： 开票人： 销货单位：（章）

原始凭证 1 − 170

材料入库单

20 ** 年 12 月 18 日

材料类别：原材料
供应单位：皖北煤炭公司
发票号码：No.09261246

收料仓库：1

材料名称	计量单位	数量		实际成本						备注
		应收	实收	买价		运杂费	其他	合计	单位成本	
				单价	金额					
煤	吨	20	20	450.00	9 000.00					

记账：王丽华　　　　　收料：高振　　　　　制单：王丽华

原始凭证 1 − 171

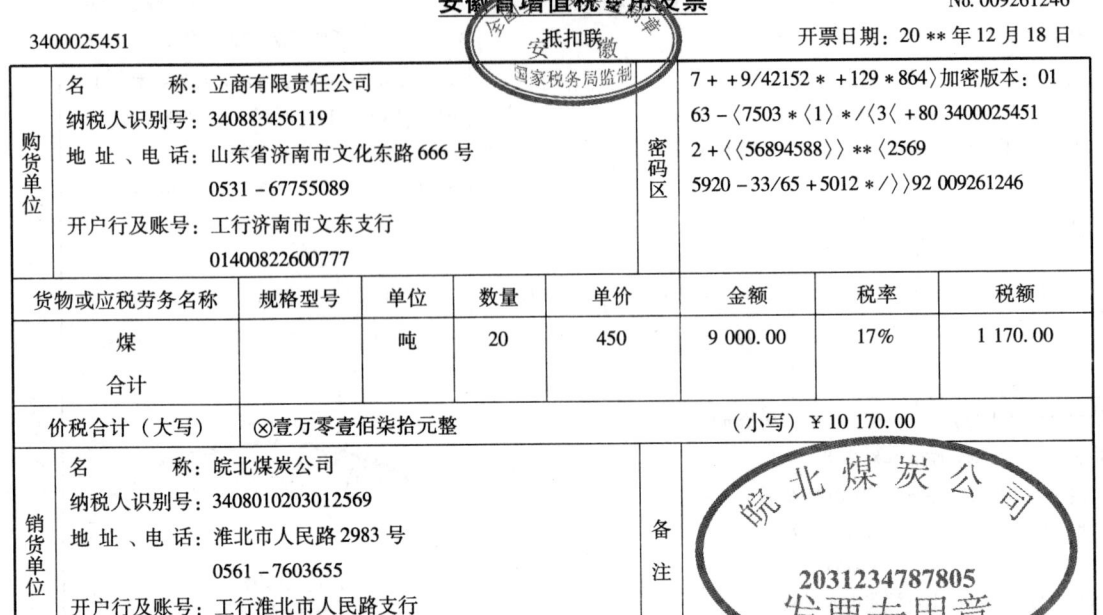

原始凭证 1-172

78. 19日,青山公司前欠货款50 000元已超过3年,经批准作坏账予以转销。原始凭证见相关单据1-173。

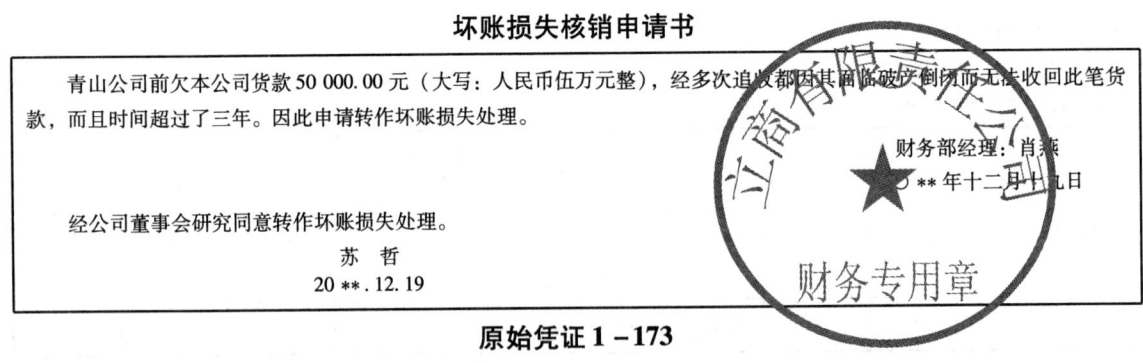

原始凭证 1-173

79. 19日,从永达百货购手套180双,直接交付车间使用(维修车间30双,铸造车间100双,加工车间50双)。每双5元,以现金支付。原始凭证见相关单据1-174和1-175。

山东省增值税专用发票

No.00138988

34000223443

开票日期：20**年12月19日

购货单位	名　　称：立商有限责任公司								
	纳税人识别号：340883456119								
	地址、电话：山东省济南市文化东路666号　0531－67755089								
	开户行及账号：工行济南市文东支行　01400822600777								

密码区：
7＋＋9/42152＊＋129＊864）加密版本：01
63－〈7503＊〈1〉＊/〈3〈＋80 34000223443
2＋〈〈56894588〉〉＊＊〈2569
5920－33/65＋5012＊/〉〉92 00138988

货物或应税劳务名称	规格型号	单位	数量	单价	金额	税率	税额
手套		双	180	5	900.00	17%	153.00
合计							

价税合计（大写）	⊗壹仟零伍拾叁元整	（小写）¥1 053.00

销货单位	名　　称：济南市永达百货商场	备注
	纳税人识别号：340802434365665	
	地址、电话：山东省济南市普利街400号　0531－85677678	
	开户行及账号：工行济南市普利支行　4016520928900987	

收款人：尤雨　　复核：　　开票人：余英明　　销货单位：（章）

第二联　发票联　购货方记账凭证

原始凭证1－174

山东省增值税专用发票

No.00138988

34000223443

开票日期：20**年12月19日

购货单位	名　　称：立商有限责任公司								
	纳税人识别号：340883456119								
	地址、电话：山东省济南市文化东路666号　0531－67755089								
	开户行及账号：工行济南市文东支行　01400822600777								

密码区：
7＋＋9/42152＊＋129＊864）加密版本：01
63－〈7503＊〈1〉＊/〈3〈＋80 34000223443
2＋〈〈56894588〉〉＊＊〈2569
5920－33/65＋5012＊/〉〉92 00138988

货物或应税劳务名称	规格型号	单位	数量	单价	金额	税率	税额
手套					900.00	17%	153.00
合计							

价税合计（大写）	⊗壹仟零伍拾叁元整	（小写）¥1 053.00

销货单位	名　　称：济南市永达百货商场	备注
	纳税人识别号：340802434365665	
	地址、电话：山东省济南市普利街400号　0531－85677678	
	开户行及账号：工行济南市普利支行　4016520928900987	

收款人：尤雨　　复核：　　开票人：余英明　　销货单位：（章）

第三联　抵扣联　购货方扣税凭证

原始凭证1－175

80. 19日，收到立原贸易公司违约赔偿金1 500元（现金）。原始凭证见相关单据1－176。

立商有限责任公司收款收据 No. 0032651

20＊＊年12月19日

交款单位名称：立原贸易公司				
交来：合同违约金。				
人民币（大写）壹仟伍佰元整		¥1 500.00		
收款单位（公章）	会计主管 肖燕		出纳 张梦琪	
	备注：			

现金付讫

第二联 收据

原始凭证1－176

81. 19日，将收到的现金1 500元送存银行。原始凭证见相关单据1－177。

现金存款凭证（回单）

交款日期：20＊＊年12月19日 No. 0023802

款项来源	违约金	收款单位名称	立商有限责任公司
现金计划项目		收款单位账号	01400822600777
		收款单位开户行	工行济南市文东支行

人民币（大写）壹仟伍佰元整			十	万	千	百	十	元	角	分
				¥	1	5	0	0	0	0

券别	张数	金额	券别	张数	金额	券别	张数	金额
壹佰元	15	1 500	贰元			伍分		
伍拾元			壹元			贰分		
贰拾元			伍角			壹分		
壹拾元			贰角					
伍元			壹角					

上述现金收讫无误
收款人
王天浩

（无收款员章及收讫章无效）

原始凭证1－177

82. 20日，临时租入仓库3个月，以存款支付本月租金4 000元。原始凭证见相关单据1－178、1－179和1－180。

山东省增值税专用发票

No. 00138788
发票联
开票日期：20**年12月20日

34000223003

购货单位	名　　称：立商有限责任公司 纳税人识别号：340883456119 地　址、电　话：山东省济南市文化东路666号 　　　　　　　0531－67755089 开户行及账号：工行济南市文东支行 　　　　　　　01400822600777	密码区	7＋＋9/42152＊＋129＊864〉加密版本：01 63－〈7503＊〈1〉＊/〈3〈＋80 34000223003 2＋〈〈56894588〉〉＊＊〈2569 5920－33/65＋5012＊/〉〉92 00138788

货物或应税劳务名称	规格型号	单位	数量	单价	金额	税率	税额
租赁仓库		M²	200	20.00	4 000.00	11%	440.00
合计							

价税合计（大写）	⊗肆仟肆佰肆拾元整	（小写）￥4 440.00

销货单位	名　　称：济南云仓仓储服务有限公司 纳税人识别号：340802434360009 地　址、电　话：山东省济南市文化东路344号 　　　　　　　0531－67755000 开户行及账号：工行济南市文东支行 　　　　　　　01400822600909	备注	济南云仓仓储服务有限公司 614211168026 发票专用章

收款人：钟右明　　复核：　　开票人：梁为民　　销货单位：（章）

原始凭证1－178

原始凭证1－179

中国工商银行
转账支票存根（鲁）
XIN00081025

附加信息：

出票日期：20＊＊年12月20日

收款人：	济南云仓仓储服务有限公司
金　额：	￥4 000.00
用　途：	付租金

单位主管：　　　　　会计：

原始凭证 1－180

83. 20日，向江北钢铁厂购铸铁60吨，单价4 380元，增值税税率17％，货款尚未支付，材料已验收入库。原始凭证见相关单据1－181、1－182和1－183。

材料入库单　　　　　　　　　　　　　　　　No.000226

材料类别：原料及主要材料　　　　　　　　　　　供应单位：江北钢铁厂
发票号码：No.03262091　　　　20＊＊年12月20日　　收料仓库：1

材料名称	计量单位	数量		实际成本					
		应收	实收	买价		运杂费	其他	合计	单位成本
				单价	金额				
铸铁	吨	60	60	4 380.00	9 000.00			26 280.00	4 380.00
备注									

记账：王丽华　　　　　　　收料：高振　　　　　　　制单：王丽华

原始凭证 1－181

河南省增值税专用发票

No.005322091

320088703　　　　　　　　　发票联　　　　　　　　　开票日期：20**年12月20日

购货单位	名　　称：立商有限责任公司 纳税人识别号：340883456119 地　址、电话：山东省济南市文化东路666号 0531-67755089 开户行及账号：工行济南市文东支行 01400822600777	密码区	7++9/42152*+129*864〉加密版本：01 63-〈7503*〈1〉*/〈3〈+80 320088703 2+〈〈56894588〉〉**〈2569 5920-33/65+5012*/〉〉92 005322091

货物或应税劳务名称	规格型号	单位	数量	单价	金额	税率	税额
铸铁		吨	60	4 380.00	262 800.00	17%	44 676.00
合计							

价税合计（大写）	⊗叁拾万零柒仟肆佰柒拾陆元整	（小写）¥307 476.00

销货单位	名　　称：江北钢铁厂 纳税人识别号：340546894616442 地　址、电话：河南新乡驾云路54号 0373-66281600 开户行及账号：工行新乡市第三支行 2208002301560236	备注	（江北钢铁厂 0581344476 发票专用章）

收款人：吴因　　　复核：李娜　　　开票人：张乔　　　销货单位：（章）

原始凭证1-182

山东省增值税专用发票

No.005322091

320088703　　　　　　　　　抵扣联　　　　　　　　　开票日期：20**年12月20日

购货单位	名　　称：立商有限责任公司 纳税人识别号：340883456119 地　址、电话：山东省济南市文化东路666号 0531-67755089 开户行及账号：工行济南市文东支行 01400822600777	密码区	7++9/42152*+129*864〉加密版本：01 63-〈7503*〈1〉*/〈3〈+80 34000223003 2+〈〈56894588〉〉**〈2569 5920-33/65+5012*/〉92 00138788

货物或应税劳务名称	规格型号	单位	数量	单价	金额	税率	税额
铸铁		吨	60	4 380.00	262 800.00	17%	44 676.00
合计							

价税合计（大写）	⊗叁拾万零柒仟肆佰柒拾陆元整	（小写）¥307 476.00

销货单位	名　　称：江北钢铁厂 纳税人识别号：340546894616442 地　址、电话：河南新乡驾云路54号 0373-66281600 开户行及账号：工行新乡市第三支行 2208002301560236	备注	

收款人：吴因　　　复核：李娜　　　开票人：张乔　　　销货单位：（章）

原始凭证1-183

84. 20日，向海航树脂厂购入树脂40吨，单价2 536元，增值税税率17%，货款已预付，材料已验收入库。原始凭证见相关单据1－184、1－185和1－186。

辽宁省增值税专用发票

No. 00326905

发票联

开票日期：20**年12月20日

4400022056

购货单位	名　　　称：	立商有限责任公司				密码区	7 + +9/42152 * +129 * 864〉加密版本：01 63 − 〈7503 * 〉1〉 * /〈3〈 + 80 4400022056 2 + 〈〈56894588〉〉**〈2569 5920 − 33/65 + 5012 * /〉〉92 0032905		
	纳税人识别号：	340883456119							
	地址、电话：	山东省济南市文化东路666号 0531－67755089							
	开户行及账号：	工行济南市文东支行 01400822600777							
货物或应税劳务名称	规格型号	单位	数量	单价	金额		税率	税额	
树脂		吨	40	2 536.00	101 440.00		17%	17 244.00	
合计									
价税合计（大写）		⊗壹拾壹万捌仟陆佰捌拾肆元捌角整			（小写）￥118 684.80				
销货单位	名　　　称：	辽宁海航树脂厂				备注			
	纳税人识别号：	440111194653753							
	地址、电话：	辽宁省锦州市人民路213号 0427－63581300							
	开户行及账号：	工行锦州市人民路第三支行 2208002301560236							

收款人：唐祉　　复核：陈贵　　开票人：李晨　　销货单位：（章）

原始凭证1－184

材料入库单

No. 000118

材料类别：原料及主要材料　　　　　　供应单位：辽宁海航树脂厂
发票号码：No.0326905　　　　　　　　收料仓库：1

材料名称	计量单位	数量		实际成本					
		应收	实收	买价		运杂费	其他	合计	单位成本
				单价	金额				
树脂	吨	40	40	2 536.00	101 440.00			101 440.00	2 536.00
备注									

记账：王丽华　　　　　　收料：高振　　　　　　制单：王丽华

原始凭证1－185

辽宁省增值税专用发票

No. 00326905

4400022056　　　　　　　　　　　　　　　　　　　　　　　　　　　开票日期：20＊＊年12月20日

购货单位	名　称：	立商有限责任公司				密码区	7＋＋9/42152＊＋129＊864〉加密版本：01 63－〈7503＊〈1〉＊/〈3〈＋80 4400022056 2＋〈〈56894588〉〉＊＊〈2569 5920－33/65＋5012＊/〉〉92 0032905
	纳税人识别号：	340883456119					
	地址、电话：	山东省济南市文化东路666号 0531－67755089					
	开户行及账号：	工行济南市文东支行 01400822600777					

货物或应税劳务名称	规格型号	单位	数量	单价	金额	税率	税额
树脂		吨	40	2 536.00	101 440.00	17%	17 244.00
合计							

价税合计（大写）	⊗壹拾壹万捌仟陆佰捌拾肆元捌角整	（小写）¥118 684.80

销货单位	名　称：	辽宁海航树脂厂	备注
	纳税人识别号：	440111194653753	
	地址、电话：	辽宁省锦州市人民路213号 0427－63581300	
	开户行及账号：	工行锦州市人民路第三支行 2208002301560236	

收款人：唐祉　　复核：陈贵　　开票人：李晨　　销货单位：（章）

原始凭证 1－186

85. 21日，向市红十字会捐款10万元。原始凭证见相关单据1－187和1－188。

原始凭证 1－187

原始凭证 1－188

86. 21日,向立原公司销售立商牌LS6-5型钻孔机100台,单价5 320元,增值税税率17%,随货销售领用100只木箱不单独计价。代垫运费1 100元,以现金支付,已经向银行办妥托收手续。原始凭证见相关单据1-189至单据1-192。

产品销售出库单

购货单位:立原公司　　　　　　20**年12月21日　　　　　　No.0023669

品名	单位	单价	数量	金额	备注
立商牌LS6-5型钻孔机	台	5 320	100	532 000.00	
合计				532 000.00	

购货方采购员签字:吴辉保

记账:李玉坤　　　　　　发货:高振　　　　　　制单:李玉坤

第二联 记账联

原始凭证1-189

山东省增值税专用发票

No.008635690

340008922116　　　　　　记账联　　　　　　开票日期:20**年12月21日

购货单位	名　　称:立原公司 纳税人识别号:3600301198801124 地　址、电话:浙江省杭州市利民路11号 　　　　　　0571-83281000 开户行及账号:工行杭州市分行利民支行 　　　　　　0230089001177308	密码区	7++9/42152*+129*864〉加密版本:01 63-〈7503*〈1〉*/<3〈+80 340008922116 2+〈〈56894588〉〉**〈2569 5920-33/65+5012*/〉〉92 0080635690

货物或应税劳务名称	规格型号	单位	数量	单价	金额	税率	税额
立商牌LS6-5型钻孔机		台	100	5 320.00	532 000.00	17%	90 440.00
合计							

价税合计(大写)	⊗陆拾贰万贰仟肆佰肆拾元整	(小写) ¥622 440.00

销货单位	名　　称:立商有限责任公司 纳税人识别号:340883456119 地　址、电话:山东省济南市文化东路666号 　　　　　　0531-67755089 开户行及账号:工行济南市文东支行 　　　　　　01400822600777	备注	立商有限责任公司 0043666670116 发票专用章

收款人:王天浩　　复核:肖燕　　开票人:刘淑云　　销货单位:(章)

第一联 记账联 销货方记账凭证

原始凭证1-190

立商有限责任公司往来账通知单

客户：立原公司　　　　　　20**年12月21日　　　　　　No.0023640

摘要	金额								
	百	十	万	千	百	十	元	角	分
代垫立商牌LS6-5型钻孔机运费（附运费单No.0012530）				9	0	0	0	0	0
代垫立商牌LS6-5型钻孔机装车费（附装卸车费单No.0012612）				2	0	0	0	0	0
合计（大写）：人民币壹仟壹佰元整			¥	1	1	0	0	0	0

备注：代垫运杂费原始单据已交立原公司

划账单位（盖章）：　　　会计主管：肖燕　　　出纳：王天浩　　　制单：李玉坤

第三联 报销凭证

原始凭证1-191

托收凭证（受理回单）

委托日期：20**年12月21日

业务类别	委托收款（□邮划☑电划）托收承付□邮划□电划）						
付款人	全称	立原公司		收款人	全称	立商有限责任公司	
	账号	0230089001177308			账号	01400822600777	
	地址	浙江省　开户行　工行杭州市分行利民支行			地址	山东省济南市 工行济南市文东支行	
金额	人民币（大写）陆拾贰万叁仟伍佰肆拾元整			千 百 十 万 千 百 十 元 角 分 ¥ 6 2 3 5 4 0 0			
款项内容	立商牌LS6-5型钻孔机	托收凭据名称	销售发票	附寄单据张数		2张	
商品发运情况	货已发运		合同名称号码		购销合同09-1256号		
备注： 复核 记账	款项收妥日期 年　月　日		（收款单位开户银行签章） 20**年12月21日				

（白纸蓝油墨）

原始凭证1-192

87. 22日，以专利权向佳能机械厂进行长期股权投资，此投资取得25%的股权。原始凭证见相关单据1-193和1-194。

资产评估报告书

20**年12月22日

依据《国有资产评估管理办法》，对立商有限责任公司的无形资产——专利权按现行市价进行评估，评估前账面原值为35万元，累计摊销6万元，评估后确认价值为25万元，减值4万元。

评估员：张明

中国注册会计师：何倩　　　　　　　　　　　　济南市新联谊会计师事务所：

原始凭证1-193

无形资产投资转移单

接收单位名称：佳能机械厂
投出单位名称：立商有限责任公司　　20**年12月22日

转移原因	对外投资	评估价值	250 000.00
资产名称	专利权	账面价值	290 000.00
投出单位：立商有限责任公司		接收单位：佳能机械厂	
财务经理：肖燕		财务经理：陈兴	
董事长：苏哲		厂长：蔡茂盛	

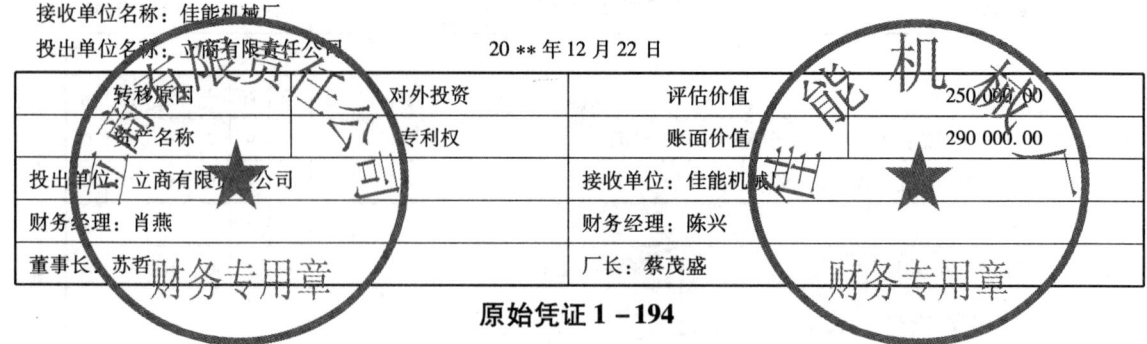

原始凭证 1－194

88. 22日，向建行借入3年期借款200万元，存入建行账户，用于基建项目。原始凭证见相关单据1－195。

借款凭证第四联（回单）

20**年12月22日　　　　　　　　　　　　　　　　　　No. 0002369

借款单位名称	立商有限责任公司	贷款户账号									
		存款户账号	济南市文东支行 0140082600777								
借款金额	人民币（大写）：贰佰万元整		亿	千	百	十	万	千	百	十	元 角 分
						￥	2	0	0	0	0 0 0 0 0
借款用途	建设厂房	约定偿还日期	20**年12月22日								
上列款项已核准发放并已转入你单位账户。 （银行盖章）			备注：								

中国工商银行文东支行　转账

原始凭证 1－195

89. 22日，从浙江宏泰电机公司购电机300台，单价1 500元，增值税税率17%，运杂费3 500元，款项尚未支付，材料已入库。原始凭证见相关单据1－196至1－200。

材料入库单

材料科目：原材料　　　　　　　　　　　　　　　　　　　　No. 000570
材料类别：外购件
供应单位：浙江宏泰电机公司
发票号码：0432698　　　　　20**年12月22日　　　　　收料仓库：2

材料名称	计量单位	数量		实际成本					
		应收	实收	买价		运杂费	其他	合计	单位成本
				单价	金额				
电机	台	300	300	1 500.00	450 000.00				
备注									

记账：王丽华　　　　　　　收料：高振　　　　　　　制单：王丽华

原始凭证 1－196

浙江省增值税专用发票

No. 04325691
2200025325 发票联 开票日期：20**年12月22日

购货单位	名　　称：立商有限责任公司 纳税人识别号：340883456119 地址、电话：山东省济南市文化东路 666 号 　　　　　　0531-67755089 开户行及账号：工行济南市文东支行 　　　　　　01400822600777	密码区	7++9/42152*+129*864〉加密版本：01 63-〈7503*〈1〉*/〈3〈+80 3600025427 2+〈〈56894588〉〉**〈2569 5920-33/65+5012*/〉〉92 04325691

货物或应税劳务名称	规格型号	单位	数量	单价	金额	税率	税额
电机	TZR	台	300	1 500.00	450 000.00	17%	76 500.00
合计							

价税合计（大写）	⊗伍拾贰万陆仟伍佰元整	（小写）¥ 526 500.00

销货单位	名　　称：浙江宏泰电机公司 纳税人识别号：4305898176548 地址、电话：浙江省杭州市西湖北路 58 号 　　　　　　0571-83282000 开户行及账号：工行杭州市支行 　　　　　　346543278976	备注	（浙江宏泰电机公司 214310511265 发票专用章）

收款人：洪雅　　　复核：张娜　　　开票人：孙慧　　　销货单位：（章）

原始凭证 1-197

浙江省增值税专用发票

No. 04325691
2200025325 抵扣联 开票日期：20**年12月22日

购货单位	名　　称：立商有限责任公司 纳税人识别号：340883456119 地址、电话：山东省济南市文化东路 666 号 　　　　　　0531-67755089 开户行及账号：工行济南市文东支行 　　　　　　01400822600777	密码区	7++9/42152*+129*864〉加密版本：01 63-〈7503*〈1〉*/〈3〈+80 3600025427 2+〈〈56894588〉〉**〈2569 5920-33/65+5012*/〈〈92 04325691

货物或应税劳务名称	规格型号	单位	数量	单价	金额	税率	税额
电机	TZR	台	300	1 500.00	450 000.00	17%	76 500.00
合计							

价税合计（大写）	⊗伍拾贰万陆仟伍佰元整	（小写）¥ 526 500.00

销货单位	名　　称：浙江宏泰电机公司 纳税人识别号：4305898176548 地址、电话：浙江省杭州市西湖北路 58 号 　　　　　　0571-83282000 开户行及账号：工行杭州市支行 　　　　　　346543278976	备注	（浙江宏泰电机公司 214310511265 发票专用章）

收款人：洪雅　　　复核：张娜　　　开票人：孙慧　　　销货单位：（章）

原始凭证 1-198

上海市增值税专用发票

No. 033555626

3502544789　　　　　　　　　　　　　　发票联　　　　　　　　　　　　开票日期：20**年12月22日

购货单位	名　称	立商有限责任公司				密码区	7++9/42152*+129*864〉加密版本：01 63-〈7503*〈1〉*/〈3〈+80 3502544789 2+〈〈56894588〉〉**〈2569 5920-33/65+5012*/〉〉92 033555626		
	纳税人识别号	340883456119							
	地址、电话	山东省济南市文化东路666号 0531-67755089							
	开户行及账号	工行济南市文东支行 01400822600777							
货物或应税劳务名称		规格型号	单位	数量	单价	金额	税率	税额
提供运输服务			件	300		2 500.00	11%	275.00
合计								
价税合计（大写）		⊗贰仟柒佰柒拾伍元整				（小写）¥2 775.00		
销货单位	名　称	上海铁路（集团）公司				备注	货物名称：聚丙烯料 起运地、到达地：浙江→山东 其他杂费费别及金额： 印花税：¥2.00　京九分流费：¥240.00 电化费：¥200.00　中转作业费：¥12.00 保险费：¥500.00　取送车费：¥18.00		
	纳税人识别号	441981194447685							
	地址、电话	上海市祁门路222号 021-66445889							
	开户行及账号	工行上海市祁门路支行 456766612456							

收款人：　　　　复核：　　　　开票人：　　　　　　　　销货单位：（章）

原始凭证1-199

上海市增值税专用发票

No. 033555626

3502544789　　　　　　　　　　　　　　抵扣联　　　　　　　　　　　　开票日期：20**年12月22日

购货单位	名　称	立商有限责任公司				密码区	7++9/42152*+129*864〉加密版本：01 63-〈7503*〈1〉*/〈3〈+80 3502544789 2+〈〈56894588〉〉**〈2569 5920-33/65+5012*/〉〉92 033555626		
	纳税人识别号	340883456119							
	地址、电话	山东省济南市文化东路666号 0531-67755089							
	开户行及账号	工行济南市文东支行 01400822600777							
货物或应税劳务名称		规格型号	单位	数量	单价	金额	税率	税额
提供运输服务			件	300		2 500.00	11%	275.00
合计								
价税合计（大写）		⊗贰仟柒佰柒拾伍元整				（小写）¥2 775.00		
销货单位	名　称	上海铁路（集团）公司				备注	货物名称：聚丙烯料 起运地、到达地：浙江→山东 其他杂费费别及金额： 印花税：¥2.00　京九分流费：¥240.00 电化费：¥200.00　中转作业费：¥12.00 保险费：¥500.00　取送车费：¥18.00		
	纳税人识别号	441981194447685							
	地址、电话	上海市祁门路222号 021-66445889							
	开户行及账号	工行上海市祁门路支行 456766612456							

收款人：　　　　复核：　　　　开票人：　　　　　　　　销货单位：（章）

原始凭证1-200

90. 23 日，支付厂房工程款 165 万元。原始凭证见相关单据 1－201 和 1－202。

工程价款结算账单

名称：立商有限责任公司　　　　　20＊＊年12月23日

工程名称	本期应收工程款	应抵扣款项	预付工程款	本期实收数	本期已收工程价款累计	说明
兴建8号厂房	165万元			165万元	165万元	

施工企业：山东广烨建筑工程公司　　　　　　　　　　　建设单位：立商有限责任公司
开户银行及账号：济南建行 2789742561　　　开户银行及账号：中国工商银行济南市文东支行 01400822600777
施工企业（盖章）　　　　　　　　　　　　　　　　　　　建设单位（盖章）

原始凭证 1－201

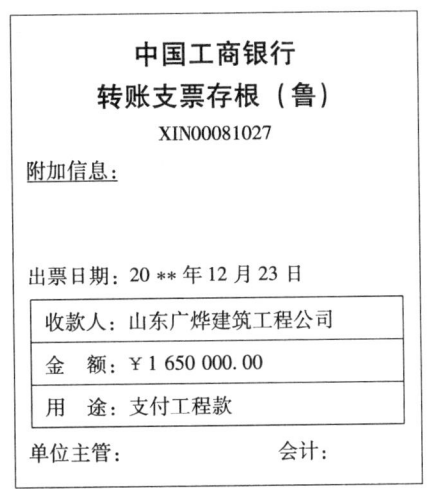

原始凭证 1－202

91. 23 日，新建厂房办理竣工手续，交付使用。在工程完工前所借的 300 万元长期借款全部用于该厂房建设。原始凭证见相关单据 1－203 和 1－204。

银行借款利息计算单

20＊＊年12月23日

借款种类	借款金额	借款期数	月利息额	列支项目
长期借款	3 000 000	23 天	16 100	在建工程
合计			16 100	

原始凭证 1－203

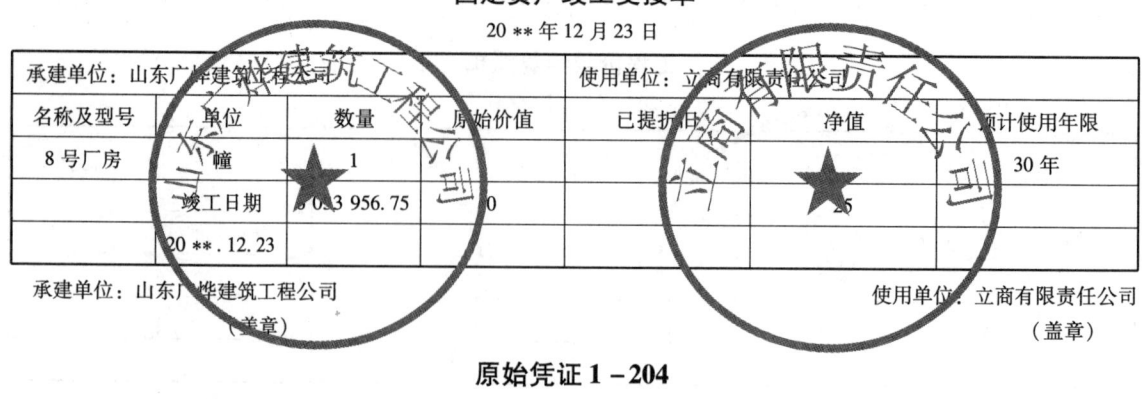

原始凭证 1-204

92. 24 日，从泰安贸易公司购入石英砂 25 吨，单价 6 265 元，增值税税率 17%，材料已入库，款项已经预付。原始凭证见相关单据 1-205、1-206 和 1-207。

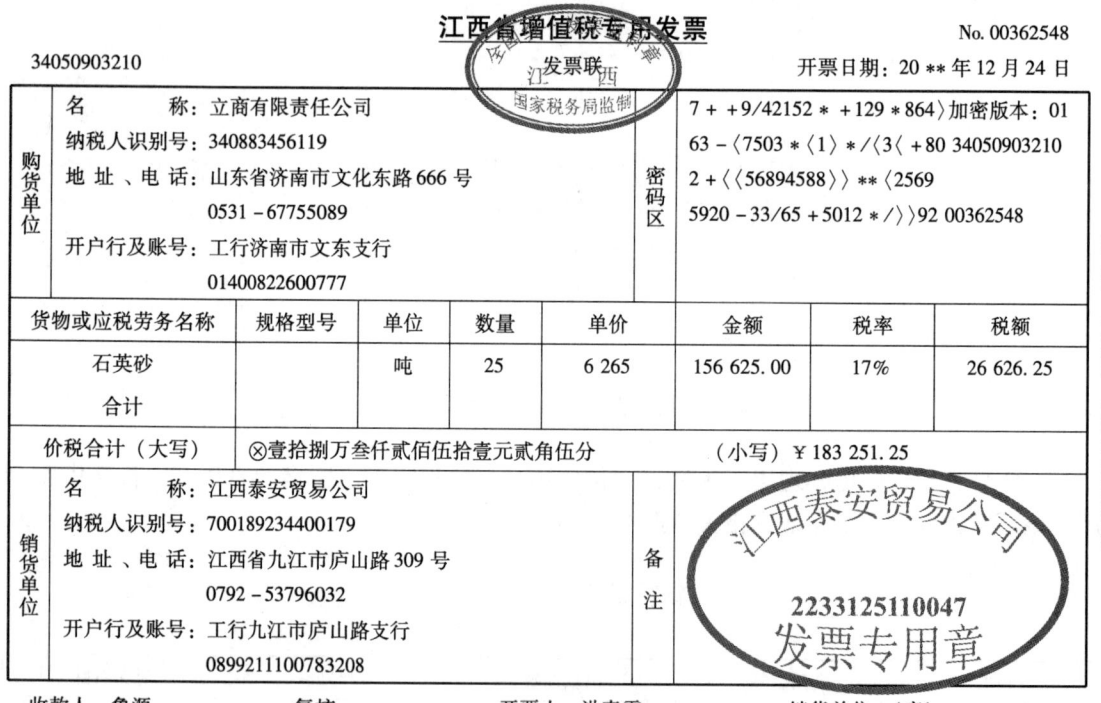

原始凭证 1-205

材料入库单

No. 00362548

材料科目：原材料
材料类别：原料及主要材料
发票号码：00362548
供应单位：泰安贸易公司
收料仓库：1

20**年12月24日

材料名称	计量单位	数量 应收	数量 实收	实际成本 买价 单价	实际成本 买价 金额	运杂费	其他	合计	单位成本	备注
石英砂	吨	25	25	6 265.00	156 625.00			156 625.00	6 265.00	

记账：李玉坤　　　　　　　收料：高振　　　　　　　制单：李玉坤

原始凭证1—206

江西省增值税专用发票

No. 00362548
开票日期：20**年12月24日

34050903210

购货单位	名称：立商有限责任公司 纳税人识别号：340883456119 地址、电话：山东省济南市文化东路666号　0531—67755089 开户行及账号：工行济南市文东支行　01400822600777	密码区	7++9/42152**+129*864〉加密版本：01 63—〈7503*〈1〉*/〈3〈+80 34050903210 2+〈〈56894588〉〉**〈2569 5920—33/65+5012*/〉〉92 00362548

货物或应税劳务名称	规格型号	单位	数量	单价	金额	税率	税额
石英砂		吨	25	6 265	156 625.00	17%	26 626.25
合计							

价税合计（大写）	⊗壹拾捌万叁仟贰佰伍拾壹元贰角伍分	（小写）￥183 251.25

销货单位	名称：江西安贸易公司 纳税人识别号：700189234400179 地址、电话：江西省九江市庐山路309号　0792—53796032 开户行及账号：工行九江市庐山路支行　0899211100783208	备注	江西泰安贸易公司 2233125110047 发票专用章

收款人：鲁源　　　复核：　　　开票人：洪青霞　　　销货单位：（章）

原始凭证1—207

93. 结转本月制造费用及辅助生产成本。
94. 结转本月已销商品成本及发出包装物成本。
95. 结清损益类账户。
96. 计算本月应纳企业所得税。
97. 结转净利润。
98. 提取法定盈余公积。
99. 提取任意盈余公积。
100. 向投资者分配利润。
101. 结转"未分配利润"以外的明细账户余额。

六、要求

1. 建账。
2. 根据原始凭证填制记账凭证。
3. 登记库存现金日记账和银行存款日记账。
4. 登记各种明细账。
5. 根据记账凭证逐笔登记总分类账。
6. 编制年度资产负债表和利润表。
7. 将全月的记账凭证装订成册,加具封皮,归档并加以妥善保管。

第二章 工业企业报税业务

【实验目的】

本章以报税业务中较为复杂和重要的增值税和企业所得税为主要内容，重点介绍了增值税与企业所得税的基础知识及纳税申报的操作流程。通过分别模拟企业增值税与企业所得税涉税业务的会计处理与纳税申报表格的填写过程，可以加强学生对税法基本理论的理解、对税法基本知识的运用和对申报技能的训练，提高学生涉税事项的处理能力和会计核算能力，使其能更好地将税法专业知识和税法实务有机地结合在一起，并掌握纳税实务中的新动态。

【实验要求】

本章实验要求学生掌握以下内容：
一是系统掌握增值税和企业所得税的基础知识；
二是掌握增值税和企业所得税报税业务中所需的纳税申报资料及获取方法；
三是掌握增值税与企业所得税应纳税额的计算与纳税申报表的填写方法；
四是掌握增值税与企业所得税的纳税操作流程。

纳税申报是指纳税人、扣缴义务人在发生法定纳税义务后，按照税法或税务机关相关行政法规所规定的内容，在申报期限内，以书面形式向主管税务机关提交有关纳税事项及应缴税款的法律行为，是纳税人履行纳税义务、承担法律责任的主要依据，是税务机关税收管理信息的主要来源和税务管理的一项重要制度。

本章主要包括报税业务中较为复杂和重要的增值税和企业所得税等内容。

第一节 增值税报税业务

增值税是以商品（含应税劳务和应税服务）在流转过程中产生的增值额作为计税依据而征收的一种流转税。从计税原理上说，增值税是对商品生产、流通、劳务服务中多个环节的新增价值或商品的附加值征收的一种流转税。增值税为价外税，最终由消费者负担，在流转环节中有增值才征税，没有增值则不征税。

一、增值税的含义、征收范围及纳税对象

增值税是对销售货物或者提供加工、修理修配劳务和应税服务以及进口货物的单位和个人就其实现的增值额征收的一种税。增值税已经成为我国最主要的税种之一，增值税的收入占中国全部税收的60%以上，是最大的税种。增值税由国家税务局负责征收，税收收入中75%为中央财政收入，25%为地方收入。进口环节的增值税由海关负责征收，税收收入全部为中央财政收入。

在实际当中，商品新增价值或附加值在生产和流通过程中是很难准确计算的。因此，我国也采用国际上普遍采用的税款抵扣的办法。即根据销售商品或劳务的销售额，按规定的税率计算出销售税额，然后扣除取得该商品或劳务所支付的增值税款，也就是进项税额，其差额就是增值部分应交的税额，这种计算方法体现了按增值因素计税的原则。

增值税的征税范围包括销售货物、提供加工修理修配劳务和应税服务以及进口货物等。纳税对象为在中华人民共和国境内销售货物或者提供加工、修理修配劳务和应税服务以及进口货物的单位和个人。由于增值税实行凭增值税专用发票抵扣税款的制度，因此对纳税人的会计核算水平要求较高，要求能够准确核算销项税额、进项税额和应纳税额。但实际情况是，有众多的纳税人达不到这一要求，因此《中华人民共和国增值税暂行条例》将纳税人按其经营规模大小以及会计核算是否健全划分为一般纳税人和小规模纳税人。

一般纳税人包括：（1）生产货物或者提供应税劳务的纳税人，以及以生产货物或者提供应税劳务为主（即纳税人的货物生产或者提供应税劳务的年销售额占应税销售额的比重在50%以上）并兼营货物批发或者零售的纳税人，年应税销售额超过50万元的；（2）从事货物批发或者零售经营，年应税销售额超过80万元的；（3）从事应税服务的纳税人，年销售额超过500万元的。

小规模纳税人包括：（1）从事货物生产或者提供应税劳务的纳税人，以及从事货物生产或者提供应税劳务为主（即纳税人的货物生产或者提供劳务的年销售额占年应税销售额的比重在50%以上），并兼营货物批发或者零售的纳税人，年应征增值税销售额（简称应税销售额）在50万元以下（含本数）的。（2）除上述规定以外的纳税人，年应税销售额在80万元以下（含本数）。（3）从事应税服务的纳税人，年应税销售额在500万元以下（含本数）。

年应税销售额未超过规定标准，可以向主管税务机关申请一般纳税人资格认定，对提出申请并且同时符合下列条件的纳税人，主管税务机关应当为其办理一般纳税人资格认定：

（1）有固定生产经营场所；

(2) 能够按照国家统一的会计制度设置账簿，根据合法、有效凭证进行核算，能够提供准确的税务资料。

二、税率及应纳税额的计算

增值税一般纳税人适用的税率有：17%、13%、11%、6%、0%等。小规模纳税人适用征收率，征收率统一为3%。

一般纳税人增值税当期应纳税额计算公式为：

$$当期应纳税额 = 当期销项税额 - 当期进项税额$$

$$销项税额 = 不含增值税的销售额 \times 税率$$

$$不含增值税的销售额 = 含增值税销售额 \div (1 + 税率)$$

销项税额：是指纳税人提供应税服务按照销售额和增值税税率计算的增值税额。

进项税额：是指纳税人购进货物或者接受加工修理修配劳务和应税服务，支付或者负担的增值税税额。

小规模纳税人增值税本期应纳税额计算公式为：

$$应纳税额 = 不含增值税的销售额 \times 征收率$$

$$不含增值税的销售额 = 含增值税的销售额 \div (1 + 征收率)$$

三、增值税的纳税申报

（一）纳税申报时间

增值税纳税申报时间与主管国税机关核定的纳税期限是相联系的。

增值税的纳税期限分别为1日、3日、5日、10日、15日、1个月或者一个季度。以1个月或者1个季度为一个纳税期的纳税人，自期满之日起15日内申报纳税；以1日、3日、5日、10日或15日为一个纳税期的纳税人，自期满之日起5日内预缴税款，次月1至15日申报并结清上月应纳税款。以一个季度为纳税期限的规定仅适用于小规模纳税人。

增值税固定业户向机构所在地税务机关申报纳税，增值税非固定业户向销售地税务机关申报纳税。

（二）办税流程

根据国家税务总局公告2016年第13号第二条第（一）款规定，增值税一般纳税人（以下简称一般纳税人）纳税申报表及其附列资料包括：

(1)《增值税纳税申报表（一般纳税人适用）》；
(2)《增值税纳税申报表附列资料（一）》（本期销售情况明细）；
(3)《增值税纳税申报表附列资料（二）》（本期进项税额明细）；
(4)《增值税纳税申报表附列资料（三）》（服务、不动产和无形资产扣除项目明细）；

一般纳税人销售服务、不动产和无形资产，在确定服务、不动产和无形资产销售额时，按照有关规定可以从取得的全部价款和价外费用中扣除价款的，需填报《增值税纳税申报表附列资料（三）》。其他情况不填写该附列资料。

（5）《增值税纳税申报表附列资料（四）》（税额抵减情况表）。

（6）《增值税纳税申报表附列资料（五）》（不动产分期抵扣计算表）。

（7）《固定资产（不含不动产）进项税额抵扣情况表》。

（8）《本期抵扣进项税额结构明细表》。

（9）《增值税减免税申报明细表》。

《增值税纳税申报表》（一般纳税人用）分浅绿和米黄两种颜色，浅绿色适用于增值税 A 类企业，米黄色适用于增值税 B 类企业。

增值税小规模纳税人（以下简称小规模纳税人）纳税申报表及其附列资料包括：

（1）《增值税纳税申报表（小规模纳税人适用）》；

（2）《增值税纳税申报表（小规模纳税人适用）附列资料》；

（3）《增值税减免税申报明细表》。

（三）《增值税纳税申报表》及其附表的填表说明

1. 《增值税纳税申报表》与附表之间的逻辑关系包括：

① 《增值税纳税申报表》中"本期销项税额"的合计数等于《增值税（专用/普通）发票使用明细表中专用发票销项税额合计数、普通发票销项税额合计数、不开发票销售的货物或应税劳务的税额三者之和。

② 《增值税纳税申报表》中"本期进销项税额"的合计数等于（专用发票/收购凭证/运输发票）抵扣明细表》中专用发票进项税额合计数、收购凭证进项税额合计数、运输发票进项税额合计数三者之和。

③ 《发票领用月报表》中"本期开具"项目"销售额"栏、"税额"栏专用发票小计数应分别等于《增值税专用发票使用明细表》中"销售额"栏、"税额"栏的合计数。《发票领用存月报表》中"本期开具"项目"销售额"栏普通发票小计数应等于《增值税普通发票使用明细表》中"销售额"栏与"税额"栏的合计数之和，同时《发票领用存月报表》中"本期开具"项目"税额"栏普通发票小计数应等于《增值税普通发票使用明细表》中"税额"栏的合计数。

增值税纳税申报表适用于增值税一般纳税人填报。增值税 A 类企业使用线绿色申报表，B 类企业使用米黄色申报表。增值税一般纳税人按简易办法依照6%征收率缴纳增值税的货物，也使用该表。

2. 增值税纳税申报表"经济类型"栏，按制造业、采掘业、电力、煤气、供水及商业分别填写。

3. 增值税纳税申报表"本期销项税额"中的有关栏次，按下列要求填写：

① 特区内工业企业如有"一般销售"、"地产地销"、"免税销售"情况的应分别填列，除特区内工业企业以外的其他企业，不得填报"地产地销"栏，所有企业如有"出口货物"情况的都须申报。

烟、酒、矿物油地产地销减半征收的，将销售额一半记入"一般销售"、一半记入"地产地销"，分别按其适用税率计算销售税额。

② "货物或应税劳务名称"，按国家税务总局计会统计报表的分类口径及不同的适用税率分别填列。对一些生产、经营品种较多的企业，如果一张申报表货物名称填写不下的，可以按不同的税率汇总名称填报增值税纳税申报表，对汇总填报申报表的，必须附有销货方填开的按国

家税务总局计会统计报表的分类口径及不同的税率分别填列"货物"清单。

③ "应税销售额"的填写口径，为增值税的计税销售额。如企业财务会计核算不作销售而按税法规定应征税的价外费用，也应填入"应税销售额"中。

④ "税率"按所销售的货物或应税劳务的适用税率填写，一般纳税人按简易办法征税的货物，该栏按3%的征收率填写。

⑤ 按不同销售类型计算其所占销售总额的百分比。

4. 增值税纳税申报表"本期"中的有关栏次按下列要求填写：

（1）"本期发生额"栏，应根据购进货物或应税劳务取得的增值税专用发票和海关完税凭证上注明的税款，按不同的税率分别填列。

① "免税农产品"项目，按照采购免税农产品的买价，依13%的扣除率计算填列（自2012年7月1日起，以购进农产品为原料生产销售液体乳及乳制品、酒及酒精、植物油的增值税一般纳税人，纳入农产品增值税进项税额核定扣除试点范围，其购进农产品无论是否用于生产上述产品，增值税进项税额均按照《农产品增值税进项税额核定扣除试点实施办法》的规定抵扣。除上述规定以外的纳税人，其购进农产品仍按照现行增值税的有关规定计算抵扣农产品进项税额）。

② "运输费用"项目，按照购进货物支付运费取得的增值税专用发票，依11%的税率计算填列。

③ "废旧物资"项目，填报的范围仅指专门从事废旧物资经营的纳税人，按照收购金额依3%的征收率减按2%征收计算填列。

④ "3%征收率"项目，是指纳税人购进货物或应税劳务取得的按3%征收率注明税款的增值税普通发票上所注明的税款。

（2）"本期发生额"栏中各项目的填写口径，是指按照增值税税法规定准予从增值税税额中抵扣的进项税额。增值税税法规定不得从销项税额中抵扣的进项税额，不得填入本栏中的有关项目。如购进固定资产的进项税额，用于非应税项目、用于集体福利和个人消费的购进货物或者应税劳务的进项税额。对购进时无法确定用途的购进货物或应税劳务的进项税额，如免税货物和应税劳务与应税货物或应税劳务共同耗用的进项税额、非正常损失的在产品、产成品所耗用的进项税额等，可填入本栏。

（3）不得抵扣的项目是指：

① 免税货物用；② 非应税项目用；③ 非常损失；④ 进货退出及折让；⑤ 简易办法征税货物用。以上项目的填写口径同"本期发生额"一致，如在购进直接用于免税项目的未填入"本期发生额"栏的进项税额，不需再填入"减、免税货物用"栏。

5. 增值税纳税申报表"进项税额分摊"的有关栏次，按以下方法填写：

① "本期抵扣额合计7"栏即为"本期进项税额7"栏合计数。

② "本期允许抵扣期初库存已征税款8"为经税务机构核定后的税款按照规定的抵扣比例计算出的本期允许抵扣额，或经税务机关批准本期允许抵扣的期初存货已征税款。

③ "按销售额比例分摊应抵扣的进项税额9"即是将"本期抵扣额合计7"和"本期允许抵扣期初存货已征税款8"合并后按"本期销售税额"中计算出的各种销售类型的销售比例进行分摊。

6. 增值税纳税申报表"税款计算"的有关栏次按以下要求填写：

(1)"上期留抵税额（14）"按上期申报表（16）栏的数字填写。
(2)"减免项目（17）"要注明减免批文的批号以及以下减免类型：
①高新产品开发；②校办工厂；③民政福利企业；④其他企业（含部队工厂）。
(3)进项税额是分开核算的，在空白栏内单独说明进项税额并计算。

7. 增值税纳税申报表一式两联，第一联为申报联，纳税人按期向税务机关申报；第二联为收执联，纳税人于申报时应连同申报联交税务机关签章后作为申报的凭证。

8. 由一般纳税人填写的增值税纳税申报表及相关附属资料应在纳税申报时与《增值税纳税申报表》一起报送主管税务机关。

四、增值税纳税申报实训

该实训的主要目的是增强学生对增值税税法的理解和税额的计算能力，熟练运用所学知识进行一般纳税人增值税涉税业务的会计处理，掌握一般纳税人增值税纳税申报的技能操作。在业务训练中，重点要注意自产产品视同销售行为的税务及会计处理。

1. 企业基本信息
(1) 企业名称：济南市源生机床厂
(2) 企业性质：增值税一般纳税人
(3) 法定代表人：艾金
(4) 企业地址及电话：山东省济南市龙飞路618号 65372981
(5) 开户银行及账号：工行龙飞分理处 04092040110704545
(6) 纳税人识别号：130600001101625

2. 经济业务资料

该机床厂是增值税一般纳税人，存货按实际成本核算，20＊＊年6月发生了以下业务。

(1) 6月1日，销售A型机床一台，不含税单价为50 000元，另向购货单位收取包装费200元，运输费1 000元，当日发货并办妥了托收承付手续。

(2) 6月2日，厂办公室购办公用品一批，取得增值税专用发票上注明价款800元，税额136元，款项用现金支付。

(3) 6月5日，外购原材料A钢材一批，取得增值税专用发票上注明价款170 000元，税额28 900元，材料于当日验收入库，货款尚未支付。

(4) 6月6日，向兄弟工厂销售原材料B钢板1吨，取得含税销售收入35 100元，销售款项于当日存入银行。

(5) 6月13日，企业建职工宿舍领用库存材料A钢材6吨，账户加权平均单价为2 500元。

(6) 6月16日，缴纳上月欠缴增值税76 000元。

(7) 6月17日，外购原材料A钢板14吨，增值税专用发票上注明价款39 200元，税额6 664元，货物已验收入库，货款已通过银行转账支付。

(8) 6月23日，一车间领用钢材1吨，金额2 500元，钢板1.6吨，金额4 800元，微型电机4台，金额26 000元，各种仪表金额71 000元，用于自制固定资产——R型机床。

(9) 6月24日，出售已用过的资产——钻床一台，取得收入170 000元，该钻床原价160 000元，已提折旧40 000元，当天办妥托收手续。

（10）6月24日，将自产A型机床两台，无偿捐献给湖南贫困县，用以支援灾区。

（11）6月25日，与市运输公司结算本月运费。本月销货运费共计21 000元，运输公司寄来普通发票，款项通过银行转账支付。

（12）6月28日，收到南天工业品销售公司代销清单，本月代销M型机床6台，N型机床2台，销售收入640 000元，扣除代销手续费32 000元，余款银行已收到。

（13）6月29日，外购配件——仪表一批，增值税专用发票上注明价款480 000元，税额81 600元。货物已验收入库，货款尚未支付。

3. 要求

根据上述业务计算本月增值税应纳税额并填制以下增值税申报相关表格。

附：增值税纳税申报相关表格

表2-1 　　　　　　　　　　　　**增值税纳税申报表**
（一般纳税人适用）

根据国家税收法律法规及增值税相关规定制定本表。纳税人不论有无销售额，均应按税务机关核定的纳税期限填写本表，并向当地税务机关申报。

税款所属时间：自　年　月　日至　年　月　日　　填表日期：　年　月　日　　　　　金额单位：元至角分

纳税人识别号						
纳税人名称	（公章）		法定代表人姓名		注册地址	营业地址
开户银行及账号			登记注册类型		电话号码	

	项　目	栏　次	一般项目		即征即退项目	
			本月数	本年累计	本月数	本年累计
销售额	（一）按适用税率计税销售额	1				
	其中：应税货物销售额	2				
	应税劳务销售额	3				
	纳税检查调整的销售额	4				
	（二）按简易办法计税销售额	5				
	其中：纳税检查调整的销售额	6				
	（三）免、抵、退办法出口销售额	7			—	—
	（四）免税销售额	8			—	—
	其中：免税货物销售额	9			—	—
	免税劳务销售额	10			—	—
税款计算	销项税额	11				
	进项税额	12				
	上期留抵税额	13		—		—
	进项税额转出	14				
	免、抵、退应退税额	15			—	—
	按适用税率计算的纳税检查应补缴税额	16			—	—

续表

项 目		栏 次	一般项目		即征即退项目	
			本月数	本年累计	本月数	本年累计
税款计算	应抵扣税额合计	17＝12＋13－14－15＋16			—	—
	实际抵扣税额	18（若17＜11则为17，否则为11）				
	应纳税额	19＝11－18				
	期末留抵税额	20＝17－18			—	—
	简易征收办法计算的应纳税额	21				
	按简易计税办法计算的纳税检查应补缴税额	22			—	—
	应纳税额减征额	23				
	应纳税额合计	24＝19＋21－23				
税款缴纳	期初未缴税额（多缴为负数）	25				
	实收出口开具专用缴款书退税额	26				
	本期已缴税额	27＝28＋29＋30＋31				
	其中：①分次预缴税额	28			—	—
	②出口开具专用缴款书预缴税额	29			—	—
	③本期缴纳上期应纳税额	30				
	④本期缴纳欠缴税额	31				
	期末未缴税额（多缴为负数）	32＝24＋25＋26－27				
	其中：欠缴税额（≥0）	33			—	—
	本期应补（退）税额	34＝24－28－29				
	即征即退实际退税额	35	—	—		
	期初未缴查补税额	36			—	—
	本期入库查补税额	37			—	—
	期末未缴查补税额	38＝16＋22＋36－37			—	—
授权声明	如果你已委托代理人申报，请填写下列资料： 　　为代理一切税务事宜，现授权 　　（地址）　　　　　　为本纳税人的代理申报人，任何与本申报表有关的往来文件，都可寄予此人。 　　　　　　　　　　　　　　　　授权人签字：			申报人声明	本纳税申报表是根据国家税收法律法规及相关规定填报的，我确定它是真实的、可靠的、完整的。 　　　　　　　　　　声明人签字：	

以下由税务机关填写：
主管税务机关：　　　　　　　　　　接收人：　　　　　　　　　　接收日期：

表 2－2

增值税纳税申报表附列资料
（本期销售情况明细）

纳税人名称：（公章）　　税款所属时间：　年　月　日至　年　月　日　　金额单位：元至角分

项目及栏次			开具增值税专用发票		开具其他发票		未开具发票		纳税检查调整		合计			服务、不动产和无形资产扣除项目本期实际扣除金额	扣除后	
			销售额	销项（应纳）税额	销售额	销项（应纳）税额	销售额	销项（应纳）税额	销售额	销项（应纳）税额	销售额	销项（应纳）税额	价税合计		含税（免税）销售额	销项（应纳）税额
			1	2	3	4	5	6	7	8	9=1+3+5+7	10=2+4+6+8	11=9+10	12	13=11-12	14=13÷(100%+税率或征收率)×税率或征收率
一、一般计税方法计税	全部征税项目	17%税率的货物及加工修理修配劳务	1														
		17%税率的服务、不动产和无形资产	2														
		13%税率	3														
		11%税率	4														
		6%税率	5														
	其中：即征即退项目	即征即退货物及加工修理修配劳务	6	—	—	—	—	—	—	—	—	—	—	—	—	—	—
		即征即退服务、不动产和无形资产	7	—	—	—	—	—	—	—	—	—	—	—	—	—	—
二、简易计税方法计税	全部征税项目	6%征收率	8					—							—	—	—
		5%征收率的货物及加工修理修配劳务	9a					—							—	—	—
		5%征收率的服务、不动产和无形资产	9b					—		—							
		4%征收率	10					—		—					—	—	—
		3%征收率的货物及加工修理修配劳务	11					—		—					—	—	—

续表

项目及栏次			开具增值税专用发票		开具其他发票		未开具发票		纳税检查调整		合计			服务、不动产和无形资产扣除项目本期实际扣除金额	含税(免税)销售额	扣除后 销项(应纳)税额
			销售额	销项(应纳)税额	销售额	销项(应纳)税额	销售额	销项(应纳)税额	销售额	销项(应纳)税额	销售额	销项(应纳)税额	价税合计			
			1	2	3	4	5	6	7	8	9=1+3+5+7	10=2+4+6+8	11=9+10	12	13=11-12	14=13÷(100%+税率或征收率)×税率或征收率
二、简易计税方法计税	全部征税项目	3%征收率的服务、不动产和无形资产 12														
		预征率% 13a												—	—	—
		预征率% 13b												—	—	—
		预征率% 13c												—	—	—
	其中：即征即退项目	即征即退货物及加工修理修配劳务 14												—	—	—
		即征即退服务、不动产和无形资产 15														
三、免抵退税		货物及加工修理修配劳务 16	—	—	—	—	—	—	—	—		—	—	—	—	—
		服务、不动产和无形资产 17	—	—	—	—	—	—	—	—		—	—	—	—	—
四、免税		货物及加工修理修配劳务 18	—	—	—	—	—	—	—	—		—	—	—	—	—
		服务、不动产和无形资产 19	—	—	—	—	—	—	—	—		—	—	—	—	—

表 2-3　　　　　　　　　　　**增值税纳税申报表附列资料**

（本期进项税额明细）

税款所属时间：　年　月　日至　年　月　日

纳税人名称：（公章）　　　　　　　　　　　　　　　　　　　　　　　　　金额单位：元至角分

一、申报抵扣的进项税额				
项　目	栏次	份数	金额	税额
（一）认证相符的增值税专用发票	1=2+3			
其中：本期认证相符且本期申报抵扣	2			
前期认证相符且本期申报抵扣	3			
（二）其他扣税凭证	4=5+6+7+8			
其中：海关进口增值税专用缴款书	5			
农产品收购发票或者销售发票	6			
代扣代缴税收缴款凭证	7		—	
其他	8			
（三）本期用于购建不动产的扣税凭证	9			
（四）本期不动产允许抵扣进项税额	10	—	—	
（五）外贸企业进项税额抵扣证明	11	—	—	
当期申报抵扣进项税额合计	12=1+4-9+10+11			
二、进项税额转出额				
项　目	栏次			税额
本期进项税额转出额	13=14至23之和			
其中：免税项目用	14			
集体福利、个人消费	15			
非正常损失	16			
简易计税方法征税项目用	17			
免抵退税办法不得抵扣的进项税额	18			
纳税检查调减进项税额	19			
红字专用发票信息表注明的进项税额	20			
上期留抵税额抵减欠税	21			
其他应作进项税额转出的情形	22			
三、待抵扣进项税额				
项　目	栏次	份数	金额	税额
（一）认证相符的增值税专用发票	24			
期初已认证相符但未申报抵扣	25			
本期认证相符且本期未申报抵扣	26			
期末已认证相符但未申报抵扣	27			
其中：按照税法规定不允许抵扣	28			

续表

三、待抵扣进项税额				
项目	栏次	份数	金额	税额
(二)其他扣税凭证	29 = 30 至 33 之和			
其中:海关进口增值税专用缴款书	30			
农产品收购发票或者销售发票	31			
代扣代缴税收缴款凭证	32			
其他	33			
	34			
四、其他				
项目	栏次	份数	金额	税额
本期认证相符的增值税专用发票	35			
代扣代缴税额	36	—	—	

表 2-4　　　　　**固定资产(不含不动产)进项税额抵扣情况表**

纳税人名称(公章):　　　　填表日期:　年　月　日　　　　　金额单位:元至角分

项目	当期申报抵扣的固定资产进项税额	申报抵扣的固定资产进项税额累计
增值税专用发票		
海关进口增值税专用缴款书		
合计		

注:1. 本表一式两份,一份纳税人留存,一份主管税务机关留存;
　　2. 本表所称"海关进口增值税专用缴款书认证相符,是指经税务机关系统比对相符。

表 2-5　　　　　　　　**本期抵扣进项税额结构明细表**

税款所属时间:　年　月　日至　年　月　日

纳税人名称(公章):　　　　　　　　　　　　　　　　　金额单位:元至角分

项目	栏次	金额	税额
合计	1 = 2 + 4 + 5 + 11 + 16 + 18 + 27 + 29 + 30		
一、按税率或征收率归集(不包括购建不动产、通行费)的进项			
17%税率的进项	2		
其中:有形动产租赁的进项	3		
13%税率的进项	4		
11%税率的进项	5		
其中:运输服务的进项	6		
电信服务的进项	7		
建筑安装服务的进项	8		
不动产租赁服务的进项	9		
受让土地使用权的进项	10		
6%税率的进项	11		

续表

项　　目	栏次	金额	税额
合计	1 = 2 + 4 + 5 + 11 + 16 + 18 + 27 + 29 + 30		
其中：电信服务的进项	12		
金融保险服务的进项	13		
生活服务的进项	14		
取得无形资产的进项	15		
5%征收率的进项	16		
其中：不动产租赁服务的进项	17		
3%征收率的进项	18		
其中：货物及加工、修理修配劳务的进项	19		
运输服务的进项	20		
电信服务的进项	21		
建筑安装服务的进项	22		
金融保险服务的进项	23		
有形动产租赁服务的进项	24		
生活服务的进项	25		
取得无形资产的进项	26		
减按1.5%征收率的进项	27		
	28		
二、按抵扣项目归集的进项			
用于购建不动产并一次性抵扣的进项	29		
通行费的进项	30		
	31		
	32		

第二节 企业所得税报税业务

一、企业所得税的含义、征税对象及应纳税额的计算

企业所得税是指对中华人民共和国境内的企业（居民企业及非居民企业）和其他取得收入的组织以其生产经营所得为课税对象所征收的一种税。作为企业所得税纳税人，应依照《中华人民共和国企业所得税法》缴纳企业所得税。但个人独资企业及合伙企业除外。

企业所得税纳税人，即所有实行独立经济核算的中华人民共和国境内的内资企业或其他组织，包括以下六类：国有企业、集体企业、私营企业、联营企业、股份制企业、有生产经营所得和其他所得的其他组织。企业是指按国家规定注册、登记的企业。有生产经营所得和其他所得的其他组织，是指经国家有关部门批准，依法注册、登记的，有生产经营所得和其他所得的事业单位、社会团体等组织。独立经济核算是指同时具备在银行开设结算账户，独立建立账簿，编制财务会计报表，独立计算盈亏等条件。个人独资企业、合伙企业不适用本法，这两类企业征收个人所得税即可，避免重复征税。

企业所得税的征税对象是纳税人的生产经营所得。包括销售货物所得、提供劳务所得、转让财产所得、股息红利所得、利息所得、租金所得、特许权使用费所得、接受捐赠所得和其他所得。居民企业应当就其来源于中国境内、境外的所得缴纳企业所得税。

企业所得税的税率为25%的比例税率。符合条件的小型微利企业，减按20%的税率征收企业所得税。国家需要重点扶持的高新技术企业，减按15%的税率征收企业所得税。

$$企业应纳所得税额 = 当期应纳税所得额 \times 适用税率$$
$$应纳税所得额 = 收入总额 - 准予扣除项目金额$$

二、企业所得税的征收管理

企业所得税的纳税年度是从公历1月1日起至12月31日止。纳税人在一个纳税年度中间开业，或者由于合并、关闭等原因，使该纳税年度的实际经营期不足12个月的，应当以其实际经营期为一个纳税年度；纳税人清算时，应当以清算期间为一个纳税年度。

（一）企业所得税的缴纳方式

企业所得税按年计算，但为了保证税款及时、均衡入库，对企业所得税采取分期（按月或季）预缴、年终汇算清缴的办法。纳税人预缴所得税时，应当按纳税期限的实际数预缴，按实际数预缴有困难的，可以按上一年度应纳税所得额的1/12或1/4，或者经当地税务机关认可的其他方法分期预缴所得税。预缴方法一经确定，不得随意改变。

（二）纳税期限

按月份或季度预缴税款的纳税人，应在月份或季度终了后15日内向主管税务机关进行纳税申报并预缴税款。其中，第四季度的税款也应于季度终了后15日内先进行预缴，然后在年度终了后45日内进行年度申报，税务机关在5个月内进行汇算清缴，多退少补。

（三）纳税地点

除国家另有规定者外，企业所得税由纳税人在其所在地主管税务机关就地缴纳。所谓"所在地"是指纳税人的实际经营管理机构所在地。

（四）纳税人应提供的资料

1. 《企业所得税年度纳税申报表》两份；
2. 《销售（营业）收入及其他收入明细表》（一般企业用）；
3. 《金融企业收入明细表》（金融保险企业）；
4. 《事业单位、社会团体、民办非企业单位收入项目明细表》（事业单位、社会团体、民办非企业单位企业）；
5. 《成本费用明细表》（一般企业用）；
6. 《金融企业成本费用明细表》（金融保险企业用）；
7. 《事业单位、社会团体、民办非企业单位支出明细表》（事业单位、社会团体、民办非企业单位用）；
8. 《纳税调整项目明细表》；
9. 《企业所得税弥补亏损明细表》；
10. 《税收优惠明细表》；
11. 《境外所得税抵免明细表》；
12. 《以公允价值计量资产纳税调整表》；
13. 《广告费和业务宣传费跨年度纳税调整表》；
14. 《资产折旧、摊销纳税调整明细表》；
15. 《资产减值准备项目调整明细表》；
16. 《长期股权投资所得（损失）明细表》；
17. 备案事项相关资料；
18. 总机构及分支机构基本情况、分支机构征税方式、分支机构的预缴税情况；
19. 委托中介机构代理纳税申报的，应出具双方签订的代理合同，并附送中介机构出具的包括纳税调整的项目、原因、依据、计算过程、调整金额等内容的报告；
20. 涉及关联方业务往来的，同时报送《中华人民共和国企业年度关联业务往来报告表》；
21. 《财务会计报表》，纳税人同一申报期申报多个税种的只需报送一份；
22. 境外所得税纳税证明和税收减免法律规定。

（五）申报操作流程

纳税人实行直接上门申报的，在申报期内，按照行业携带上述申报资料到主管税务机关申报，其同一期的财务报表资料已经报送的，不再重复报送。（注：企业财务年度报表不同于企业12月份的财务报表资料。）

实行网上申报的，在申报期内，通过互联网登陆"国税纳税服务网站"的网上报税模块，进入操作界面，按照提示进行申报纳税。其纸质申报资料可在年度申报期限内报送主管税务机关。

三、实训资料

（一）企业基本信息

1. 企业名称：济南市吉化制药公司
2. 企业性质：国有企业
3. 注册资本：5 000 万元
4. 纳税人识别号：130105678989
5. 从业人数：150 人

（二）经济业务资料

该企业 20＊＊年度实现产品销售收入 5 800 万元，其他业务收入 200 万元，应扣除的主营业务成本 5 000 万元，其他业务成本 50 万元，发生产品销售费用 300 万元、财务费用 128 元、管理费用 500 万元（其中业务招待费 30 万元）、营业税金及附加 17 万元，上一年度亏损 18 万元。该公司 20＊＊年发生了以下会计业务。

1. 全年列支合理工资支出 300 万元，发生职工福利费 50 万元，拨交工会经费 6 万元，发生职工教育经费 10 万元。
2. 直接向灾区受灾单位捐款 5 万元，通过公益性组织向地震灾区捐款 50 万元。
3. 发生广告费 200 万元。
4. 支付残疾职工工资 30 万元。
5. 将自产的价值 20 万元的产品用于发放职工福利，同期产品售价为 30 万元。
6. 本年提取固定资产折旧 60 万元（其中房屋建筑物 30 万元、机器设备 20 万元、电子设备 10 万元），按税法规定应计提折旧房屋建筑物 30 万元、机器设备 10 万元、电子设备 10 万元。
7. 预缴企业所得税 12 万元。
8. 发生行政性罚款支出 2 万元。
9. 当年 5 月 10 日，该企业以 600 万元购入乙公司股票 200 万元作为交易性金融资产，当年 12 月 31 日，该股票每股市价为 3.2 元，确认了 40 万元的公允价值变动损益。

（三）要求

填制所得税年度纳税申报表有关内容。

表 2 - 6　　　　　　　　　　企业所得税年度纳税申报表

税款所属期间：　年　月　日至　年　月　日

纳税人识别号：□□□□□□□□□□□□□□□　　　　　金额单位：元（列至角分）

纳税人名称：

	行次	项　目	金　额
收入总额	1	销售（营业）收入（请填附表一）	
	2	投资收益（请填附表三）	
	3	投资转让净收入（请填附表三）	
	4	补贴收入	
	5	其他收入（请填附表一）	
	6	收入总额合计（1＋2＋3＋4＋5）	

续表

	行次	项 目	金 额
扣除项目	7	销售（营业）成本（请填附表二）	
	8	主营业务税金及附加	
	9	期间费用（请填附表二）	
	10	投资转让成本（请填附表三）	
	11	其他扣除项目（请填附表二）	
	12	扣除项目合计（7＋8＋9＋10＋11）	
应纳税所得额的计算	13	纳税调整前所得（6－12）	
	14	加：纳税调整增加额（请填附表四）	
	15	减：纳税调整减少额（请填附表五）	
	16	纳税调整后所得（13＋14－15）	
	17	减：弥补以前年度亏损（填附表六）（17≤16）	
	18	减：免税所得（请填附表七）（18≤16－17）	
	19	加：应补税投资收益已缴所得税额	
	20	减：允许扣除的公益救济性捐赠额（请填附表八）	
	21	减：加计扣除额（请填附表九）（21≤16－17－18＋19－20）	
	22	应纳税所得额（16－17－18＋19－20－21）	
	行次	项 目	金 额
应纳所得税额的计算	23	适用税率	
	24	境内所得应纳所得税额（22×23）	
	25	减：境内投资所得抵免税额	
	26	加：境外所得应纳所得税额（请填附表十）	
	27	减：境外所得抵免税额（请填附表十）	
	28	境内、外所得应纳所得税额（24－25＋26－27）	
	29	减：减免所得税额（请填附表七）	
	30	实际应纳所得税额（28－29）	
	31	汇总纳税成员企业就地预缴比例	
	32	汇总纳税成员企业就地应预缴的所得税额（30×31）	
	33	减：本期累计实际已预缴的所得税额	
	34	本期应补（退）的所得税额	
	35	附：上年应缴未缴本年入库所得税额	

纳税人声明：此纳税申报表是根据《中华人民共和国企业所得税暂行条例》及其实施细则和国家有关税收规定填报的，是真实的、完整的。

法定代表人（签字）：   年   月   日

下 编

服务企业会计核算

第三章 物流企业基本经济业务

【实验目的】

本章会计核算实务以物流企业日常经营业务为主要内容,重点展示了物流企业对外采购、提供服务、核算成本与确认收入的基本过程。对于经营业务实例的选取,以突出物流企业与普通制造企业在存货采购、成本核算、服务提供与收入确认内容上的区别为主要目的,使学生熟悉物流企业会计核算的基本方法。另外,为了学习和落实"营改增"的税收政策,在案例选取中特意融入了物流企业适用增值税的计算方法与会计处理。

【实验要求】

本章实验要求学生掌握以下内容:
一是了解物流企业的特点与分类;
二是了解物流企业与普通制造企业会计核算的区别;
三是掌握物流企业存货、成本费用与收入的会计核算方法;
四是掌握物流企业增值税的计算与处理方法。

第一节 物流企业概述

物流企业是指从事物流活动的经济组织,是独立于生产领域之外,专门从事与商品流通有关的各种经济活动的企业,是在商品市场上依法进行自主经营、自负盈亏、自我发展、自我约束、具有法人资格的经营单位。具体来讲,物流企业是以物流为主体功能,同时必然伴随有商品流、资金流和信息流，包括仓储业、运输业、批发业、连锁商业和外贸行业。

商品的流通过程，一般分为购、销、存、运四个环节。物流企业的主要经济活动表现为：

购买商品。物流企业根据市场需求，用货币购买生产企业的产品，引入流通领域，这是物流过程的起点。

销售商品。物流企业将商品从流通领域返回生产消费的最终环节，这是物流过程的终点。

储存商品。物质产品离开生产领域，但还没有进入消费领域而在流通领域内的暂时停滞。

运送物质实体。物质产品在生产和消费之间的空间矛盾所决定的：物质产品的生产在空间位置上相对分散而消费相对集中，或者生产相对集中而消费相对分散，物流企业通过运送过程解决这一矛盾，满足消费的需求。

信息流通。物流企业在连接供需双方的市场中具有获取信息方面的极大优势，将市场供求变化和潜在信息反馈给供需双方，能够起到指导生产、引导消费、开拓市场和提高市场效率的作用。

第二节 物流企业会计核算特点

物流企业与工业企业相比，虽然都在《企业会计准则》的指导下进行会计核算，但由于其经营活动和业务的特殊性，物流企业表现出特定的行业特点：

一、物流企业存货的核算

物流企业主要从事运输、储存、装卸、搬运、包装、流通加工、配送、信息处理等服务，其存货主要为各种燃料及修理交通工具的备品备件、包装材料等，一般没有或很少有在产品和产成品存货。

物流企业的存货一般包括以下内容：

1. 材料。包括各种消耗性材料，如内胎、垫带等。物流企业营运的材料主要是指车辆、装卸设备、机械在维护、保养和修理过程中所耗用的材料。包括钢材、木材、润料等，也包括用于辅助生产部门的零配件和工业性作业所消耗的原料及主要材料和辅助材料。

2. 库存商品。包括物流企业外购和委托加工完成验收入库用于销售的各种商品。

3. 燃料。包括具有各种用途的液体、气体、固体燃料及可用于燃料的废料。燃料在物流企业营运过程中耗用的数量较大，是一项主要的物质消耗，同时车辆耗用燃料在领发手续上也较为复杂，为确保成本核算的相对准确，一般将燃料单独归类，进行专门的管理与核算。

4. 轮胎。包括车辆、装卸机械用的在库和车用轮胎外胎。

物流企业存货的日常核算方式有实际成本法和计划成本法两种，企业可以根据实际情况进行选择，一旦确定就应遵循一致性原则，不得随意更改。

二、物流企业成本费用的核算

物流企业成本费用主要是从事运输、储存、装卸、搬运等经营活动所发生的燃料、轮胎等费用、机构人员工资及其他相关税费等。与工业企业相比，物流企业因其经营业务性质不同，其费用的归集方法、成本的计算和结转的方法也不一样。

物流企业的费用要素（以汽车运输业务为例）一般包括以下内容：

（1）外购燃料；（2）外购轮胎；（3）外购材料；（4）工资；（5）外购低值易耗品；（6）折旧费；（7）保修费；（8）其他费用。

物流企业的成本项目（以汽车运输业务为例）一般分为直接材料、直接人工、其他直接费用和营运间接费用四项。

三、物流企业收入的核算

物流企业收入主要是运输、储存、装卸、搬运等服务收入，其收入通过"主营业务收入"科目核算。

四、物流企业涉税业务

经国务院批准，自2012年1月1日起，国家开始在上海交通运输业和部分现代服务业开展"营业税改增值税"税收政策试点工作。自2013年8月1日起，在全国范围内开展交通运输业和部分现代服务业"营改增"试点。纳税人提供交通运输业和部分现代服务业的应税服务，应当依法缴纳增值税，不再缴纳营业税；境内的单位或个人提供程租服务，如果租赁的交通工具用于国际运输服务和港澳台运输服务，由出租方按规定申请适用增值税零税率。

第三节 物流企业会计核算案例

一、企业基本信息

企业名称：东风物流有限公司
地址：上海自贸区明珠大道100号
电话：021-6868177。
纳税人识别号：3201032100001986
开户行及账号：上海浦发银行浦东分行 5156 7201 9898 1314
财务部门岗位设置：财务部门经理：李临
　　　　　　　　　会计主管：张笑
　　　　　　　　　会计人员：张庆、赵言
　　　　　　　　　出　　纳：李平、李红梅

东风物流公司是一家位于我国上海自贸区的大型物流公司,注册资本 5 000 万元人民币。公司所处行业为"交通运输、仓储和邮政业"(根据《上市公司行业分类指引》(2012 修订)),主营业务为普通货物运输(含国际物流、国内物流、口岸运输)、装卸搬运、仓储等,经营范围包括普通货运、装卸搬运,从事海上、航空、陆路国际与国内货物运输代理业务,仓储,五金机电、日用百货、建筑材料、化工原料及产品、金属制品、装饰材料、汽车配件、电子产品、化妆品、服装、鞋帽、自行车配件销售,物流信息咨询。公司共有两个货运车队(第一车队和第二车队)和一个船运分公司。自 2012 年 1 月 1 日起,国家开始在上海交通运输业和部分现代服务业开展"营业税改增值税"税收政策试点工作。经主管税务机关认定,公司为增值税一般纳税人,适用"提供交通运输业服务"税率为 11%,适用"部分现代服务业"中"物流辅助服务:仓储服务和装卸搬运服务"税率为 6%。另外,自 2013 年 8 月 1 日起,境内的单位或个人提供程租服务,如果租赁的交通工具用于国际运输服务和港澳台运输服务,由出租方按规定申请适用增值税零税率。

二、12 月份经济业务

1. 12 月 1 日,东风物流公司采购一批配件,买价 8 000 元(含税),运杂费 300 元(含税),以银行存款支付,原始凭证见相关单据 3 - 1 至单据 3 - 5。

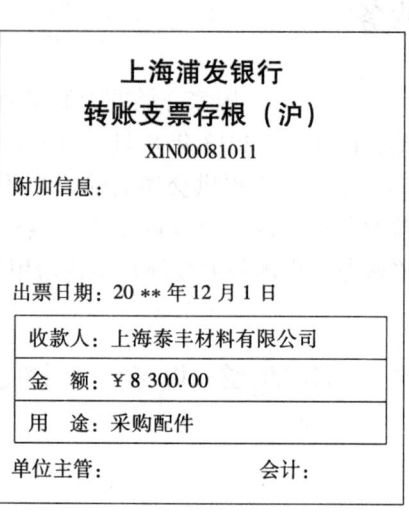

原始凭证 3 - 1

上海市增值税专用发票

发票联

No 130062140

开票日期：20** 年 12 月 1 日

购货单位	名　　称：东风物流有限公司 纳税人识别号：3201032100001986 地 址、电 话：上海自贸区明珠大道 100 号 　　　　　　　021 - 68681770 开户行及账号：上海浦发银行浦东分行 　　　　　　　5156 7201 9898 1314	密码区	(略)		
货物或应税劳务名称	规格型号	单位	数量	单价	金额	税率	税额
配件		批	1	6 837.61	6 837.61		1 162.39
合计			1		6 837.61	17%	1 162.39
价税合计（大写）	⊗捌仟圆整				(小写) ¥8 000.00		
销货单位	名　　称：上海泰丰材料有限公司 纳税人识别号：34020119462356 地 址、电 话：上海市长江路 25 号 　　　　　　　021 - 86773409 开户行及账号：工行上海市浦东区支行 　　　　　　　005570098733558	备注			

收款人：李奇　　复核：张庆　　开票人：赵思平

原始凭证 3 - 2

上海市增值税专用发票

抵扣联

No 130062140

开票日期：20** 年 12 月 1 日

购货单位	名　　称：东风物流有限公司 纳税人识别号：3201032100001986 地 址、电 话：上海自贸区明珠大道 100 号 　　　　　　　021 - 68681770 开户行及账号：上海浦发银行浦东分行 　　　　　　　5156 7201 9898 1314	密码区	(略)		
货物或应税劳务名称	规格型号	单位	数量	单价	金额	税率	税额
配件		批	1	6 837.61	6 837.61	17%	1 162.39
合计			1		6 837.61		1 162.39
价税合计（大写）	⊗捌仟圆整				(小写) ¥8 000.00		
销货单位	名　　称：上海泰丰材料有限公司 纳税人识别号：340201194623566 地 址、电 话：上海市长江路 25 号 　　　　　　　021 - 86773409 开户行及账号：工行上海市浦东区支行 　　　　　　　005570098733558	备注			

收款人：李奇　　复核：张庆　　开票人：赵思平

原始凭证 3 - 3

上海市增值税专用发票

No.130062145
开票日期：20**年12月1日
发票联

购货单位	名　　　称：东风物流有限公司 纳税人识别号：3201032100001986 地　址、电　话：上海自贸区明珠大道100号 　　　　　　　　021-68681770 开户行及账号：上海浦发银行浦东分行 　　　　　　　　5156 7201 9898 1314	密码区	（略）

货物或应税劳务名称	规格型号	单位	数量	单价	金额	税率	税额
运输					270.27	11%	29.73
合计					270.27		29.73

价税合计（大写）	⊗叁佰圆整		（小写）¥300.00

销货单位	名　　　称：上海丰顺物流有限公司 纳税人识别号：34020119462355 地　址、电　话：上海市长江路43号 　　　　　　　　021-86773409 开户行及账号：工行上海市浦东区支行 　　　　　　　　005570098733559	备注	（发票专用章）

收款人：刘天奇　　复核：张国庆　　开票人：李琦　　销货单位：（章）

原始凭证 3-4

上海市增值税专用发票

No.130062145
开票日期：20**年12月1日
抵扣联

购货单位	名　　　称：东风物流有限公司 纳税人识别号：3201032100001986 地　址、电　话：上海自贸区明珠大道100号 　　　　　　　　021-68681770 开户行及账号：上海浦发银行浦东分行 　　　　　　　　5156 7201 9898 1314	密码区	（略）

货物或应税劳务名称	规格型号	单位	数量	单价	金额	税率	税额
运输	9898				270.27	11%	29.73
合计	1314				270.27		29.73

价税合计（大写）	⊗叁佰圆整		（小写）¥300.00

销货单位	名　　　称：上海丰顺物流有限公司 纳税人识别号：34020119462355 地　址、电　话：上海市长江路43号 　　　　　　　　021-86773409 开户行及账号：工行上海市浦东区支行 　　　　　　　　005570098733559	备注	（发票专用章）

收款人：刘天奇　　复核：张国庆　　开票人：李琦　　销货单位：（章）

原始凭证 3-5

2. 12月3日，东风物流公司向外地购进一批轮胎，买价9 000元（含税），运杂费300元（含税，货到后用现金支付），货款已付，轮胎尚在运输途中。12月6日，采购轮胎运抵并验收入库，原始凭证见相关单据3-6至单据3-11。

托收凭证（汇款依据或收账通知） 1

委托日期：20**年12月3日　　付款期限：20**年12月10日

业务类别	委托收款（□邮划□电划）托收承付□邮划□电划						
付款人	全称	东风物流公司		收款人	全称	沈阳中策橡胶有限公司	
	账号	5156 7201 9898 1314			账号	01400822600777	
	地址	上海市　开户行　上海浦发银行浦东分行			地址	沈阳市　开户行　工行沈阳市于洪支行	
金额	人民币（大写）玖仟元整				千百十万仟佰拾元角分		
款项内容	轮胎	托收凭据名称	销售发票	附寄单据张数	转账转讫	2张	
	商品发运情况		货已发运	合同名称号码		购销合同07-0135号	
备注：　　　　　　　　　　　上列款项已划回收入你方账户内。							
复核：赵彦　　　　　　　　　收款人开户银行签章							
记账：张庆　　　　　　　　　20**年12月3日							

原始凭证3-6

材料入库单

材料科目：轮胎　　　　　　　　　　　　　　　　　　　　　　　　No.00011
材料类别：原料及主要材料　　　　　　　　　　　　　供应单位：沈阳中策橡胶有限公司
发票号码：130000621　　　　20**年12月6日　　　　　　　　收料仓库：1

材料名称	计量单位	数量		实际成本					
		应收	实收	买价		运杂费	其他	合计	单位成本
				单价	金额				
轮胎	批	1	1	7 692.31	7 692.31	270.27		7 962.58	

记账：张庆　　　　　　　　收料：孙高振　　　　　　　　制单：赵言

原始凭证3-7

辽宁省增值税专用发票 发票联

No 130000621
开票日期：20**年12月3日

购货单位	名　　称：	东风物流有限公司					
	纳税人识别号：	3201032100001986					
	地址、电话：	上海自贸区明珠大道100号 021-68681770					
	开户行及账号：	上海浦发银行浦东分行 5156 7201 9898 1314					

密码区　（略）

货物或应税劳务名称	规格型号	单位	数量	单价	金额	税率	税额
轮胎		批	1	7 692.31	7 692.31	17%	1 307.69
合计			1		7 692.31		1 307.69

价税合计（大写）	⊗玖仟圆整	（小写）￥9 000.00

销货单位	名　　称：	沈阳中策橡胶有限公司	备注
	纳税人识别号：	632314564776	
	地址、电话：	沈阳市海阳路483号 024-67350000	
	开户行及账号：	工行沈阳市支行 005570238733558	

收款人：常波　　复核：余华　　开票人：陈燕　　销货单位：（章）

原始凭证 3-8

辽宁省增值税专用发票 抵扣联

No 130000621
开票日期：20**年12月3日

购货单位	名　　称：	东风物流有限公司
	纳税人识别号：	3201032100001986
	地址、电话：	上海自贸区明珠大道100号 021-68681770
	开户行及账号：	上海浦发银行浦东分行 5156 7201 9898 1314

密码区　（略）

货物或应税劳务名称	规格型号	单位	数量	单价	金额	税率	税额
轮胎		批	1	7 692.31	7 692.31	17%	1 307.69
合计			1		7 692.31		1 307.69

价税合计（大写）	⊗玖仟圆整	（小写）￥9 000.00

销货单位	名　　称：	沈阳中策橡胶有限公司	备注
	纳税人识别号：	632314564776	
	地址、电话：	沈阳市海阳路483号 024-67350000	
	开户行及账号：	工行沈阳市支行 005570238733558	

收款人：常波　　复核：余华　　开票人：陈燕　　销货单位：（章）

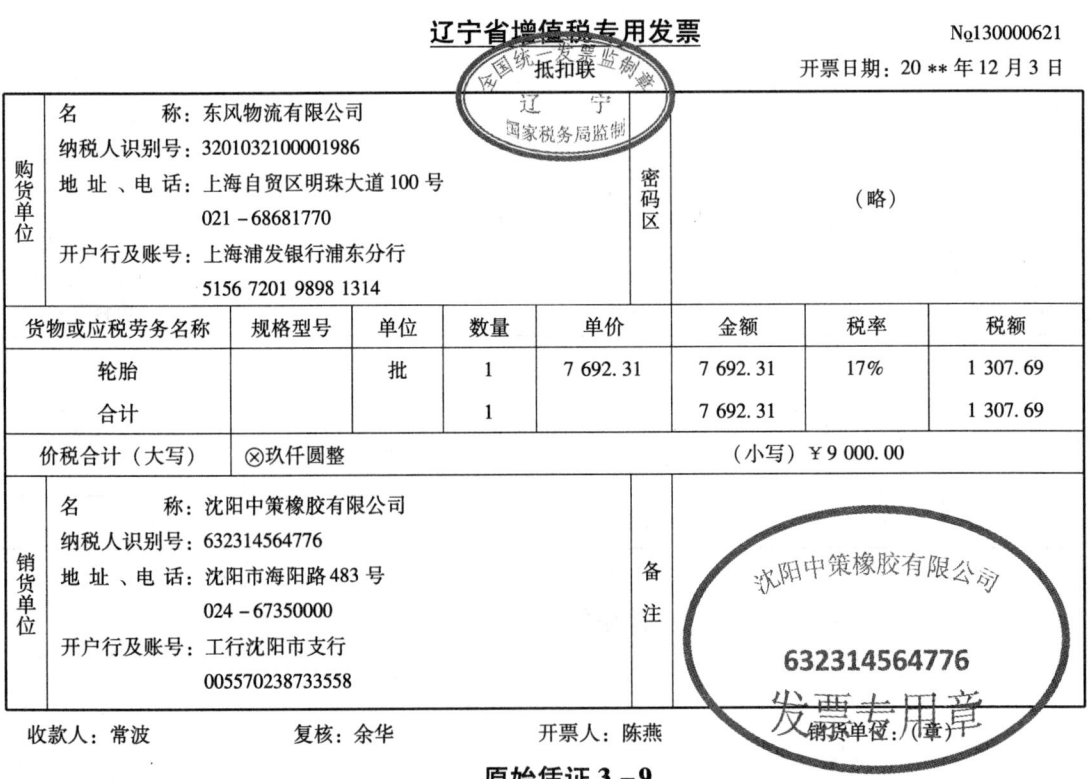

原始凭证 3-9

辽宁省增值税专用发票

No 130062222
开票日期：20＊＊年12月3日

发票联

购货单位	名　　称：东风物流有限公司 纳税人识别号：3201032100001986 地　址、电话：上海自贸区明珠大道100号　021－68681770 开户行及账号：上海浦发银行浦东分行　5156 7201 9898 1314				密码区	（略）		
货物或应税劳务名称	规格型号	单位	数量	单价	金额	税率	税额	
运输					270.27	11%	29.73	
合计					270.27		29.73	
价税合计（大写）	⊗叁佰元整				（小写）¥300.00			
销货单位	名　　称：沈阳通达物流有限公司 纳税人识别号：34020119442335 地　址、电话：沈阳市和平区青年大街88号　024－67360000 开户行及账号：工行沈阳市和平区支行　005570098733555				备注			

收款人：毕田　　复核：孙楠　　开票人：贾露露　　销货单位：（章）

原始凭证3－10

辽宁省增值税专用发票

No 130062222
开票日期：20＊＊年12月3日

抵扣联

购货单位	名　　称：东风物流有限公司 纳税人识别号：3201032100001986 地　址、电话：上海自贸区明珠大道100号　021－68681770 开户行及账号：上海浦发银行浦东分行　5156 7201 9898 1314				密码区	（略）		
货物或应税劳务名称	规格型号	单位	数量	单价	金额	税率	税额	
运输					270.27	11%	29.73	
合计					270.27		29.73	
价税合计（大写）	⊗叁佰元整				（小写）¥300.00			
销货单位	名　　称：沈阳通达物流有限公司 纳税人识别号：34020119442335 地　址、电话：沈阳市和平区青年大街88号　024－67360000 开户行及账号：工行沈阳市和平区支行　005570098733555				备注			

收款人：毕田　　复核：孙楠　　开票人：贾露露　　销货单位：（章）

原始凭证3－11

3. 12月5日，东风物流公司采用预付货款的形式向东海石油公司购进一批汽油，预付货款 30 000元。12月9日，本批汽油验收入库，根据汽油销售发票金额 66 000元（含税价），以银行存款补付货款 36 000元。原始凭证见相关单据3-12至单据3-16。

```
上海浦发银行
转账支票存根（沪）
XIN00081014

附加信息：

出票日期：20**年12月5日
收款人：东海石油公司
金    额：¥30 000.00
用    途：购买石油预付款
单位主管：         会计：
```

原始凭证 3-12

```
上海浦发银行
转账支票存根（沪）
XIN00081328

附加信息：

出票日期：20**年12月9日
收款人：东海石油公司
金    额：¥36 000.00
用    途：购买石油补付货款
单位主管：         会计：
```

原始凭证 3-13

材料入库单

材料科目：石油
材料类别：原料及主要材料
发票号码：130000622

No.00012
供应单位：东海石油公司
收料仓库：2

20**年12月9日

材料名称	计量单位	数量		实际成本					
		应收	实收	买价		运杂费	其他	合计	单位成本
				单价	金额				
石油	升	98 214	98 214	6.72	58 407.08				

记账：张庆　　　　　　　　　收料：孙高振　　　　　　　　　制单：赵言

原始凭证 3-14

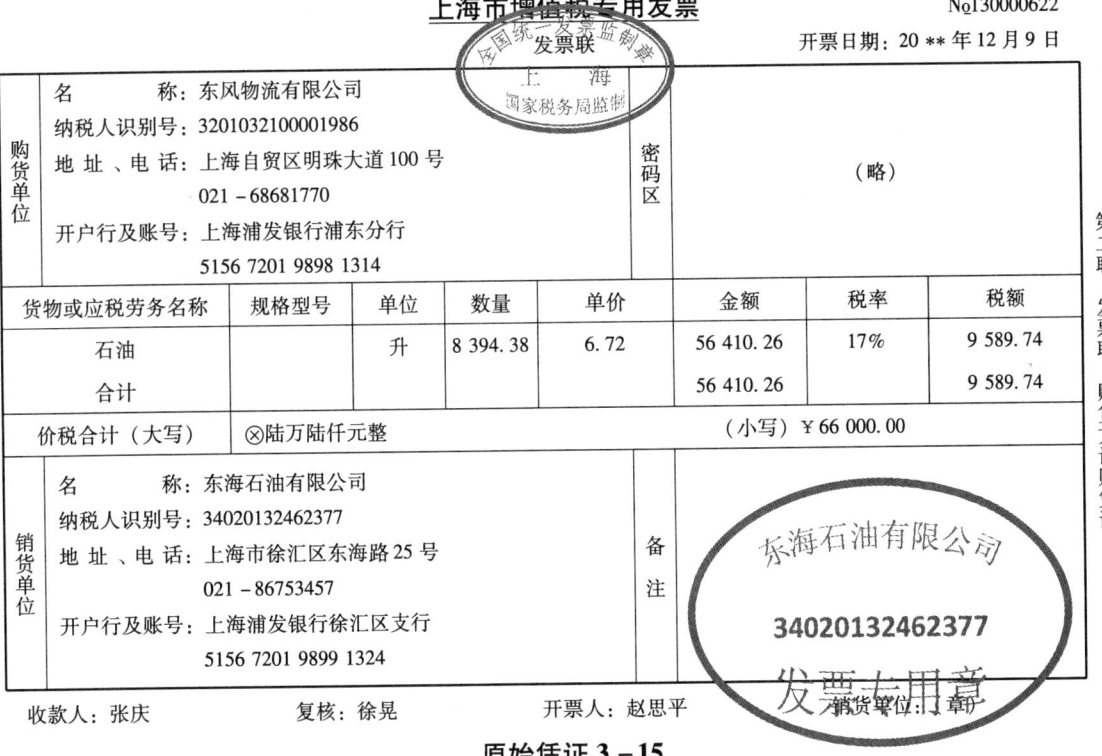

原始凭证 3–15

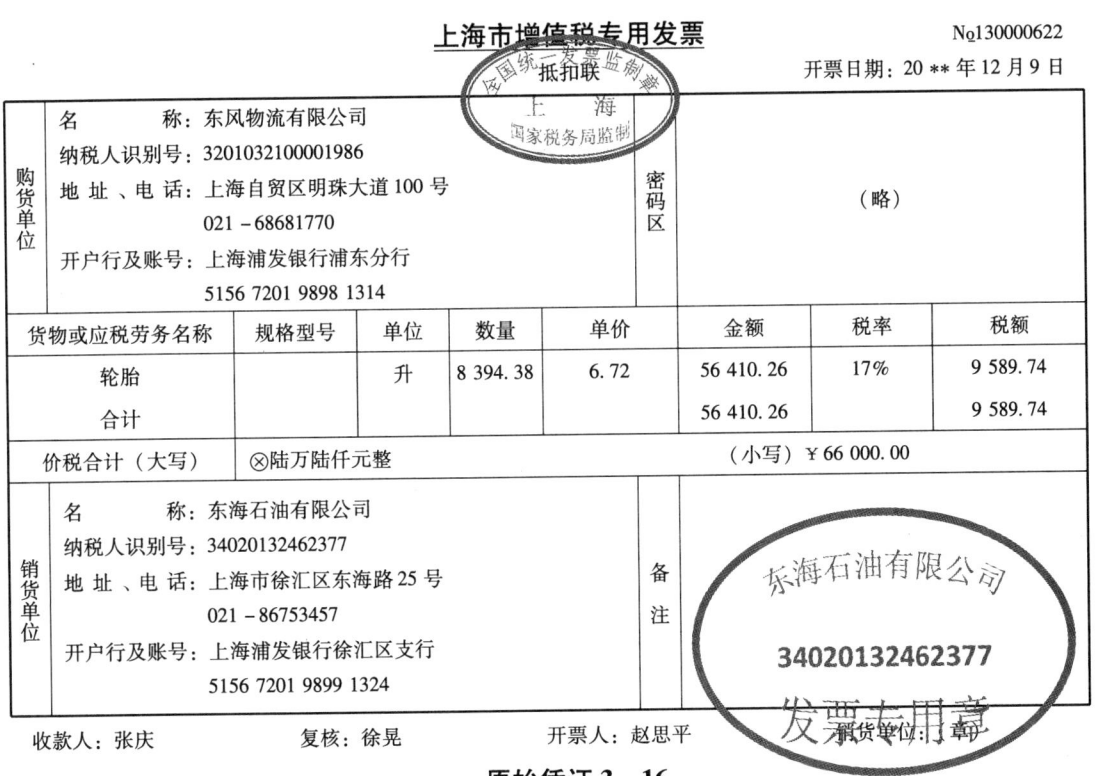

原始凭证 3–16

4. 11月30日，东风物流公司向京钢公司采购一批五金材料，已经提货并验收入库，月终发票账单尚未到达，暂估入库通知单的合同价格6 000元（不含税）。12月10日，发票账单到达公司，按发票实际金额5 600元（不含税）支付货款并入账。原始凭证见相关单据3-17至单据3-21。

材料暂估入库通知单

材料科目：五金材料　　　　　　　　　　　　　　　　　　　　　　　　　　No.00013
材料类别：原料及主要材料　　　　　　　　　　　　　　　　　　供应单位：京钢公司
发票号码：　　　　　　　　　　20**年11月30日　　　　　　　　　　收料仓库：1

材料名称	计量单位	数量		实际成本						备注
		应收	实收	买价		运杂费	其他	合计	单位成本	
				单价	金额					
五金材料	套	1		6 000	6 000					

记账：张庆　　　　　　　　　收料：孙高振　　　　　　　　　制单：赵言

原始凭证3-17

上海浦发银行
转账支票存根（沪）
XIN00084251

附加信息：

出票日期：20**年12月10日

| 收款人：京钢公司 |
| 金　额：￥6 620.00 |
| 用　途：购买五金材料 |

单位主管：　　　　会计：

原始凭证3-18

上海市增值税专用发票

No 1300624245
开票日期：20**年12月10日

发票联

购货单位	名　　称：东风物流有限公司 纳税人识别号：3201032100001986 地　址、电　话：上海自贸区明珠大道100号 　　　　　　　021-68681770 开户行及账号：上海浦发银行浦东分行 　　　　　　　5156 7201 9898 1314	密码区	（略）

货物或应税劳务名称	规格型号	单位	数量	单价	金额	税率	税额
五金材料		批	1	5 600	5 600	17%	1 020
合计							

价税合计（大写）	⊗陆仟陆佰贰拾元整	（小写）￥6 620.00

销货单位	名　　称：京钢有限公司 纳税人识别号：632314564776 地　址、电　话：上海市海权路25号 　　　　　　　021-68682354 开户行及账号：工行上海市徐汇区支行 　　　　　　　0055700987335 58	备注	京钢有限公司 632314564776 发票专用章

收款人：孙涛　　复核：张庆　　开票人：赵思平　　销货单位：（章）

第二联　发票联　购货方记账凭证

原始凭证3-19

上海市增值税专用发票

No 1300624245
开票日期：20**年12月10日

抵扣联

购货单位	名　　称：东风物流有限公司 纳税人识别号：3201032100001986 地　址、电　话：上海自贸区明珠大道100号 　　　　　　　021-68681770 开户行及账号：上海浦发银行浦东分行 　　　　　　　5156 7201 9898 1314	密码区	（略）

货物或应税劳务名称	规格型号	单位	数量	单价	金额	税率	税额
五金材料		批	1	5 600	5 600	17%	1 020
合计							

价税合计（大写）	⊗陆仟陆佰贰拾元整	（小写）￥6 620.00

销货单位	名　　称：京钢有限公司 纳税人识别号：632314564776 地　址、电　话：上海市海权路25号 　　　　　　　021-68682354 开户行及账号：工行上海市徐汇区支行 　　　　　　　0055700987335 58	备注	京钢有限公司 632314564776 发票专用章

收款人：孙涛　　复核：张庆　　开票人：赵思平　　销货单位：（章）

第三联　抵扣联　购货方扣税凭证

原始凭证3-20

材料入库单

材料科目：五金材料
材料类别：原料及主要材料
发票号码：1300624245

No.000452
供应单位：京钢公司
收料仓库：1

20**年12月10日

材料名称	计量单位	数量		实际成本					
		应收	实收	买价		运杂费	其他	合计	单位成本
				单价	金额				
五金材料	套	1		5 600	5 600				

记账：张庆　　　　收料：孙高振　　　　制单：赵言

原始凭证 3 - 21

5. 12月13日，东风物流公司向金城配件有限公司采购一批零配件，买价9 000元（不含税），运杂费300元（含税），货款已通过银行支付，材料尚在运输途中。

12月15日，采购零件运抵并验收时发现材料短缺，通过核实，实际收到的材料价值为8 500元，短缺的材料金额500元。通过与各方协商认定，其中应由发货方金城备件承担250元的赔偿责任，由承担运输的丰顺物流公司负责250元的赔偿责任。原始凭证见相关单据3 - 22至单据3 - 28。

材料入库单

材料科目：备件
材料类别：原料及主要材料
发票号码：130062445

No.052113
供应单位：金城备件有限公司
收料仓库：1

20**年12月15日

材料名称	计量单位	数量		实际成本					
		应收	实收	买价		运杂费	其他	合计	单位成本
				单价	金额				
备件	批	1	0.94	8 500	8 500	270.27		8 770.27	

记账：张庆　　　　收料：孙高振　　　　制单：赵言

原始凭证 3 - 22

上海浦发银行
转账支票存根（沪）
XIN000814212

附加信息：

出票日期：20**年12月13日

收款人：	金城备件有限公司
金　额：	￥10 530.00
用　途：	购进备件

单位主管：　　　　　　会计：

原始凭证 3 - 23

上海市增值税专用发票

No 130062445

开票日期：20**年12月13日

发票联

购货单位	名称：东风物流有限公司
	纳税人识别号：3201032100001986
	地址、电话：上海自贸区明珠大道100号 021-68681770
	开户行及账号：上海浦发银行浦东分行 5156 7201 9898 1314

密码区：（略）

货物或应税劳务名称	规格型号	单位	数量	单价	金额	税率	税额
备件		批	1	9 000.00	9 000.00	17%	1 530.00
合计			1		9 000.00		1 530.00

价税合计（大写）：⊗壹万零伍佰叁拾元整　（小写）¥10 530.00

销货单位	名称：金城备件有限公司
	纳税人识别号：3402011946532
	地址、电话：上海市徐汇区海环路35号 021-68681354
	开户行及账号：工行徐汇支行 005570098733558

备注：金城备件有限公司 340201946532 发票专用章

收款人：张三　　复核：张庆　　开票人：赵思平　　销货单位：（章）

第二联 发票联 购货方记账凭证

原始凭证 3-24

上海市增值税专用发票

No 1300621445

开票日期：20**年12月13日

抵扣联

购货单位	名称：东风物流有限公司
	纳税人识别号：3201032100001986
	地址、电话：上海自贸区明珠大道100号 021-68681770
	开户行及账号：上海浦发银行浦东分行 5156 7201 9898 1314

密码区：（略）

货物或应税劳务名称	规格型号	单位	数量	单价	金额	税率	税额
轮胎		批	1	9 000.00	9 000.00	17%	1 530.00
合计			1		9 000.00		1 530.00

价税合计（大写）：⊗壹万零伍佰叁拾元整　（小写）¥10 530.00

销货单位	名称：金城备件有限公司
	纳税人识别号：3402011946532
	地址、电话：上海市徐汇区海环路35号 021-68681354
	开户行及账号：工行徐汇支行 005570098733558

备注：金城备件有限公司 340201946532 发票专用章

收款人：张三　　复核：张庆　　开票人：赵思平　　销货单位：（章）

第三联 抵扣联 购货方扣税凭证

原始凭证 3-25

原始凭证 3-26

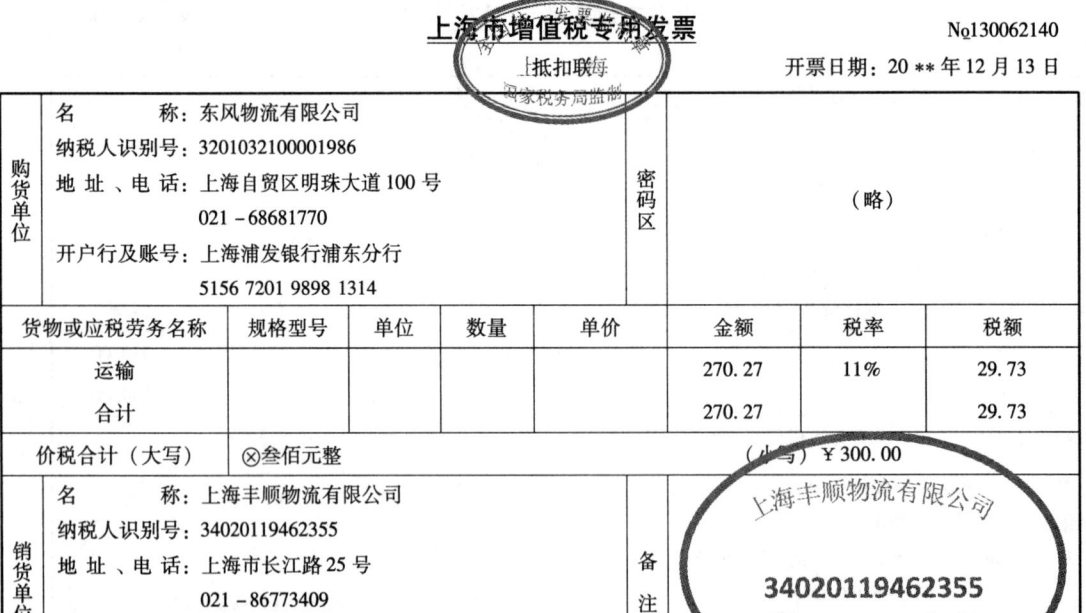

原始凭证 3-27

采购材料报损表

记录号：RX-J--93
使用号：RX-J--32

申请部门	采购部	申请人	宋伟安	申请时间	20**.12.15

材料报损原因：
采购的零件运抵验收时发现材料短缺，短缺的材料金额500元。通过与各方协商认定，发货方金城备件承担250元（贰佰伍拾元整）的赔偿责任，承担运输的丰顺物流公司负责250元（贰佰伍拾元整）的赔偿责任。 经办人签字：张丽

申请部门意见：
情况属实 负责人签字：张阳

财务部意见：
同意 财务部负责人签字：李临

公司领导意见：
同意 负责人签字：李庆明

原始凭证3-28

6. 12月15日，东风物流公司采购一批车辆维修备件，买价20 000元（含税），运杂费300元（含税），以银行存款支付，备件已验收入库。公司以计划成本法核算存货并计价，该批备件的计划成本为21 000元。原始凭证见相关单据3-29至单据3-34。

原始凭证3-29

材料入库单

材料科目：备件
材料类别：原料及主要材料
发票号码：00962142

20**年12月15日

No.000118
供应单位：东风汽车配件公司
收料仓库：1

材料名称	计量单位	数量		实际成本					单位成本
		应收	实收	买价		运杂费	其他	合计	
				单价	金额				
备件	批	1	1	17 094	17 094	270.27		17 364.27	

记账：王华　　　　　　　　　收料：孙高振　　　　　　　　　制单：王华

原始凭证 3－30

上海市增值税专用发票

No130062140
开票日期：20**年12月15日

购货单位	名　　称：东风物流有限公司
	纳税人识别号：3201032100001986
	地　址、电话：上海自贸区明珠大道100号
	021－68681770
	开户行及账号：上海浦发银行浦东分行
	5156 7201 9898 1314

密码区　（略）

货物或应税劳务名称	规格型号	单位	数量	单价	金额	税率	税额
备件		批	1	17 094.01	17 094.01	17%	2 905.99
合计					17 094.01		2 905.99

价税合计（大写）　⊗贰万元整　　　　　　　　　（小写）￥20 000.00

销货单位	名　　称：东风汽车配件有限公司
	纳税人识别号：34020462543564
	地　址、电话：上海市西宁路288号
	021－68351234
	开户行及账号：上海浦发银行浦东分行
	005570098733558

备注：东风汽车配件有限公司
34020462543564
发票专用章

收款人：李艳　　　复核：张兴　　　开票人：孙楠　　　销货单位：（章）

原始凭证 3－31

原始凭证 3-32

原始凭证 3-33

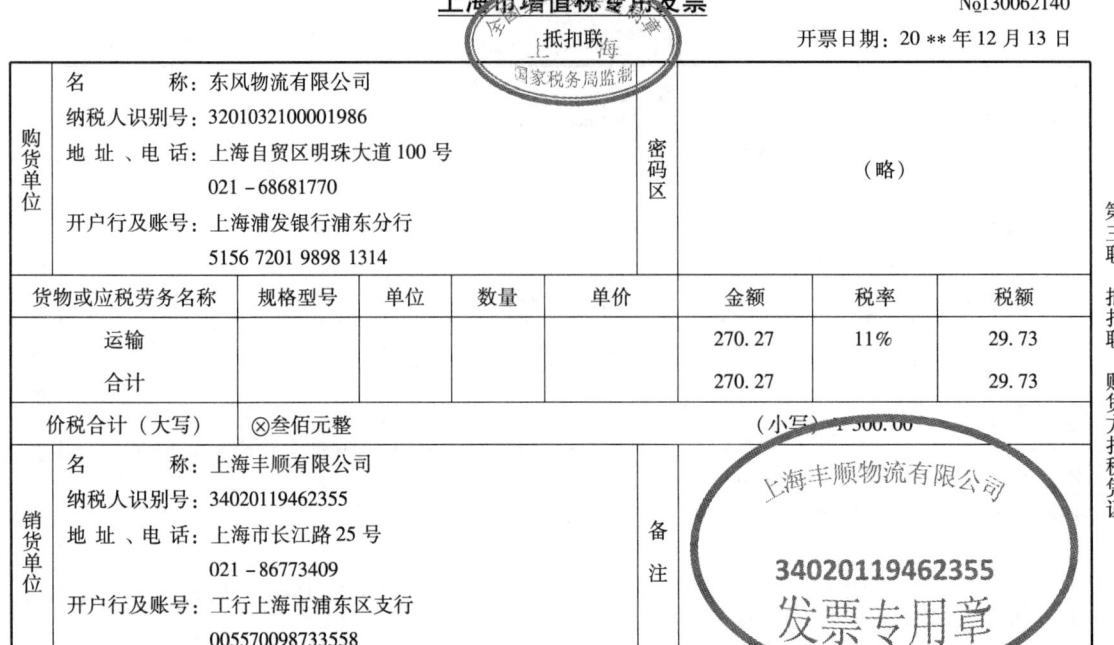

原始凭证 3-34

7. 东风物流公司采用计划成本进行材料核算，11月份甲材料"发料凭证汇总表"显示，保修车间领用 35 000 元，第一货运车队领用 5 000 元，第二货运车队领用 6 000 元，船运分公司领用 1 000 元，对外销售领用 3 000 元。该月该材料成本差异率 1%。

发料凭证汇总表

领用单位或用途	领用金额
保修车间	35 000
第一货运车队	5 000
第二货运车队	6 000
船运分公司	1 000
对外销售	3 000
合计	50 000

原始凭证 3-35

8. 根据东风物流公司11月份燃料发出汇总表，编制会计分录。同时，结转支出燃料应负担的成本差异，假设当月燃料成本差异率为 2%。

燃料发出汇总表

领用单位或用途	计划成本
第一货运车队	40 000
第二货运车队	45 000
船运分公司	3 000
对外销售	7 000
合计	95 000

原始凭证 3-36

9. 12月23日，东风物流公司第一车队领用一批新轮胎，计划成本为8 000元。原始凭证见相关单据3-37。

领 料 单

领用部门：第一车队
领料用途：轮胎
20**年12月23日
No.0067149

产品编号	产品名称	规格	单位	数量	单价	成本总额 万	千	百	十	元	角	分	产品明细账 页	号	说明
	轮胎		批	1	80 000		8	0	0	0	0	0			

会计 赵言　　记账 张庆　　保管 刘涛　　领料 孙晗　　制单 赵言

原始凭证 3-37

10. 12月24日，东风物流公司货运第一车队领用工具一批，实际成本为200元，采用一次摊销法。原始凭证见相关单据3-38。

领 料 单

领用部门：第一车队
领料用途：工具
20**年12月24日
No.0067150

产品编号	产品名称	规格	单位	数量	单价	成本总额 万	千	百	十	元	角	分	产品明细账 页	号	说明
	工具		批	1	2 000			2	0	0	0	0			

会计 赵言　　记账 张庆　　保管 刘涛　　领料 孙晗　　制单 赵言

第三联：记账

原始凭证 3-38

11. 12月24日，东风物流公司货运第二车队领用工具一批，实际成本为3 000元，使用6个月后报废，预计收回残值100元，采用五五摊销法进行核算。原始凭证见相关单据3-39和3-40。

领 料 单

领用部门：第二车队
领料用途：工具　　　　　　　　　　20**年12月24日　　　　　　　　　No.0067151

产品编号	产品名称	规格	单位	数量	单价	成本总额 万 千 百 十 元 角 分	产品明细账 页 号	说明
	工具		批	1	300 000	3 0 0 0 0 0		

第三联：记账

会计　赵言　　　记账　张庆　　　保管　刘涛　　　领料　孙晗　　　制单　赵言

原始凭证3-39

资产报废审批单

20**年12月24日

申报单位：东风物流货运第二车队　　　　　　　　　　　　　　　　金额单位：元

资产名称	工具	单位	批	数量	1	金额	3 000
报废原因	不能达到使用要求						
财务部门意见	同意 负责人：李临　经办人：张庆						
公司最高管理层意见	同意报废。 董事长：苏哲						
注明：如企业属于国有企业的还需报经上级主管部以及国有资产管理局审批。							

原始凭证3-40

12. 12月25日，东风物流公司在财产清查中发现盘亏燃料200公斤，每公斤实际成本15元。经调查并经管理层批准，由过失责任人——保管人李红赔偿700元，由保险公司负责赔偿800元，剩余部分计入管理费用。原始凭证见相关单据3-41。

燃料报损表

记录号：RX-J--632
使用号：RX-J-738

申请部门	物供部	申请人	朱位安	申请时间	20**.12.25
燃料报损原因： 　　在财产清查中发现燃料亏损，价值为3 000元（叁仟元整）。经调查并经管理层批准，由过失责任人——保管人李红赔偿700元（柒佰元整），由保险公司负责赔偿800元（捌佰元整），剩余1 500元（壹仟伍佰元整）计入管理费用。 　　　　　　　　　　　　　　　　　　　　　　　经办人签字：孙俪琳					
申请部门意见： 　　　　　　　　　　　　情况属实 　　　　　　　　　　　　　　　　　　　　负责人签字：张阳					
财务部意见： 　　　　　　　　　　　　同意 　　　　　　　　　　　　　　　　　　　　负责人签字：李临					
公司领导意见： 　　　　　　　　　　　　同意 　　　　　　　　　　　　　　　　　　　　负责人签字：李庆明					

原始凭证3-41

13. 东方物流公司对燃料柴油采用实地盘存制。12月份燃料耗用汇总表见相关单据3-42。

12月份各部门耗用柴油明细表

领用部门＼项目	月初车存数量	本月领用数量	月末车存数量	本月耗用数量	加权平均单价（元/升）	本月耗用金额（元）
第一货运车队	2 000	26 000	2 050	25 950	3.60	93 420
第二货运车队	1 850	24 900	1 950	24 800	3.60	89 280
修理车间		840		840	3.60	3 024
船运分公司	40	580	50	570	3.60	2 053
行政管理部门	60	1 380	80	1 360	3.60	4 896
合计	3 950	53 700	4 130	53 520	3.60	192 672

原始凭证3-42

14. 东风物流公司12月份行政管理部门及船运分公司发生的工资总额为111 000元，其中：第一车队40 160元，第二车队43 740元，船运分公司6 000元，修理车间8 000元，行政管理部门10 000元，机动司机和助手3 100元。该月第一车队营运货物920千吨公里，第二车队营运货物630千吨公里。

（1）按营运货物千吨公里分配机动司机和助手工资费用。
（2）根据工资及职工福利费用分配表分配工资。
原始凭证见相关单据3-43。

12 月份工资费用分配表

应借账户		成本项目	工资费用
主营业务成本	运输支出	第一货运车队 直接人工	40 160
		第二货运车队 直接人工	43 740
		船运分公司	6 000
辅助营运费用		修理车间	8 000
营运间接费用			3 100
管理费用			10 000
合计			111 000

原始凭证 3 - 43

15. 12 月份东风物流公司各部门固定资产折旧费用计算表。见相关单据 3 - 44。

12 月份各部门固定资产折旧费用汇总表

固定资产类别	使用部门	原始价值	月折旧率（%）	月实际行使公里	车辆月折旧率	月折旧额
运输工具	第一货运车队	2 520 000		115	388	44 620
	第二货运车队	2 210 000		127	314	39 878
	船运分公司	84 000	1			840
	行政管理部门	150 000	1			1 500
房屋及建筑物	第一货运车队	10 000	0.28			280
	第二货运车队	90 000	0.28			252
	修理车间	210 000	0.28			588
	船运分公司	300 000	0.21			630
	行政管理部门	650 000	0.21			1 365
机器设备	修理车间	400 000	0.8			3 200
办公设备	行政管理部门	200 000	0.8			1 600

原始凭证 3 - 44

16. 东风物流公司全部车辆全年保险费为 149 700 元，其中：第一车队 72 000 元，第二车队 70 200 元，船运分公司 3 000 元，行政管理部门 4 500 元，以银行存款转账支付保险费。原始凭证见相关单据 3 - 45。

保险业专用发票

开票日期：20＊＊年12月25日　　　　　　　　　　　发票代码：1242732
　　　　　　　　　　　　　　　　　　　　　　　　　发票号码：123

保险公司名称：中国平安保险股份有限公司　　复核：　　　经手人：刘丽

付款人：
Payer 东风物流公司
承保险种：
Coverage 车辆全年保险费

保险单号：　　　　　　　　　　　　　　批单号：
Policy No　　　　　　　　　　　　　　　End No
保险费金额（大写）：　　　　　　　　　（小写）：
Premium Amount (In Words) 拾肆万玖仟柒佰元整　(In Figures) ￥149 700
代收车船税（小写）：　　　　　　　　　滞纳金（小写）：
Vehicle & Vessel T...　　　　　　　　　Overdue fine
合计（大写）：　　　　　　　　　　　　（小写）：
Consist (In words) 拾肆万玖仟柒佰元整　　(In figures) ￥149 700
附注：
Remark　　081142411566

保险公司签章：　　　　　　　地址：　　　　　　　电话：

原始凭证 3－45

17. 12月30日，东风物流公司承接万利公司的货物运输业务，取得运输收入3 382 500元（含税），收到万利公司开具的转账支票，同时提供增值税专用发票。原始凭证见相关单据3－46、3－47和3－48。

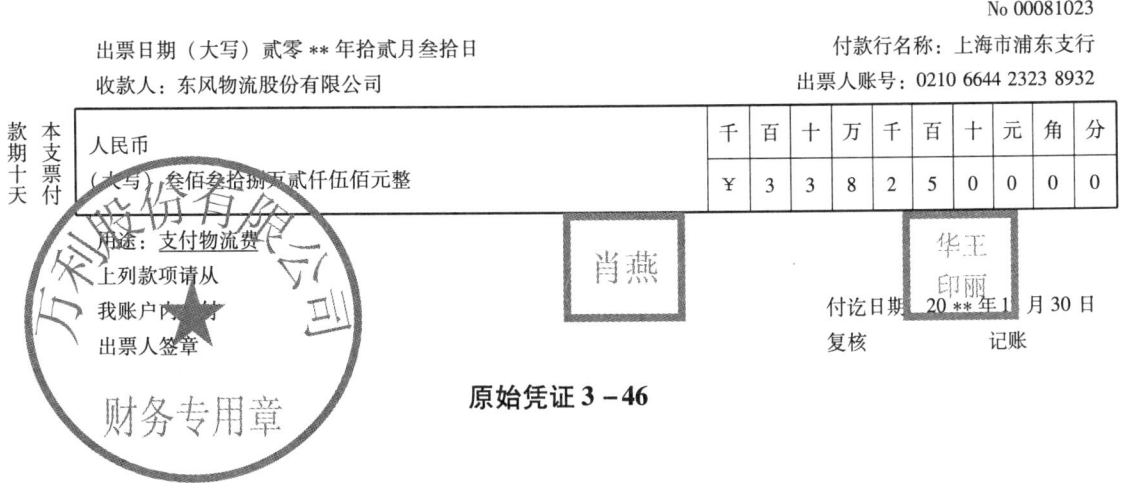

原始凭证 3－46

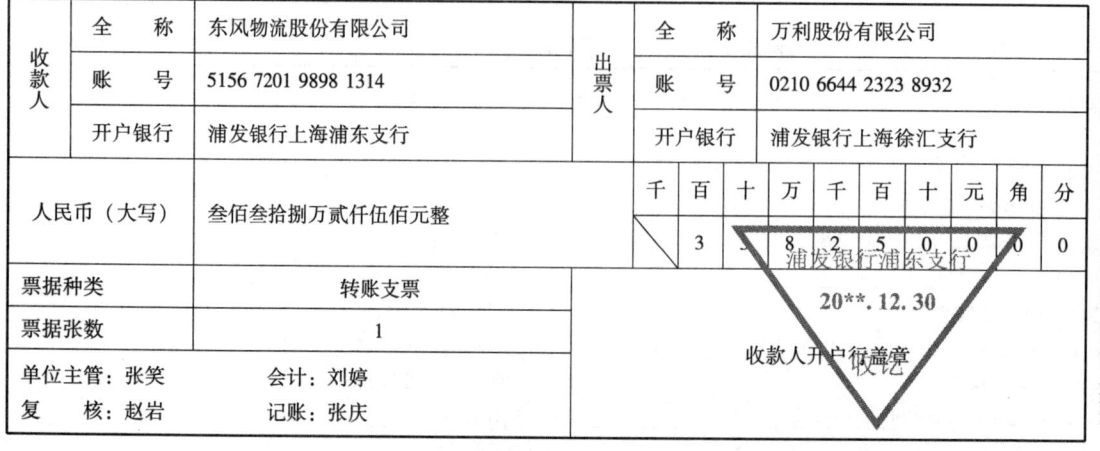

原始凭证 3-47

原始凭证 3-48

18. 东风物流公司船运分公司扬帆号货轮在 20**年12月第八航次承运上海至旧金山一批货物，全程 10 350 海里，预计此次运输任务收入 4 657 500 元，预计总成本 3 956 000 元，本月已入账 1 988 600 元，该航次至 12 月 31 日止已经航行 8 280 海里。

（1）20**年12月31日，用完工百分比法确认该航次当年的收入，并编制会计分录。

（2）20**年12月31日，用完工百分比法确认该航次当年的费用，并编制会计分录。

（3）20**年1月31日，扬帆号完成本航次运输任务，确认该航次当年运输收入。
原始凭证见相关单据3-49至单据3-54。

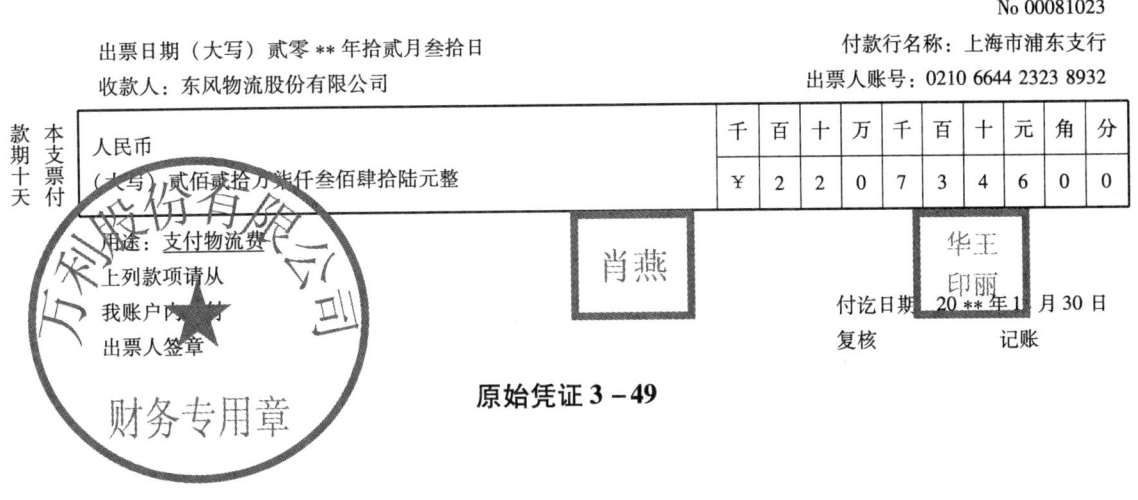

原始凭证3-49

上海浦东发展银行进账单（收账通知）

20**年12月30日　　　　　　　　　　　　　第074号

收款人	全　称	东风物流股份有限公司	出票人	全　称	万利股份有限公司	此联是收款人开户银行交给收款人的收账通知
	账　号	5156 7201 9898 1314		账　号	0210 6644 2323 8932	
	开户银行	浦发银行上海浦东支行		开户银行	浦发银行上海徐汇支行	
人民币（大写）		贰佰贰拾万柒仟叁佰肆拾陆元整	千 百 十 万 千 百 十 元 角 分　　　　2 2 0 7 3 4 6 0 0			
票据种类		转账支票				
票据张数		1				
单位主管：张笑　　会计：刘婷 复　核：赵岩　　记账：张庆						

原始凭证3-50

原始凭证 3-51

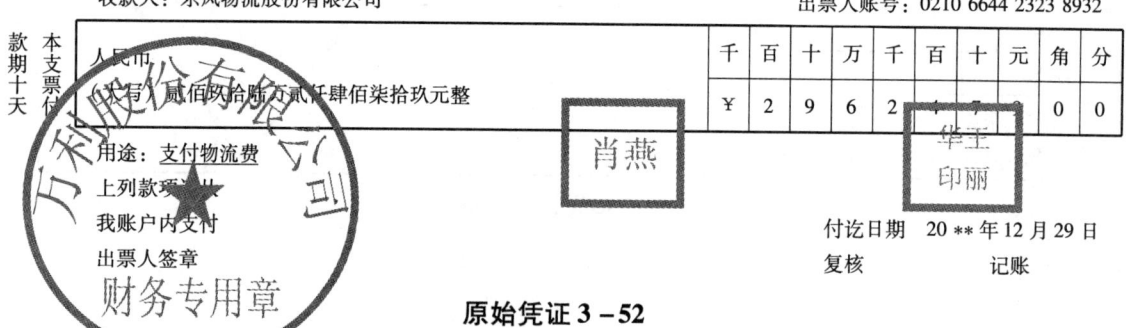

原始凭证 3-52

上海浦东发展银行进账单（收账通知）

20**年12月29日　　　　　　　　　　　　　　　第089号

收款人	全　称	东风物流股份有限公司	出票人	全　称	万利股份有限公司
	账　号	5156 7201 9898 1314		账　号	0210 6644 2323 8932
	开户银行	浦发银行上海浦东支行		开户银行	浦发银行上海徐汇支行

人民币（大写）	贰佰玖拾陆万贰仟肆佰柒拾玖元整	千	百	十	万	千	百	十	元	角	分
			2	9	6	2	4	7	9	0	0

票据种类	转账支票
票据张数	1
单位主管：张笑　　会计：刘婷	
复　核：赵岩　　记账：张庆	

此联是收款人开户银行交给收款人的收账通知

原始凭证 3-53

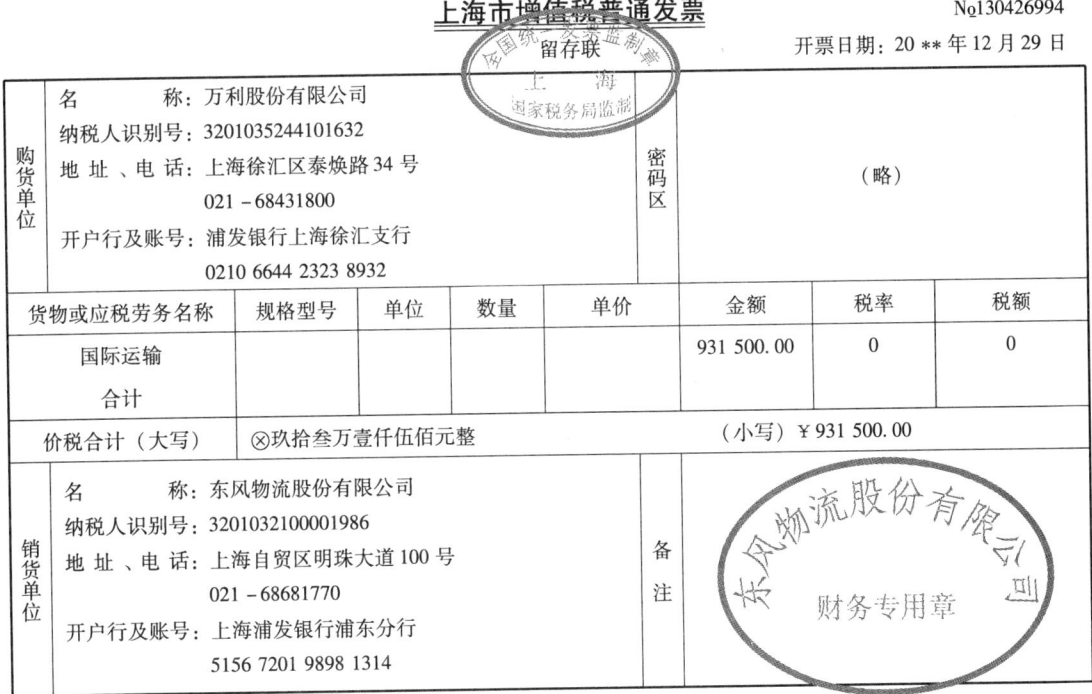

原始凭证 3-54

三、要求

根据以上经济业务，编制记账凭证并登记明细账和总账。

— 165 —

第四章 房地产企业基本经济业务

【实验目的】

本章会计核算实务以房地产企业日常经营活动为主要内容,重点介绍了房地产企业的存货核算、成本费用核算、收入核算和企业的涉税业务等。通过模拟房地产企业某个会计期间各项经济业务的会计处理,使学生了解我国房地产行业的现行法规,熟悉房地产企业会计核算和监督的内容,掌握房地产企业各种经济业务会计核算的基本方法,提升其财务管理能力和会计核算的实务水平。

【实验要求】

本章实验要求学生掌握以下内容:
一是了解房地产企业的概念与特点;
二是掌握房地产企业开发间接费用的归集和分配、土地开发成本核算、配套设施开发成本核算、房屋开发成本核算、代建工程开发成本核算等经济业务的具体处理方法;
三是掌握房地产企业增值税的处理方法。

第一节 房地产企业概述

房地产业作为不同于建筑业的独立行业,它集房地产开发、建设、经营、管理和服务为一体,属于第三产业。房地产企业的主要经济活动包括房地产开发、经营、管理与服务。
1. 房地产开发。主要包括:土地开发、房屋开发和配套设施及代建工程开发。土地开发是指对土地进行平整、建筑物拆除、地下管线铺设和道路等基础设施的建设；房屋开发是指商品房、商厦、饭店、学校、厂房和其他用房的开发建设。

2. 房地产经营。在我国，房地产经营主要是指出售和租赁，是房地产从生产进入消费过程中的两种基本形式。其中，房地产出售是土地使用权和房屋所有权的转让；房地产租赁是指房地产使用权的转移，并不改变其所有权。

3. 房地产管理与服务。主要包括：产权管理、产业管理与物业管理。房地产产权管理是指房地产企业对其开发完成的商品性建设场地和商品房的法定所有权的取得、转让进行管理；房地产产业管理是指房地产企业对其经营的场地、房屋和基础设施等进行的数量、价值和质量的管理；房地产物业管理是指对出售和租赁后的房地产的各种服务，包括房屋和基础设施的维修保养，房屋的装饰装修，住宅小区的清洁、绿化、治安保卫和通话通邮等。

上述经济活动是由房地产开发公司、房地产经营公司、房地产交易所、物业管理公司等机构完成的。考虑到我国房地产企业大多集开发与经营于一身的现状，此处所指的房地产企业，其业务范围主要包括房地产开发、房地产经营，不包含房地产管理与服务（由专门的物业管理公司等完成）。

第二节 房地产企业会计核算特点

与工业企业相比，房地产企业虽然也在《企业会计准则》的指导下进行会计核算，但由于其开发流程的特殊性，表现出其特定的行业特点：

一、房地产企业存货的核算

房地产企业的存货是指在开发经营过程中，为房地产建设而储存的各种资产。对于自行开发并建设的房地产企业，其存货包括各种原材料、库存设备、低值易耗品、委托加工材料、在建开发产品、开发产品、出租开发产品和周转房等。若不承担施工项目的房地产开发公司，其存货内容核算比较简单，主要是在建开发产品和开发产品。在建开发产品是指房地产企业正在开发建设过程中的开发产品。开发产品是房地产企业已经开发完成并已验收合格，可以按照合同规定的条件移交购货单位，或者可以作为商品对外销售的产品。

二、房地产企业成本费用的核算

房地产的开发建设和经营，是房地产企业的基本经济活动。而房地产开发成本的计算，是房地产企业会计核算的中心环节。

1. 房地产开发成本的含义及内容。房地产企业开发成本是房地产企业在房地产开发经营过程中所耗费对象化的各项费用。房地产企业产品成本按其用途，可分为土地开发成本、房屋开发成本、配套设施开发成本和代建工程开发成本。其中，房地产企业土地开发成本是房地产企业开发土地（即建设场地）所发生的各项费用支出。房地产企业房屋开发成本是房地产企业开发各种房屋（包括商品房、出租房、周转房、代建房等）所发生的各项费用支出。房地产企业配套设施开发成本是房地产企业开发能有偿转让的大型配套设施及不能有偿转让、不能直接计入开发成本的公共配套设施所发生的各项费用支出。房地产企业代建工程开发成本是房地产企业接受委托单位的委托，代为开发土地、房屋以外的其他工程，如市政工程等所发生的各项费用支出。

2. 成本项目。在房地产企业会计核算业务中，将房地产企业开发产品成本划分为以下六个成本项目：（1）土地征用补偿费。土地征用补偿费是因开发房地产征用土地所发生的各项费用，包括征地费、安置费以及原有建筑的拆迁补偿费，或采用批租方式取得土地的批租地价。（2）前期工程费。前期工程费是土地、房屋开发过程中发生的规划、设计、可行性研究，以及水文地质勘察、测绘、场地平整等费用。（3）基础设施费。基础设施费是土地、房屋开发过程中发生的供水、供电、供气、排污、通信、照明、绿化、环卫设施以及道路等基础设施费用。（4）建筑安装工程费。建筑安装工程费是土地房屋开发项目在开发过程中按建筑安装工程施工图施工，所发生的各项建筑安装工程费和设备费。（5）配套设施费。配套设施费是在开发小区内发生，可计入土地、房屋开发成本的，不能有偿转让的公共配套设施费用，如锅炉房、水塔、居委会、派出所、幼儿园、消防设施、自行车棚、公厕等设施支出。（6）开发间接费用。开发间接费用是房地产企业内部独立核算单位及开发现场为开发房地产而发生的各项间接费用，包括现场管理机构人员工资、福利费、折旧费、修理费、办公费、水电费、劳动保护费、周转房摊销等。

3. 账户设置。为了归集房地产企业发生的各项费用和正确反映各开发项目的实际成本，房地产企业应专门设置以下两个主要账户：

（1）"开发成本"账户。用来核算房地产企业的土地、房屋、配套设施和代建工程的开发过程中所发生的各项费用，以及房地产企业对出租房进行装饰及增补室内设施而发生的出租房工程支出。其借方登记房地产企业在开发过程中发生的各项费用，其中属于直接费用的土地征用及拆迁补偿费、前期工程费、基础设施费和建筑安装工程费等，于发生时直接计入有关的开发产品成本；属于应由开发产品成本负担的间接费用，应先在"开发间接费用"账户进行归集，月末再按一定的分配标准计入有关的开发产品成本。贷方登记结转房地产企业已经开发完成并验收合格的土地、房屋、配套设施和代建工程的实际成本，以及房地产企业对出租房屋进行装饰及增补室内设施已完工工程成本。期末借方余额反映房地产企业在建开发项目的实际成本。该账户应按开发成本的种类，如"土地开发成本"、"房屋开发成本"、"配套设施开发成本"、"代建工程开发成本"等设置明细账，并在明细账下对成本核算对象和成本项目进行明细核算。

（2）"开发间接费用"账户。用来核算房地产企业内部独立核算单位及开发现场管理机构为开发产品而发生的各项间接费用。其借方登记房地产企业发生的各项间接费用；贷方登记分配转入有关成本核算对象的各项间接费用；期末无余额。该账户应按房地产企业内部不同的单位、部门（分公司）及开发现场设置明细账进行核算。

三、房地产企业收入的核算

房地产企业收入是房地产企业在日常活动中形成的、会导致所有者权益增加的、与所有者投入资本无关的经济利益的总流入。主要包括：主营业务收入、其他业务收入、分期收款销售收入和开发产品预售收入等。

1. 主营业务收入。房地产企业的主营业务是从事土地开发、房屋开发、配套设施开发和代建工程开发等，因此，房地产企业主营业务收入是其对外转让、销售、结算和出租开发产品等所取得的收入。

2. 其他业务收入。房地产企业从事其他多种经营取得的收入，如商品房售后服务收入、饮食服务收入，以及销售材料、转让无形资产、出租固定资产等形成的收入。

3. 分期收款销售收入。房地产企业对土地和商品房采取分期收款销售办法的，由于其产品价值较大，收款期限较长，应收款项较多，通常可以按照合同规定的收款时间分次转入收入。

4. 开发产品预售收入。房地产企业采取预售方式销售开发产品的，其当期取得的预售收入先按规定的利润率计算出预计营业利润额，再并入当期应纳税所得额，统一计算交纳房地产企业所得税，待开发产品完工时再进行结算调整。

四、房地产企业涉税业务

经国务院批准，自2016年5月1日起，房地产业进入营改增试点，适用税率11%。房地产业涉及的税种主要包括：增值税11%、城建税7%、教育费附加3%、土地增值税（税率包括四级超额累进税率，即：增值额未超过扣除项目金额50%的部分，税率30%；增值额超过扣除项目金额50%，未超过扣除项目金额100%的部分，税率40%；增值额超过扣除项目金额100%，未超过扣除项目金额200%的部分，税率50%；增值额超过扣除项目金额200%的部分，税率为60%）、房产税（按房产余值计算缴纳的，税率为1.2%；按房产租金收入计算缴纳的，税率为12%）、土地使用税、印花税、契税和企业所得税等。

第三节 房地产企业会计核算案例

一、背景资料

企业名称：济泉房地产开发股份有限公司
企业类型：房地产开发企业
地址：山东省济南市历下区文化西路3号
电话：0531-86743456
开户行及账号：中国工商银行济南市历下区支行 01102668665621
纳税人类型：增值税一般纳税人
国家税务局、地方税务局《税务登记证》登记号：334066552213
财务部门岗位设置：1. 财务部门经理：余笑。
       2. 会计主管：赵霞。
       3. 会计人员：李平、张庆、赵思平、宋平、李红梅。
济泉房地产开发股份有限公司是一家位于山东的房地产开发公司，注册资本2.5亿元人民币,拥有资产57亿元,拥有建设部颁发的国家一级开发资质、甲级设计资质。公司设有行政管理、劳动人事、财务、计划预算、现场管理、销售等职能部门,是融设计、拆迁、施工、销售、售后服务、工程监理为一体的企业。企业执行《会计法》、《企业会计准则》、《房地产企业会计制度》、《房地产企业财务报告条例》等法律、法规。

该公司设置"开发成本"账户用来核算房地产企业的土地、房屋、配套设施和代建工程开发过程中所发生的各项费用,主要包括"土地开发成本"、"房屋开发成本"、"配套设施开发成本"、"代建工程开发成本"等明细账户;设置"开发间接费用"账户核算公司下属的现场管理部门发生的各项间接费用。该公司新建小区中,包含主要配套设施两项:超市和幼儿园。其中,超市建成后,有偿转让给商业部门;幼儿园与商品房等不同步开发,其支出经批准采用预提办法。

二、12月份经济业务

1. 12月2日,现场管理部门李群报销办公用品2 100元(发票含物品明细)。有关原始凭证见单据4-1和4-2。

原始凭证4-1

```
        中国工商银行
      现金支票存根（鲁）
        Ⅳ Ⅱ 20496025
    ____附加信息

    出票日期：20**年12月02日
    | 收款人：新华文体用品文东店 |
    | 金　额：￥2 100.00 |
    | 用　途：购买办公用品 |
    | 单位主管：　　会计： |
```

原始凭证 4-2

2. 12月5日，支付现场管理部门上月水电费。水费有关原始凭证见单据 4-3 和 4-4。电费有关原始凭证见单据 4-5 和 4-6。

第 0075241 号
委托号码：00034

| 委邮 | 委托银行收款 结算凭证（支款通知） | 5 |

付款期限 20**年12月5日
延期期限　　年　月　日

委托日期 20**年12月5日

收款单位	全　称	济南市自来水公司	付款单位	全　称	济泉房地产开发股份有限公司
	账　号	01648927456734		账　号	01102668665621
	开户银行	工行济南市文东支行		开户银行	工行济南市历下支行

委收金额	人民币：（大写）壹万伍仟陆佰元整	千	百	十	万	千	百	十	元	角	分
					1	5	6	0	0	0	0

| 款项内容 | 水费 | 委托收款凭据名称 | | 附寄单证张数 | 1张 |

备注：

付款单位注意：
1. 根据结算方式规定，上列委托收款，如在付款期限内未拒付时，即视同全部同意付款，以此联代支款通知。
2. 如需提前付款或多付少付款时，应另写书面通知送银行办理。
3. 如来全部或部分拒付，应在付款期限内另填拒绝付款理由书送银行办理。

（此联是收款单位开户行通知付款单位按期付款的通知）

原始凭证 4-3

山东省增值税专用发票

发票联

No.130062140
开票日期：20**年12月5日

购货单位	名　　称：济泉房地产开发股份有限公司
	纳税人识别号：334066552213
	地　址、电话：山东省济南市历下区文化西路3号 0531－86743456
	开户行及账号：工行济南市历下支行 01102668665621

密码区：（略）

货物或应税劳务名称	规格型号	单位	数量	单价	金额	税率	税额
水费		吨	2 600.00	6.00	13 805.31	13%	1 794.69
合计			2 600.00		13 805.31		1 794.69

价税合计（大写）：⊗壹万伍仟陆佰元整　　　（小写）￥15 600.00

销货单位	名　　称：济南市自来水公司
	纳税人识别号：067380705671
	地　址、电话：山东省济南市天桥区堤口路1号 0531－86773409
	开户行及账号：工行济南市文东支行 01648927456734

备注：
济南市自来水公司
0016528226667
发票专用章

收款人：张平　　复核：赵庆　　开票人：李思平　　销货单位：（章）

第二联：发票联　购货方记账凭证

原始凭证 4－4

原始凭证 4－5

						第0075241号
委邮	委托银行收款 结算凭证（支款通知）	5				委托号码：00034
						付款期限20＊＊年12月5日
						延期期限　年　月　日

委托日期20＊＊年12月5日

收款单位	全　称	山东电力公司	付款单位	全　称	济泉房地产开发股份有限公司	此联是收款单位开户行通知付款单位按期付款的通知
	账　号	02219546789901		账　号	01102668665621	
	开户银行	农行济南市历下支行		开户银行	工行济南市历下支行	
委收金额		人民币：（大写）贰万柒仟元整	千 百 十 万 千 百 十 元 角 分　　　　2 7 0 0 0 0 0			
款项内容	电费	委托收款凭据名称		附寄单证张数	1 张	
备注：						

付款单位注意：
1. 根据结算方式规定，上列委托收款，如在付款期限内未拒付时，即视同全部同意付款，以此联代支款通知。
2. 如需提前付款或多付少付款时，应另写书面通知送银行办理。
3. 如系全部或部分拒付，应在付款期限内另填拒绝付款理由书送银行办理。

原始凭证 4-6

3. 按照开发产品实际发生的直接成本（包括土地征用及拆迁补偿费、批租地价、前期工程费、基础设施费、建筑安装工程费、配套设施费等），分配开发间接费用 752 750 元。有关原始凭证见单据 4-7 和 4-8。

开发间接费用明细表

单位：元

项　目	金额	备注
现场管理人员工资	470 000	
提取职工福利费等	82 250	
计提固定资产折旧	75 000	
支付办公费	2 100	
支付水费	15 600	
支付电费	27 000	
支付其他费用	80 800	
合计	752 750	

原始凭证 4-7

开发间接费用分配表

单位：元

开发产品编号名称	直接成本	分配开发间接费
101 商品房	150 000 000	
103 商品房	220 000 000	
121 出租房	130 000 000	
131 周转房	150 000 000	
201 配套设施——超市	260 000 000	
301 商品性土地	180 000 000	
合计	1 090 000 000	752 750

原始凭证 4-8

4. 12月13日，支付征地拆迁费150万元，用于新建小区配套设施——超市的建设支出。有关原始凭证见单据4-9。

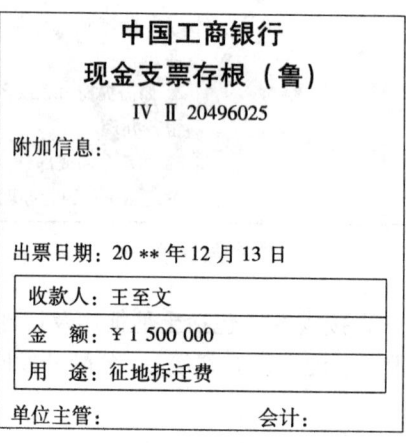

原始凭证 4-9

5. 12月14日，支付建筑设计单位设计款202 000元，用于小区配套设施——超市的建设支出。有关原始凭证见单据4-10和4-11。

原始凭证 4-10

山东省增值税专用发票

No130062140
开票日期：20＊＊年12月14日

发票联

购货单位	名称：济泉房地产开发股份有限公司 纳税人识别号：334066552213 地址、电话：山东省济南市历下区文化西路3号　0531-86743456 开户行及账号：工行济南市历下支行　01102668665621	密码区	（略）

工程项目名称	工程项目编号	结算项目	金额	税率	税额
配套设施——超市	201	设计款	181 981.90	11%	20 018.10
合计			18 1981.90		20 018.10

价税合计（大写）：贰拾万零贰仟元整　　　　　　　（小写）¥ 202 000.00

销货单位	名称：济南天慈建筑有限公司 纳税人识别号：010450012388 地址、电话：山东省济南市市中区金泉路1号　0531-2268055 开户行及账号：建行济南市金泉支行　01000002446565	备注	

收款人：赵平　　　复核：李庆　　　开票人：张思平　　　销货单位：（章）

第二联：发票联　购货方记账凭证

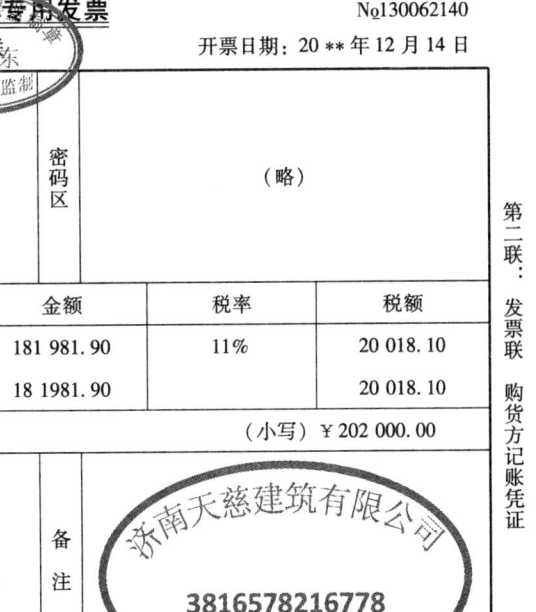

原始凭证 4-11

---

6. 12月17日，支付超市的承包单位工程价款20万元。有关原始凭证见单据4-12和4-13。

中国工商银行
现金支票存根（鲁）
Ⅳ Ⅱ 20496025

附加信息：

出票日期：20＊＊年12月17日

| 收款人：济南三安集团 |
| 金　额：¥ 200 000.00 |
| 用　途：超市工程款 |

单位主管：　　　会计：

原始凭证 4-12

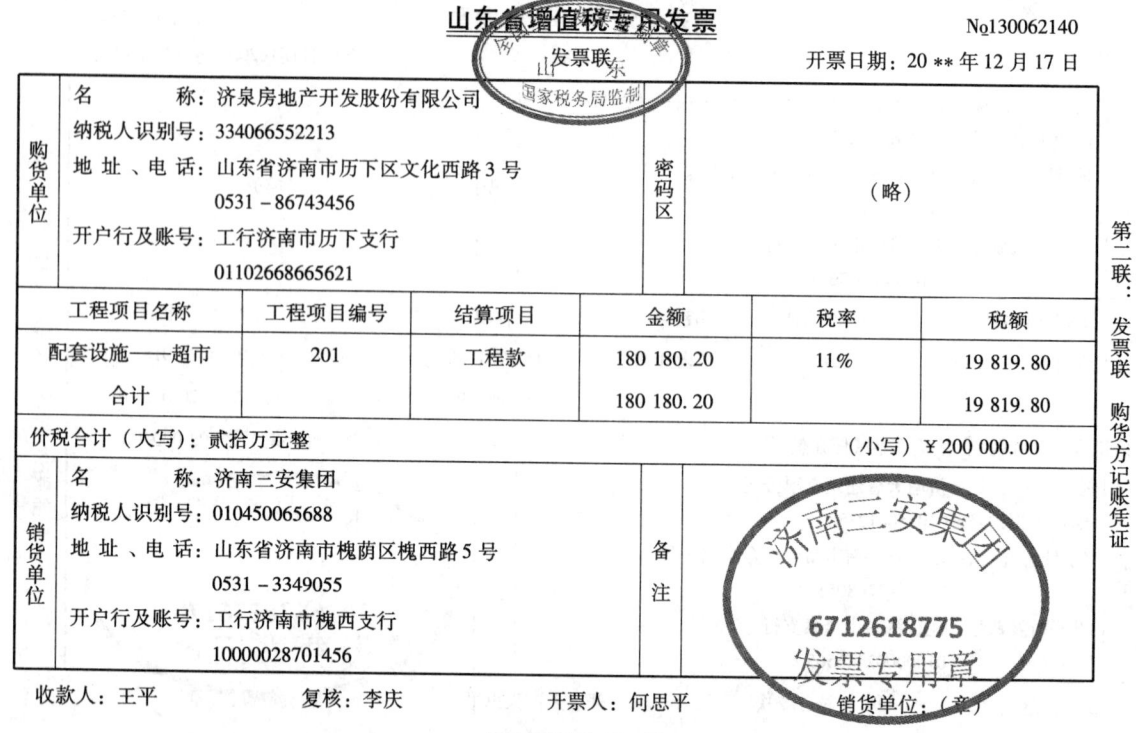

原始凭证 4-13

7. 12月18日，济泉房地产开发股份有限公司收到承包单位工程价款结算账单，承付配套设施——超市的工程进度款，但款项尚未支付。有关原始凭证见单据4-14。

工程价款结算账单

建设单位名称：济南三安集团　　　　　　20**年12月18日　　　　　　　　　　　　单位：元

工程项目名称	本期应收工程款	本期应抵扣款项			本期实收款	本期已收工程款累计
		合计	预支工程款	预收备料款		
超市	1 000 000.00		200 000.00		800 000.00	

承包单位（乙方）： （签章）	建设单位（甲方）审查意见： （签章）	审价机构审定意见： （签章）

说明：（1）本账单由承包单位在进行工程价款结算时填列。
　　　（2）"本期应收工程款"应根据已完工程进度数填列。
　　　（3）甲方在填写审查意见时，应填写本期同意实际支付的工程款数额。

原始凭证 4-14

8. 12月18日，结转配套设施——超市的成本。有关原始凭证见单据4-15。

配套设施（超市）成本明细表

单位：元

成本项目	超市
征地拆迁补偿费	1 500 000
支付承包设计单位前期工程价款	202 000
支付承包施工房地产企业基础设施工程款	200 000
应付承包施工房地产企业基础设施工程款	350 000
应付承包施工房地产企业建筑安装工程款	450 000
分配开发间接费用	179 555

原始凭证 4－15

9. 12月19日，预提配套设施——幼儿园的预算成本545 000元。济泉公司开发的小区配套幼儿园的开发成本应由101商品房、103商品房、121出租房、131周转房负担。幼儿园所在商品房等尚未完工，为了及时结转完工的商品房等成本，先将幼儿园的配套设施费预提计入商品房等的开发成本，按照开发项目的直接成本分配（直接成本包括土地征用及拆迁补偿费、批租地价、前期工程费、基础设施费、建筑安装工程费、配套设施费等）。有关原始凭证见单据4－16。

幼儿园设施配套费用分配表

单位：元

开发产品编号名称	直接成本	预提幼儿园设施的配套费用
101 商品房	150 000 000	
103 商品房	220 000 000	
121 出租房	130 000 000	
131 周转房	150 000 000	
合计	650 000 000	545 000

原始凭证 4－16

10. 12月20日，结转商品性土地的开发成本。有关原始凭证见单据4－17。

商品性土地开发成本

单位：元

成本项目	金额
支付拆迁补偿费	2 200 000
支付基础设施费	1 200 000
支付前期工程款	1 700 000
分配开发间接费用	820 000
合计	5 920 000

原始凭证 4－17

11. 12月20日，济泉房地产开发股份有限公司收到承包单位工程价款结算账单，承付甲公寓建筑安装工程进度款650 000元，但款项尚未支付。有关原始凭证见单据4－18。

工程价款结算账单

建设单位名称：济南三安集团　　　　20**年12月20日　　　　　　　　　　　　　　单位：元

工程项目名称	本期应收工程款	本期应抵扣款项			本期实收款	本期已收工程款累计
		合计	预支工程款	预收备料款		
甲公寓	750 000.00	100 000.00	50 000.00	50 000.00	650 000.00	

承包单位（乙方）：　　　　　　　建设单位（甲方）审查意见：　　　　　　审价机构审定意见：
（签章）　　　　　　　　　　　　　　　（签章）　　　　　　　　　　　　　（签章）

说明：(1) 本账单由承包单位在进行工程价款结算时填列。
　　　(2) "本期应收工程款"应根据已完工程进度数填列。
　　　(3) 甲方在填写审查意见时，应填写本期同意实际支付的工程款数额。

原始凭证 4-18

12. 12月20日，甲公寓完工后直接投入使用，结转其实际成本 3 272 000 元，公寓成本明细表如下。有关原始凭证见单据 4-19。

甲公寓成本明细表

单位：元

成本项目	金额
征地拆迁补偿费	1 500 000
承包单位工程价款	1 202 000
分配开发间接费用	570 000
合计	3 272 000

原始凭证 4-19

13. 济泉房地产开发股份有限公司接受市政工程管理部门的委托，代为扩建某小区旁边的一条道路。12月21日，支付代建工程——道路的基础设施工程款 3 200 000 元。有关原始凭证见单据 4-20 和 4-21。

```
中国工商银行
现金支票存根（鲁）
Ⅳ Ⅱ 20496025

附加信息：

出票日期：20**年12月21日
收款人：济南天慈建筑有限公司
金　额：￥3 200 000.00
用　途：道路工程款
单位主管：　　　会计：
```

原始凭证 4-20

原始凭证 4-21

14. 12月22日，道路扩建工程完工并经验收，结转已完成工程成本。有关原始凭证见单据 4-22。

道路扩建工程成本计算单

单位：元

成本项目	道路
支付拆迁补偿费	1 200 000
支付基础设施工程款	3 200 000
前期工程费	700 000
分配开发间接费用	720 000
合计	5 820 000

原始凭证 4-22

15. 12月22日，对外一次收款销售甲商品房1套，建筑面积120平方米，每平方米售价10 000元，价款合计1 200 000元。有关原始凭证见单据4-23和4-24。

中国工商银行进账单（收账通知）

20**年12月22日　　　　　　　　　　　　　　　　第004号

收款人	全　称	济泉房地产开发股份有限公司	付款人	全　称	济南乐资股份有限公司
	账　号	01102668665621		账　号	02106644232389
	开户银行	工行济南市历下支行		开户银行	工行济南市文东支行

人民币（大写）　壹佰贰拾万元整　　　￥ 1 200 000.0

工商银行历下支行　20**.12.22　收款人开户行盖章

| 票据种类 | 转账支票 |
| 票据张数 | 1 |

单位主管：张笑　　会计：刘婷
复　　核：赵岩　　记账：张庆

此联是收款人开户银行交给收款人的收账通知

原始凭证 4－23

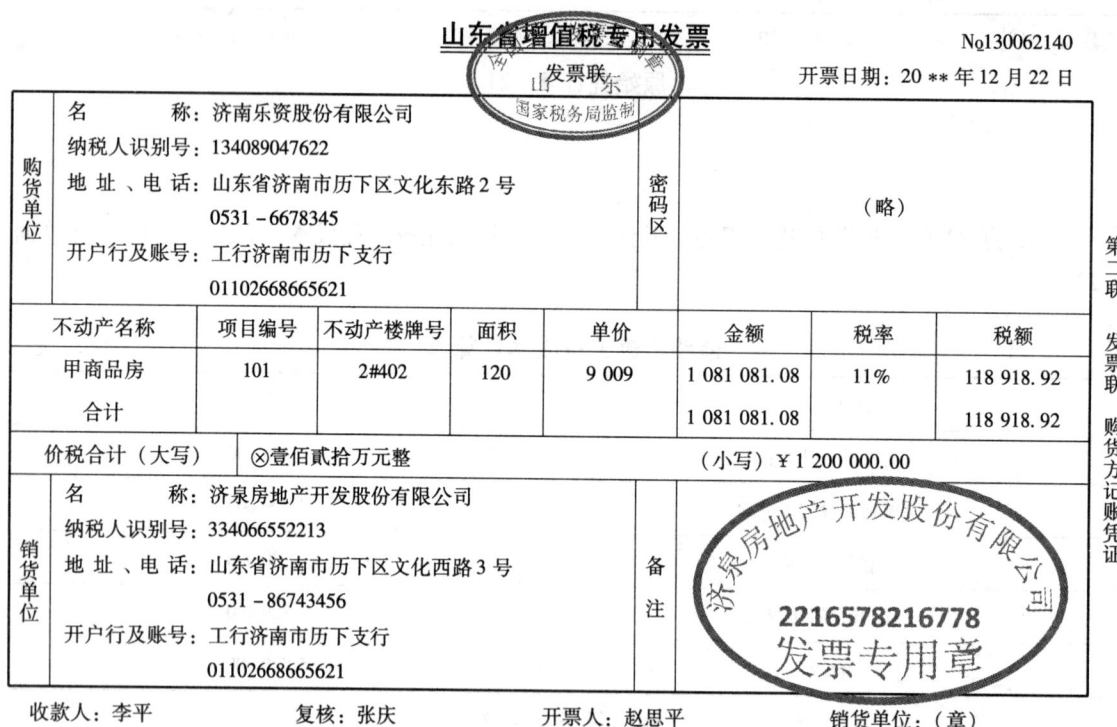

原始凭证 4－24

16. 12月22日，销售配套设施商店用房一套，销售价款2 700 000元。房屋已移交，发票已提交买主，同时收到买主开具并承兑的商业汇票。有关凭证见单据4－25和4－26。

— 180 —

商业承兑汇票（收款联）

签发日期：20＊＊年12月22日　　　　　　　　　　　　　　　第004号

出票人	全称	太古商贸有限责任公司	收款人	全称	济泉房地产开发股份有限公司
	账号	01034066869514		账号	01102668665621
	开户银行	农行　行号 1034520131		开户银行	工行　行号 2032340131

汇款金额	人民币（大写）贰佰柒拾万元整	千	百	十	万	千	百	十	元	角	分
				2	7	0	0	0	0	0	0

汇票到期日	20＊＊年2月21日	票面利率	3%

备注：
本汇票已经本单位承兑，到期日无条件支付票据款。
此致

付款人盖章　　负责经办

原始凭证4－25

山东省增值税专用发票

No.130062140

开票日期：20＊＊年12月22日

购货单位	名　　称：	太古商贸有限责任公司	密码区	（略）
	纳税人识别号：	447000089047		
	地址、电话：	山东省济南市长清区玉符路9号 13546789876		
	开户行及账号：	农行济南市玉符支行 01034066869514		

不动产名称	项目编号	不动产楼牌号	面积	单价	金额	税率	税额
商店用房	103	3#47	200	12 162.16	2 432 432.43	11%	267 567.57
合计					2 432 432.43		267 567.57

价税合计（大写）	⊗贰佰柒拾万元整	（小写）¥2 700 000.00

销货单位	名　　称：	济泉房地产开发股份有限公司	备注	2216578216778
	纳税人识别号：	334066552213		
	地址、电话：	山东省济南市历下区文化西路3号 0531－86743456		
	开户行及账号：	工行济南市历下支行 01102668665621		

收款人：李平　　复核：张庆　　开票人：赵言　　销货单位：（章）

原始凭证4－26

17. 12月24日，开发的商品性建设场地土地竣工验收合格，根据转让协议，将该土地1 000平方米移交济南市旅游局，协议规定的转让价格为每平方米7 000元，交接手续已办妥，款项尚未收到。有关凭证见单据4－27。

原始凭证 4-27

18. 12月24日，以预售方式销售高级公寓3套，建筑面积300平方米，售价为每平方米13 000元，已按合同规定预收购房款2 000 000元。该公寓楼现已建设完工验收合格，公司已将发票账单提交买主，并办妥移交手续，余款收讫存入银行。有关凭证见单据4-28和4-29。

原始凭证 4-28

中国工商银行个人汇款凭证（收账通知）

20**年12月24日　　　　　　　　　　第020号

收款人	全　称	济泉房地产开发股份有限公司	付款人	全　称	李亮
	账　号	01102668665621		账　号	62309810234485
	开户银行	工行济南市历下支行		开户银行	建行济南市历下支行

人民币（大写）	壹佰玖拾万元整	千	百	十	万	千	百	十	元	角	分
			1	9	0	0	0	0	0	0	0
手续费	0.00										
用途	房款										
单位主管：余笑　　会计：赵霞 复　核：张庆　　记账：宋平											

工商银行历下支行
20**.12.24
收款人开户行盖章
收讫

此联是收款人开户银行交给收款人的收账通知

原始凭证 4-29

19. 12月30日，收到分期收款销售的别墅房款1 000 000元，并摊销未实现的融资收益。该别墅为济泉公司20**年1月1日采用分期收款方式销售，合同价格5 000 000元，款项分5年于每年年末等额收取，别墅成本4 000 000元，该别墅不采用分期收款方式时的销售价格为4 500 000元。有关凭证见单据4-30和4-31。

中国工商银行个人汇款凭证（收账通知）

20**年12月24日　　　　　　　　　　第020号

收款人	全　称	济泉房地产开发股份有限公司	付款人	全　称	梁斌
	账　号	01102668665621		账　号	62307658812307
	开户银行	工行济南市历下支行		开户银行	工行济南市天桥区支行

人民币（大写）	壹佰万元整	千	百	十	万	千	百	十	元	角	分
			1	0	0	0	0	0	0	0	0
手续费	0.00										
用途	房款										
单位主管：余笑　　会计：赵霞 复　核：张庆　　记账：宋平											

工商银行历下支行
20**.12.30
收款人开户行盖章
收讫

此联是收款人开户银行交给收款人的收账通知

原始凭证 4-30

山东省增值税专用发票　　　No130062140

开票日期：20＊＊年12月30日

第二联：发票联 购货方记账凭证

购货单位	名　　称	梁斌						
	纳税人识别号	005197012072						
	地址、电话	山东省济南市天桥区无影山路4号 18563199023						
	开户行及账号	工行济南市天桥区支行 62307658812307						
密码区					（略）			
不动产名称	项目编号	不动产楼牌号	面积	单价	金额	税率	税额	
住宅	103	17－2	150	6 006.00	900 900.90	11％	99 099.10	
合计					900 900.90		99 099.10	
价税合计（大写）	⊗壹佰万元整				（小写）¥1 000 000.00			
销货单位	名　　称	济泉房地产开发股份有限公司						
	纳税人识别号	334066552213						
	地址、电话	山东省济南市历下区文化西路3号 0531－86743456			备注			
	开户行及账号	工行济南市历下支行 01102668665621						

收款人：李平　　复核：张庆　　开票人：赵言　　销货单位：（章）

原始凭证4－31

20. 12月31日，分配本月工资。有关原始凭证见单据4－32。

工资费用分配汇总表

20＊＊年12月　　　　　　　　　　　　　　　　　　　单位：元

部门	应借科目	工资	备注
现场管理部	开发间接费用	470 000	
行政管理部	管理费用	210 000	
劳动人事部	管理费用	78 000	
财务部	管理费用	110 000	
计划预算部	管理费用	56 000	
销售部	销售费用	750 000	
合计		1 674 000	

财务主管：赵霞　　　　　　　　　　制表：张庆

原始凭证4－32

21. 12月31日，计提福利费及有关经费。有关原始凭证见单据4－33。

职工福利费及有关经费提存计算表

20**年12月 单位：元

部门	应借科目	计提标准	职工福利费（14%）	工会经费（2%）	职工教育经费（1.5%）	合计
现场管理部	开发间接费用	470 000	65 800	9 400	7 050	82 250
行政管理部	管理费用	210 000	29 400	4 200	3 150	36 750
劳动人事部	管理费用	78 000	10 920	1 560	1 170	13 650
财务部	管理费用	110 000	15 400	2 200	1 650	19 250
计划预算部	管理费用	56 000	7 840	1 120	840	9 800
销售部	销售费用	750 000	105 000	15 000	11 250	131 250
合计		1 674 000	234 360	33 480	25 110	292 950

财务主管：赵霞　　　　　　　　　制表：李平

原始凭证 4-33

22. 12月31日，计算本月固定资产折旧。有关原始凭证见单据4-34。

固定资产折旧费计算表

20**年12月 单位：元

使用部门	固定资产类别	上月已提折旧额	上月增加的固定资产已计提的折旧额	上月减少的固定资产应计提的折旧额	本月应计提折旧额
现场管理部	机器设备	80 000		5 000	
行政管理部	机器设备	60 000	2 500		
劳动人事部	机器设备	20 000			
财务部	机器设备	18 000			
计划预算部	机器设备	17 000			
销售部	机器设备	75 000	5 500		
合计		270 000	8 000	5 000	

财务主管：赵霞　　　　　　　　　制表：李红梅

原始凭证 4-34

23. 12月31日，结转开发产品成本。有关原始凭证见单据4-35。

主营业务成本计算表

20＊＊年12月　　　　　　　　　　　　　　　　　　　　　单位：元

项目名称	主营业务成本		
	商品房销售成本	配套设施销售成本	土地转让成本
甲商品房	3 100 000		
商品房（高级公寓）	2 900 000		
配套设施（商店）		1 300 000	
土地			3 700 000
合计	6 000 000	1 300 000	3 700 000

财务主管：赵霞　　　　　　　　制表：张庆

原始凭证 4-35

三、要求

根据以上经济业务，编制记账凭证并登记明细账和总账。

第五章 旅游饭店企业基本经济业务

【实验目的】

本章会计核算实务以旅游饭店企业日常经营活动为主要内容,重点介绍了旅游饭店企业的存货核算、成本费用核算、收入核算和企业的涉税业务等。通过模拟旅游饭店企业某个会计期间各项经济业务的会计处理,使学生了解我国旅游饭店行业的现行会计制度,掌握旅游饭店企业各种经济业务会计核算的基本方法,加强和提高对会计基本理论的系统理解,增强会计操作的动手能力,提升财务管理能力和会计核算的实务水平。

【实验要求】

本章实验要求学生掌握以下内容:
一是熟悉旅游饭店企业的概念与特点,了解其代表性业务的处理流程;
二是掌握旅游饭店企业的存货核算、餐饮成本核算、日常经营收入核算等经济业务的具体处理方法;
三是掌握"营改增"之后旅游饭店企业的增值税及房产税的处理方法。

第一节 旅游饭店企业概述

旅游饭店是以旅游接待设施为依托,通过向旅游者及所在社区提供住宿、餐饮、娱乐等综合服务来实现经济效益和社会效益的企业。目前,在我国的饭店业统计中,一般将由国家旅游局授权挂牌的星级饭店,统称为旅游饭店,其他相对价格比较低廉的住宿业,通常称为社会旅馆。旅游饭店企业的主要经济活动表现为:

提供住宿服务。饭店为游客提供多种客房（标准房、单人房和套房）。

提供餐饮及服务。饭店一般设有不同的餐厅，以精美的菜食、良好的环境、可靠的卫生条件和规范的服务，向旅游者提供包餐、风味餐、自助餐、点菜、小吃、饮料以及酒席、宴会等多种形式的餐饮服务。

提供商务服务。旅游饭店为商务旅游者从事商务活动提供各种方便快捷的服务。旅游饭店设置商务中心、商务楼层、商务会议室、谈判间、演讲厅、展览厅与商务洽谈室，并能提供多国语言的同声翻译。可为客人提供会议、贸易展览、讲座和其他相关的设施与服务。

现代旅游饭店已不仅仅是住宿产业，而是为旅游提供多种服务、具备多种功能的生活产业。

第二节 旅游饭店企业会计核算特点

旅游饭店企业与工业企业相比，虽然都在《企业会计准则》的指导下进行会计核算，但由于其经营活动和业务的特殊性，旅游饭店企业表现出特定的行业特点：

一、旅游饭店企业存货的核算

与工业企业不同，旅游饭店企业的存货没有半成品也没有产成品，其基本内容是原材料、库存商品、维修用料和各种服务用品。

1. 食品原材料。指饭店为制作食品菜肴而购入的原料和各种调料，包括鲜货、干货和冻货等。
2. 低值易耗品。指达不到固定资产要求的各种工具、用具、器皿、家具等。
3. 库存商品。是指旅游饭店企业为销售而持有的各种商品，主要包括首饰、项链以及字画、旅游药品、旅游纪念品等。
4. 物料用品。是指旅游饭店企业用于业务经营的在库和在途的除原材料、低值易耗品、商品之外的其他物品的总称，包括：日常用品、办公用品、包装物品、特定业务用品和燃料等。

旅游饭店企业的存货一般都按实际成本计价。企业应根据自身情况建立存货采购、询价、出入库管理制度。

二、旅游饭店企业成本费用的核算

旅游饭店企业成本费用指为社会提供各项服务而进行的生产经营过程所发生的各种直接支出和耗费，旅游饭店的成本费用具体包括：

1. 餐饮成本。包括两项主要内容，一项是食品成本，另一项是饮品成本。

食品成本指构成食品实体的原材料、辅料和调料消耗的价值。酒店餐饮企业食品成本核算是以厨房为单位进行，即每个厨房分别核算各自加工制作的食品菜肴的成本。酒店餐饮企业原材料可分为毛料（未加工处理的）和净料（加工处理后的）。食品成本包括餐饮产品的主料、辅料、调料以及合理损耗，其中，主料和配料的投料量都是以净料量来计算的。除此之外的各种费用一般应单列，计入销售费用。

饮品成本一般指饮品的购进价格。如果是自制饮料，则其成本为酿造饮料而消耗的各种原材料、辅料的价值。相对食品成本的核算，饮品成本的核算较为简单。

2. 客房成本。客房成本按月计量,包括固定支出和变动支出,固定支出是指客房一个月的全部固定支出,如员工工资、管理费用等;而变动支出是指客人入住房间后,所耗用的水、电及消耗品的合计数。

3. 商品成本。指旅游饭店企业为销售而取得的各种商品的进价和自制成本。

三、旅游饭店企业收入的核算

旅游饭店企业的收入主要由四部分构成:客房房费收入、餐饮收入、娱乐收入和商务服务收入,此外,还有一些小额的其他收入,如:美容洗浴收入、洗衣服务收入、运输服务收入等。

1. 客房房费收入是指通过出租客房而取得的收入。
2. 餐饮收入是指饭店附属的餐厅、酒吧、宴会厅等部门为客人提供自制和外购餐饮食品而取得的食品收入、饮料收入、香烟收入、服务费收入等。
3. 娱乐收入是指提供娱乐活动场所、娱乐休闲服务所取得的收入。
4. 商务服务收入是指从事商务活动提供各种方便快捷的服务所取得的收入,如销售商品收入、提供会议、展览服务收入等。

旅游饭店企业的收入主要通过"主营业务收入"账户核算,可以下设"客房部"、"餐饮部"、"娱乐部"、"商品部"等明细科目。

四、旅游饭店企业涉税业务的核算

经国务院批准,自2016年5月1日起,包括餐饮业、旅游业、酒店业在内的生活性服务业进入"营改增"试点,适用税率6%。旅游饭店企业增值税征税范围的应税行为包括销售应税服务,应税服务包括生活服务,生活服务分为旅游娱乐服务(旅游服务和娱乐服务)、餐饮住宿服务(餐饮服务和住宿服务)、居民日常服务(包括美容美发等服务)和其他生活服务等。旅游饭店企业一般纳税人发生提供生活服务的应税行为,税率为6%。旅游饭店企业涉及的其他税种包括:城建税(城建税税率按照纳税人所在地不同,设置三档地区差别比例税率,即纳税人所在地为市区的,税率为7%;纳率人所在地为县城、镇的,税率为5%;纳率人所在地不在市区、县城或者镇的,税率为1%)、教育费附加3%、房产税(对于旅游饭店企业出租客房或写字间等房产,按租金收入乘以12%计征房产税;对于企业自身有办公生产用住房,按房屋原值减除一定比例后的余值乘以1.2%计征房产税。房产税年计算,分期缴纳)、城镇土地使用税(按月计征,分季缴纳)和企业所得税等。

第三节 旅游饭店企业会计核算案例

一、企业基本信息

企业名称:鸿源大酒店
企业类型:酒店餐饮企业
地址:上海浦东区茂名路168号

电话：021-6868108
开户行及账号：中国工商银行上海市茂名支行 5156 7201 9898 2706
纳税人类型：增值税一般纳税人
国家税务局、地方税务局《税务登记证》登记号：3201032100001074

鸿源大酒店是上海宏星发电厂投资近亿元兴建的四星级旅游饭店，总建筑面积10 000平方米，建筑高度64米。酒店拥有各类客房116间，其中单人房30间，600元/天；标准房70间，460元/天；套房16间，880元/天，共有床位186个。酒店设有中餐厅240餐位、西餐厅100餐位、自助餐厅100餐位（午餐每位68元，晚餐每位88元）、美食广场餐厅100餐位、大自然茶社60餐位及大堂吧40餐位。酒店配有会议室、VIP接待室及多媒体会议中心，拥有先进的音像、灯光、高清晰投影仪及高科技网络电视、电话会议系统。酒店对外提供台球、乒乓球、保龄球、美容美发、歌厅、舞厅和桑拿房等娱乐项目。酒店的主营业务为提供住房、餐饮、娱乐和商务活动服务等。

财务部门岗位设置：1. 财务部门经理：肖俊
　　　　　　　　　2. 会计主管：王鹏
　　　　　　　　　3. 会计人员：刘小芳、张庆、任双、陈明明、肖燕
　　　　　　　　　4. 出纳人员：刘洋、李红梅

由于企业原材料品种较多，账务较复杂，企业的餐饮部门采用月末假退库制度核算原材料的耗用成本。假退库是指月末将已被领用但并未实际使用（耗用）的原材料等填制红字领料单，退回仓库；下月初填制相同内容的蓝字领料单等额领回，而实物不需移动的一种会计处理程序。采用这种处理程序，平时领用原材料全额计入"主营业务成本"科目，月末通过盘点退料，冲回剩余的原材料，以便计算实际耗用成本。

二、20 ** 年12月份经济业务

1. 12月1日，北华实业有限公司召开年会，鸿源大酒店向其提供客房出租服务。其中单人房9间、标准房54间、套房7间（共70间），共取得营业收入36 100元。其中以信用卡结算的金额为34 000元，其余房款以现金结算。原始凭证见相关单据5-1至5-5。

营业收入日报
20 ** 年12月1日

	营业收入				预收房金	备注
	单人房	标准房	套房	合计		
房金	5 400	24 040	6 160	35 600	上日结存 0	
加床						
饮料	72	184	44	300	本日应收 36 100	
食品	48	116	36	200	本日交付 34 000 其中：现金 2 100 信用卡签购单 34 000	
其他						
合计	5 520	24 340	6 240	36 100	本日结存 0	
出租客房间数：70间 空置客房间数：46间					长款： 短款：	

收款人：朱文　　　　　　交款人：陈君　　　　　　制表：张丽丽

原始凭证 5-1

现金收入凭单

第 0981 号

20＊＊年12月1日

对方科目编号：预收账款

附件 张

用款事项：	住宿费
人民币（大写）：	贰仟壹佰元整

现金收讫

收款人	主管人员	会计人员	出纳员
朱文	王鹏	刘小芳	付讫 刘洋
（签章）	（签章）	（签章）	（签章）

原始凭证 5－2

银联 POS 签购单

商户名称：鸿源大酒店
商户编号：0009201923
终端编号：19283
卡号：5156 7201 9898 2706

发卡行号：515064　收单行号：515672
交易类别：消费　有效期：×××
日期：20＊＊年12月1日
批次号：×××　凭证号：××
参考号：×××××
金额：34 000.00 元
总计：

持卡人签名：陈君

原始凭证 5－3

业务回单（收款）

日期：20＊＊年12月1日　　回单编号：1618600014

付款人户名：北华实业有限公司　　付款人开户行：农行上海市新都支行
付款人账号（卡号）：4720720156896378743
收款人户名：鸿源大酒店　　别名：无　　收款人开户行：工行上海市茂名支行
收款人账号（卡号）：5156720198982706
金额：叁万柒仟玖佰柒拾壹元整　　　小写：37 971.00 元
业务（产品）种类：跨行收报　　凭证种类：000000　　凭证号码：000000000000
摘要：住宿费　　用途：　　币种：人民币
交易机构：0160200238　　记账柜员：00023　　交易代码：521110　　渠道：其他

附言：住宿费
交易支付序号：19344202　　报文种类：小额客户发起普通贷记业务　　委托日期：20＊＊-12-1
业务类型（种类）：普通汇兑

本回单为第1次打印，注意重复　　打印日期：20＊＊年12月1日　　打印柜员：9　　验证码：FD14B76FB006

原始凭证 5－4

原始凭证 5-5

2. 12月2日，鸿源大酒店前台结账时以现金支付盛鑫旅行社客户佣金 500 元，并收到客人损坏床单的现金赔款 80 元。原始凭证见相关单据 5-6 至 5-8。

现金支出凭单

第 1328 号

| 附件 张 | 20**年12月2日 | 对方科目编号 | 销售费用 |

用款事项：旅行社客户佣金

人民币（大写）：伍佰元整

现金付讫

收款人	主管	会计	出纳员
朱文	人员 王鹏	人员 刘小芳	付讫 刘洋
（签章）	（签章）	（签章）	（签章）

原始凭证 5-6

收 据

入账日期：20**年12月2日   No：00002326

交款单位：鸿源大酒店　　　　　　　　　　　　　收款方式：现金

人民币（大写）⊗伍佰元整　　　【现金收讫】　　￥500.00

收款事由　　　旅社客户佣金

收款单位：盛鑫旅行社

（盖章：盛鑫旅行社 财务专用章）

财务主管 张宁　　记账 李琦　　出纳 王明阳　　审核 刘坤　　经办 张艳艳

原始凭证 5－7

现金收入凭单

第0982号

| 附件 张 | 20**年12月2日 | 对方科目编号 | 销售费用 |

用款事项：客人损坏床单现金赔款　　【现金收讫】

人民币（大写）　捌拾元整

收款人 朱文（签章）　　主管人员 王鹏（签章）　　会计人员 刘小芳（签章）　　出纳员 付讫 刘洋（签章）

原始凭证 5－8

3. 12月3日，鸿源大酒店客房部从仓库领用笔记本2本，每本12元，共计24元；领用牙刷一箱460把，每把牙刷0.75元，共计345元；领用浴缸清洁剂3桶，每桶35元，共计105元。原始凭证见相关单据5－9。

出 库 单

提货部门：客房部　　20**年12月3日　　No.0067150

产品编号	产品名称	规格	单位	数量	单价	成本总额							产品明细帐		说明
						万	千	百	十	元	角	分	页	号	
1	笔记本		本	2	12				2	4	0	0			
2	牙刷		把	460	0.75			3	4	5	0	0			
3	浴缸清洁剂		桶	3	35			1	0	5	0	0			

第三联：记账

部门主管 张阳　　会计 任双　　记账 陈明明　　保管 张丽　　提货人 殷时玉　　制单 李莉

原始凭证 5－9

4. 12月5日，鸿源大酒店中餐厅接受中海公司预订宴席五桌，每桌1 200元，计6 000元。
（1）预收订金1 000元，收到转账支票，存入银行。原始凭证见相关单据5－10和5－11。

中国工商银行转账支票

支票号码 IV V9335132

出票日期（大写）贰零**年拾贰月零伍日　　开户行名称：工行上海市茂名支行

本支票付款期十天

人民币（大写）	壹仟元整	亿 千 百 十 万 千 百 十 元 角 分
		￥ 1 0 0 0 0 0

用途 预收宴席订金

科目（借）　　　　　　　　　　银行存款
对方科目（贷）　　　　　　　　预收账款
付讫日期　　　　　　　　　　20**年12月5日

出纳　刘媛媛　　　　　　　　记账　章磊
复核　王欣怡　　　　　　　　复核　刘义

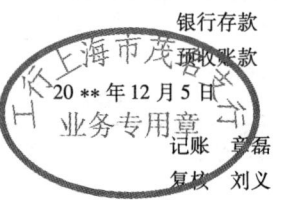

原始凭证 5-10

中国工商银行进账单（收账通知）

20**年12月5日　　　　　　　　　　第 3095 号

收款人	全 称	鸿源大酒店	付款人	全 称	中海公司	此联是收款人开户银行交给收款人的收账通知
	账 号	5156 7201 9898 2706		账 号	02106644232389	
	开户银行	工行上海市茂名支行		开户银行	工行上海市文东支行	
人民币（大写）	壹仟元整			千 百 十 万 千 百 十 元 角 分		
				￥ 1 0 0 0 0 0 0		
票据种类	转账支票					
票据张数	1					
单位主管：杨明宇	会计：纪红					
复　核：朱文	记账：李清					

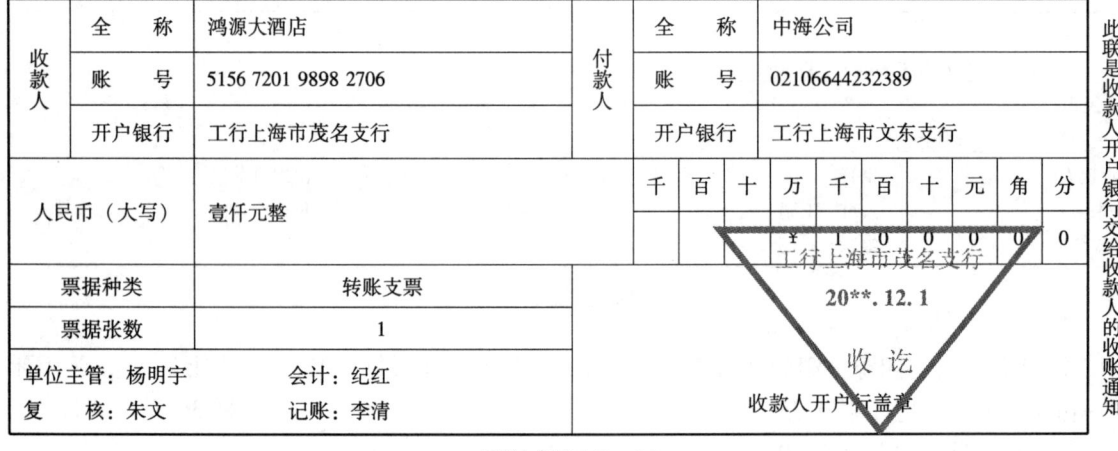

原始凭证 5-11

（2）宴席结束，五桌宴席价款 6 000 元，外加烟、酒、饮料 800 元，共计 6 800 元，扣除定金后，收到现金 6 548 元（含销项税）。原始凭证见相关单据 5-12 和 5-13。

现金收入凭单

第 0983 号

附件1张　　　20**年12月5日　　　对方科目编号　　主营业务收入

用款事项： 五桌宴席价款、烟酒饮料款

人民币（大写） 陆仟伍佰肆拾捌元整

现金收讫

收款人　　主管　　　　　会计　　　　　出纳员
朱文　　　人员 王鹏　　　人员 刘小芳　　付讫 刘洋
（签章）　（签章）　　　（签章）　　　（签章）

原始凭证 5-12

上海市增值税专用发票

No.004635481

3400073368　　　　　　　　记账联　　　　　　　　开票日期：20**年12月5日

购货单位	名　　称：中海公司 纳税人识别号：340088229144302 地　址、电话：上海市杨浦区文东路346号 　　　　　　　021-6868202 开户行及账号：工行上海市文东支行 　　　　　　　02106644232389	密码区	7++9/42152*+129*864〉加密版本：01 63-〈7503*〈1〉*/〈3〈+80 3400073368 2+〈〈56894588〉〉**〈2569 5920-33/65+5012*/〉〉92 004635481

货物或应税劳务名称	规格型号	单位	数量	单价	金额	税率	税额
餐饮宴席		桌	5	1 200	6 000.00	6%	360.00
烟酒饮料		桌	5	160	800.00	17%	136.00
合计					6 800.00		496.00
价税合计（大写）	⊗柒仟贰佰玖拾陆元整				（小写）¥7 296.00		

销货单位	名　　称：鸿源大酒店 纳税人识别号：3201032100001074 地　址、电话：上海浦东区茂名路168号 　　　　　　　021-6868108 开户行及账号：工行上海市茂名支行 　　　　　　　5156720198982706	备注	

收款人：刘洋　　　复核：肖燕　　　开票人：张庆　　　销货单位：（章）

原始凭证5-13

---

5. 12月6日，鸿源大酒店西餐厅晚餐上座率50%，出售菜品共计3 560元，酒水饮料1 190元，收到现金1 390元，银行卡结算3 360元。原始凭证见相关单据5-14至5-16。

现金收入凭单

第0984号

20**年12月6日

附件　张　　　　　　　　　　　　　　　　　　　对方科目编号：主营业务收入

用款事项：西餐厅收入	现金收讫	
人民币（大写）：壹仟叁佰玖拾元整		

收款人：朱文（签章）　主管人员：王鹏（签章）　会计人员：刘小芳（签章）　出纳员：付讫 刘洋（签章）

原始凭证5-14

银联 POS 签购单

```
商户名称：鸿源大酒店
商户编号：0009201923
终端编号：19283
卡号：5156 7201 9898 2706
```

```
发卡行号：515064  收单行号：515672
交易类别：消费  有效期：×××
日期：20**年12月6日
批次号：×××  凭证号：××
参考号：×××××
金额：3 360.00 元
总计：
```

```
持卡人签名：
            周扬
```

原始凭证 5-15

业务回单（收款）

日期：20**年12月6日　　　　　　　　　　　　　　　回单编号：1618600015

付款人户名：周扬　　　　　　　　　　　　　　　　付款人开户行：建行长沙市建国支行
付款人账号（卡号）：4720515689637453
收款人户名：鸿源大酒店　　　　别名：无　　　　　收款人开户行：工行上海市茂名支行
收款人账号（卡号）：5156720198982706
金额：叁仟叁佰陆拾元整　　　　　　　　　　　　　小写：3 360.00 元
业务（产品）种类：跨行收报　　凭证种类：000000　凭证号码：000000000000
摘要：住宿费　　　　　　　　　用途：　　　　　　币种：人民币
交易机构：0160200238　　记账柜员：00023　　交易代码：52110　　渠道：其他
附言：住宿费
交易支付序号：19344205　　报文种类：小额客户发起普通贷记业务　　委托日期：20**-12-1
业务类型（种类）：普通汇兑

本回单为第1次打印，注意重复　　打印日期：20**年12月6日　　打印柜员：9　　验证码：FD14B76FB006

原始凭证 5-16

6. 12月7日，鸿源大酒店自助餐厅出售午餐用餐券，共计79人次，收到现金1 020元，银行卡结算4 358元。原始凭证见相关单据5-17至5-19。

现金收入凭单

第 0985 号

20＊＊年12月7日

对方科目编号： 主营业务收入

附件　张

用款事项：	自助餐厅收入
人民币（大写）：	壹仟零贰拾元整

现金收讫

收款人	主管	会计	出纳员
朱文（签章）	人员 王鹏（签章）	人员 刘小芳（签章）	付讫 刘洋（签章）

原始凭证 5－17

银联 POS 签购单

商户名称：鸿源大酒店
商户编号：0009201923
终端编号：19283
卡号：5156 7201 9898 2706

发卡行号：515064　收单行号：515672
交易类别：消费　有效期：×××
日期：20＊＊年12月7日
批次号：×××　凭证号：××
参考号：××××
金额：4 358.00 元
总计：

持卡人签名：
刘斐然

原始凭证 5－18

业务回单（收款）

日期：20＊＊年12月7日

回单编号：1618600016

付款人户名：刘斐然
付款人账号（卡号）：5161723456894353
收款人户名：鸿源大酒店
收款人账号（卡号）：5156720198982706
金额：肆仟叁佰伍拾捌元整
业务（产品）种类：跨行收报
摘要：住宿费
交易机构：0160200238

别名：无

凭证种类：000000
用途：
记账柜员：00023　交易代码：52210

付款人开户行：工行上海市南京支行
收款人开户行：工行上海市茂名支行
小写：4 358.00 元
凭证号码：000000000000
币种：人民币
渠道：其他

附言：住宿费
交易支付序号：19344205
业务类型（种类）：普通汇兑

报文种类：小额客户发起普通贷记业务

委托日期：20＊＊-12-1

本回单为第1次打印，注意重复　　打印日期：20＊＊年12月7日　　打印柜员：9　　（001）　验证码：FF14B76FB006

原始凭证 5－19

7. 12月8日，鸿源大酒店财务部依据餐饮部报送的"营业收入日报表"，列明应收餐饮收入7 504元，实际收到现金7 502元，现金已解存银行，短缺现金2元，原因待查。原始凭证见相关单据5-20至5-22。

营业收入日报表

20**年12月8日

项目	应收金额（元）	实收金额（元）	溢款（+）缺款（-）（元）	备注
门市收入	6 360	6 360	0	
外卖收入	1 144	1 142	-2	
合计	7 504	7 502	-2	

原始凭证5-20

现金收入凭单

第0986号

附件 张　　　　20**年12月7日

对方科目编号：主营业务收入

用款事项：自助餐厅收入

人民币（大写）：柒仟伍佰零贰元整

现金收讫

收款人	主管人员	会计人员	出纳员
朱文（签章）	王鹏（签章）	刘小芳（签章）	付讫 刘洋（签章）

原始凭证5-21

现金存款凭证（回单）

交款日期：20**年12月8日　　　　No.0023659

款项来源	餐饮收入	收款单位名称	鸿源大酒店
现金计划项目		收款单位账号	5156 7201 9898 2706
		收款单位开户行	工行上海市茂名支行

人民币（大写）柒仟伍佰零贰元整　　￥ 7 5 0 2 0 0（万千百十元角分）

券别	张数	金额	券别	张数	金额	券别	张数	金额
壹佰元	74	7 400	贰元					
伍拾元	2	100	壹元	2	2			
贰拾元			伍角					
壹拾元			贰角					
伍元			壹角					

工行上海市茂名支行
20**.12.1
现金收讫

上述现金收讫无误
收款人
李红梅

（无收款员章及收讫章无效）

原始凭证5-22

8. 12月10日，鸿源大酒店餐饮部三厨房以银行转账方式与肉类供应商双全冷鲜肉店结算本月上旬的冷鲜肉款项 112 500 元。原始凭证见相关单据 5-23 至 5-25。

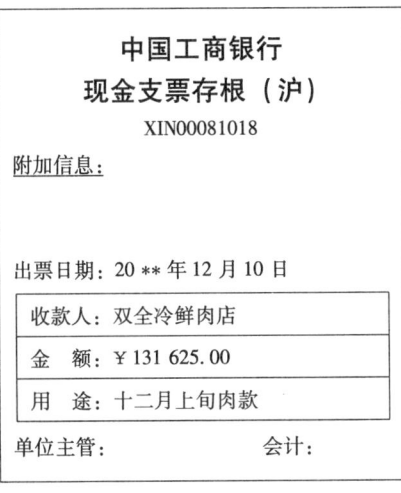

原始凭证 5-23

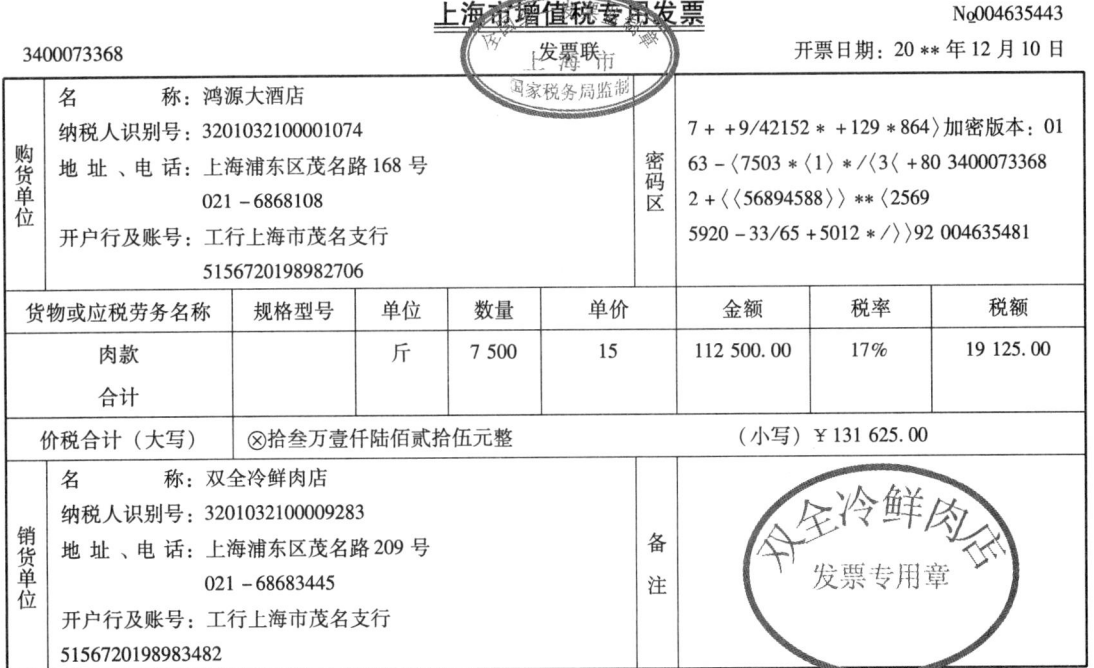

原始凭证 5-24

上海市增值税专用发票　　No.00362548

34050903210　　抵扣联　　开票日期：20**年12月10日

购货单位	名　　称	鸿源大酒店				密码区	7++9/42152*+129*864〉加密版本：01 63-〈7503*〈1〉*/〈3〈+80 34050903210 2+〈〈56894588〉〉**〈2569 5920-33/65+5012*/〉〉92 00362548		
	纳税人识别号	3201032100001074							
	地址、电话	上海浦东区茂名路168号　021-6868108							
	开户行及账号	工行上海市茂名支行　5156720198982706							
货物或应税劳务名称	规格型号	单位	数量	单价	金额		税率		税额
肉款		斤	7 500	15	112 500.00		17%		19 125.00
合计									
价税合计（大写）	⊗拾叁万壹仟陆佰贰拾伍元整				（小写）¥131 625.00				
销货单位	名　　称	双全冷鲜肉店				备注			
	纳税人识别号	3201032100009283							
	地址、电话	上海浦东区茂名路209号　021-68683445							
	开户行及账号	工行上海市茂名支行　5156720198983482							

收款人：刘英梅　　　复核：张方刚　　　开票人：李颖　　　销货单位：（章）

原始凭证 5-25

9. 12月11日，鸿源大酒店餐饮部从仓库领用台布一箱共12块，每块68元，共计816元；领用汤碗20个，每个9元，共计180元；领用葡萄酒杯30个，每个18元，共计540元；领用刀子10把，每把23元，共计230元；领用炒勺一个，单价30元。原始凭证见相关单据5-26。

出　库　单

提货部门：餐饮部　　20**年12月11日　　No.0067151

产品编号	产品名称	规格	单位	数量	单价	成本总额						产品明细账		说明
						万	千	百	十	元	角	分	页号	
1	台布		块	12	68			8	1	6	0	0		
2	汤碗		个	20	9			1	8	0	0	0		
3	葡萄酒杯		个	30	18			5	4	0	0	0		
4	刀子		把	10	23			2	3	0	0	0		
5	炒勺		个	1	30				3	0	0	0		

部门主管　张阳　　会计　任双　　记账　陈明明　　保管　张丽　　提货人　殷时玉　　制单　李莉

原始凭证 5-26

10. 12月15日，鸿源大酒店商务部从南京致远服装公司购进各种不同规格的丝绸服装两箱，货已运到，发票价格为每箱3 000元，运费200元由供货方代付。按双方议定，货到付款。

（1）12月17日，商务部货到后经验收合格并办理了入库手续。原始凭证见相关单据5-27至5-31。

8. 12月10日，鸿源大酒店餐饮部三厨房以银行转账方式与肉类供应商双全冷鲜肉店结算本月上旬的冷鲜肉款项 112 500 元。原始凭证见相关单据 5 – 23 至 5 – 25。

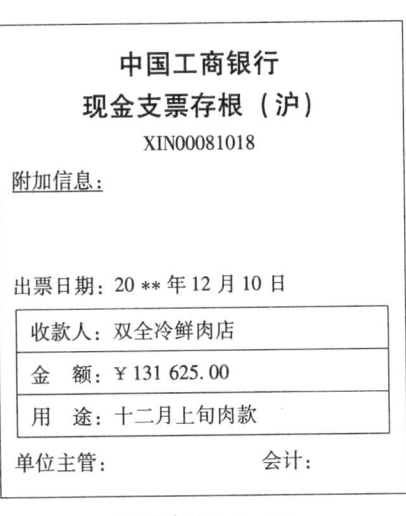

原始凭证 5 – 23

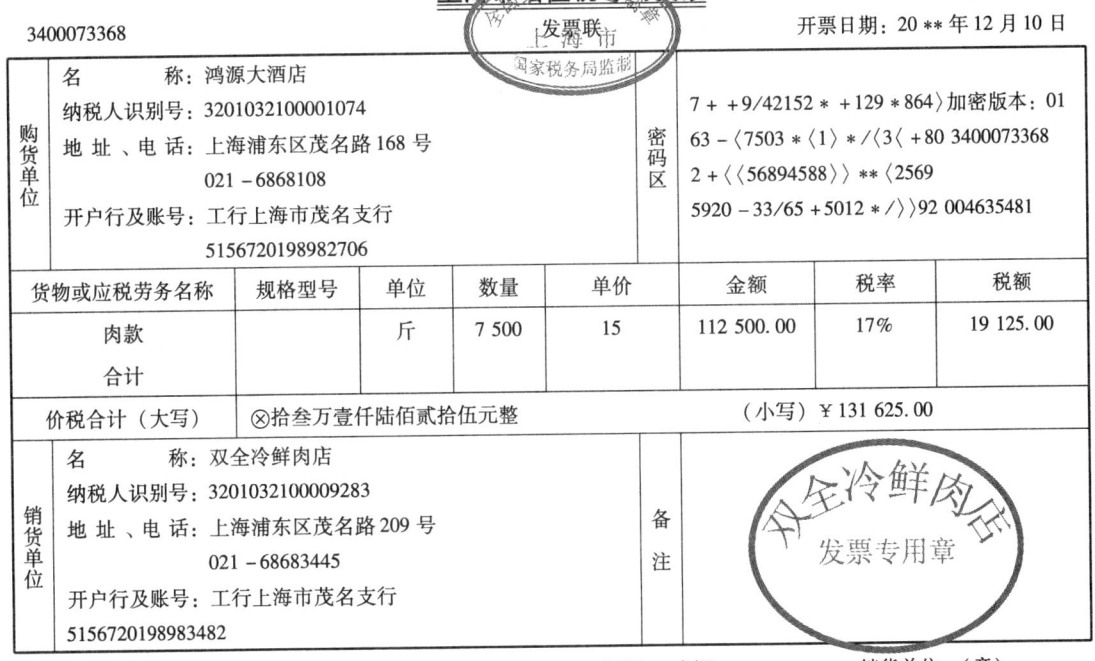

原始凭证 5 – 24

上海市增值税专用发票

抵扣联

No 00362548

34050903210

开票日期：20**年12月10日

购货单位	名　　　称：	鸿源大酒店				密码区	7 + +9/42152 * +129*864〉加密版本：01 63 -〈7503*〈1 >*/〈3〈 +80 34050903210 2 +〈〈56894588〉〉** 〈2569 5920 -33/65 +5012*/〉〉92 00362548		
	纳税人识别号：	3201032100001074							
	地　址、电　话：	上海浦东区茂名路168号 021-6868108							
	开户行及账号：	工行上海市茂名支行 5156720198982706							
货物或应税劳务名称	规格型号	单位	数量	单价	金额		税率	税额	
肉款		斤	7 500	15	112 500.00		17%	19 125.00	
合计									
价税合计（大写）	⊗拾叁万壹仟陆佰贰拾伍元整						（小写）¥131 625.00		
销货单位	名　　　称：	双全冷鲜肉店				备注			
	纳税人识别号：	3201032100009283							
	地　址、电　话：	上海浦东区茂名路209号 021-68683445							
	开户行及账号：	工行上海市茂名支行 5156720198983482							

收款人：刘英梅　　复核：张方刚　　开票人：李颖　　销货单位：（章）

原始凭证 5-25

9. 12月11日，鸿源大酒店餐饮部从仓库领用台布一箱共12块，每块68元，共计816元；领用汤碗20个，每个9元，共计180元；领用葡萄酒杯30个，每个18元，共计540元；领用刀子10把，每把23元，共计230元；领用炒勺一个，单价30元。原始凭证见相关单据5-26。

出　库　单

提货部门：餐饮部　　20**年12月11日　　No.0067151

产品编号	产品名称	规格	单位	数量	单价	成本总额						产品明细账		说明
						万	千	百	十	元	角	分	页	号	
1	台布		块	12	68			8	1	6	0	0			
2	汤碗		个	9	20			1	8	0	0	0			
3	葡萄酒杯		个	30	18			5	4	0	0	0			
4	刀子		把	10	23			2	3	0	0	0			
5	炒勺		个	1	30				3	0	0	0			

部门主管　张阳　　会计　任双　　记账　陈明明　　保管　张丽　　提货人　殷时玉　　制单　李莉

原始凭证 5-26

10. 12月15日，鸿源大酒店商务部从南京致远服装公司购进各种不同规格的丝绸服装两箱，货已运到，发票价格为每箱3 000元，运费200元由供货方代付。按双方议定，货到付款。

（1）12月17日，商务部货到后经验收合格并办理了入库手续。原始凭证见相关单据5-27至5-31。

江苏省增值税专用发票 发票联

No.00362548

34050903210

开票日期：20**年12月17日

购货单位	名　　称：鸿源大酒店 纳税人识别号：3201032100001074 地址、电话：上海浦东区茂名路168号 　　　　　　021-6868108 开户行及账号：工行上海市茂名支行 　　　　　　5156720198982706	密码区	7++9/42152*+129*864〉加密版本：01 63-〈7503*〈1〉*/〈3〈+80 34050903210 2+〈〈56894588〉〉**〈2569 5920-33/65+5012*/〉〉92 00362548

货物或应税劳务名称	规格型号	单位	数量	单价	金额	税率	税额
丝绸服装A	A	箱	1	3 000	3 000.00	17%	510.00
丝绸服装B	B	箱	1	3 000	3 000.00	17%	510.00
合计					6 000.00		1 020.00

价税合计（大写）	⊗柒仟零贰拾元整	（小写）￥7 020.00

销货单位	名　　称：南京致远服装公司 纳税人识别号：3201032100000032 地址、电话：江苏省南京市庐山路87号 　　　　　　025-53796032 开户行及账号：工行南京市庐山路支行 　　　　　　0899211100783208	备注	（南京致远服装公司 发票专用章）

收款人：鲁源　　复核：张四　　开票人：洪青霞　　销货单位：（章）

原始凭证5-27

江苏省增值税专用发票 抵扣联

No.00362548

34050903210

开票日期：20**年12月17日

购货单位	名　　称：鸿源大酒店 纳税人识别号：3201032100001074 地址、电话：上海浦东区茂名路168号 　　　　　　021-6868108 开户行及账号：工行上海市茂名支行 　　　　　　5156720198982706	密码区	7++9/42152*+129*864〉加密版本：01 63-〈7503*〈1〉*/〈3〈+80 34050903210 2+〈〈56894588〉〉**〈2569 5920-33/65+5012*/〉〉92 00362548

货物或应税劳务名称	规格型号	单位	数量	单价	金额	税率	税额
丝绸服装A	A	箱	1	3 000	3 000.00	17%	510.00
丝绸服装B	B	箱	1	3 000	3 000.00	17%	510.00
合计					6 000.00		1 020.00

价税合计（大写）	⊗柒仟零贰拾元整	（小写）￥7 020.00

销货单位	名　　称：南京致远服装公司 纳税人识别号：3201032100000032 地址、电话：江苏省南京市庐山路87号 　　　　　　025-53796032 开户行及账号：工行南京市庐山路支行 　　　　　　0899211100783208	备注	（南京致远服装公司 发票专用章）

收款人：鲁源　　复核：张四　　开票人：洪青霞　　销货单位：（章）

原始凭证5-28

入 库 单

字第 6701 号
20**年12月15日
单位：元

发货地点		南京		供应单位		南京致远服装公司		备注		
库名	编号	名称	单位	规格	入库			单张据数	实收	
					数量	单价	金额		数量	金额
1	1	丝绸服装A	箱	A	1	3 000	3 000	1	1	3 000
1	2	丝绸服装B	箱	B	1	3 000	3 000	1	1	3 000

三联送交财务会计

会计：任双　　　　保管：张丽　　　　采购员：王明　　　　制单：李莉

原始凭证 5-29

江苏省增值税专用发票

3400026251　　　　　　　　　　发票联　　　　　　　　　No 009262546

开票日期：20**年12月17日

购货单位	名　　称：鸿源大酒店
	纳税人识别号：3201032100001074
	地址、电话：上海浦东区茂名路168号　021-6868108
	开户行及账号：工行上海市茂名支行 5156720198982706

密码区：
7++9/42152**+129*864〉加密版本：01
63-〈7503*〈1〉*/〈3〈+80 3400026251
2+〈〈56894588〉〉**〈2569
5920-33/65+5012*/〉〉92 009262546

货物或应税劳务名称	规格型号	单位	数量	单价	金额	税率	税额
提供运输服务		千克	80		200.00	11%	22.00
合计							

价税合计（大写）：⊗贰佰贰拾贰元整　　　　（小写）¥222.00

销货单位	名　　称：舜天国华物流公司
	纳税人识别号：3201032100002837
	地址、电话：江苏省南京市庐山路198号　025-53796458
	开户行及账号：工行南京市庐山路支行 3899211100723458

备注：货物名称：服装　起运地、到达地：江苏→上海

（舜天国华物流公司 发票专用章）

收款人：鲁源　　　　复核：张四　　　　开票人：洪青霞　　　　销货单位：（章）

第二联 发票联 购货方记账凭证

原始凭证 5-30

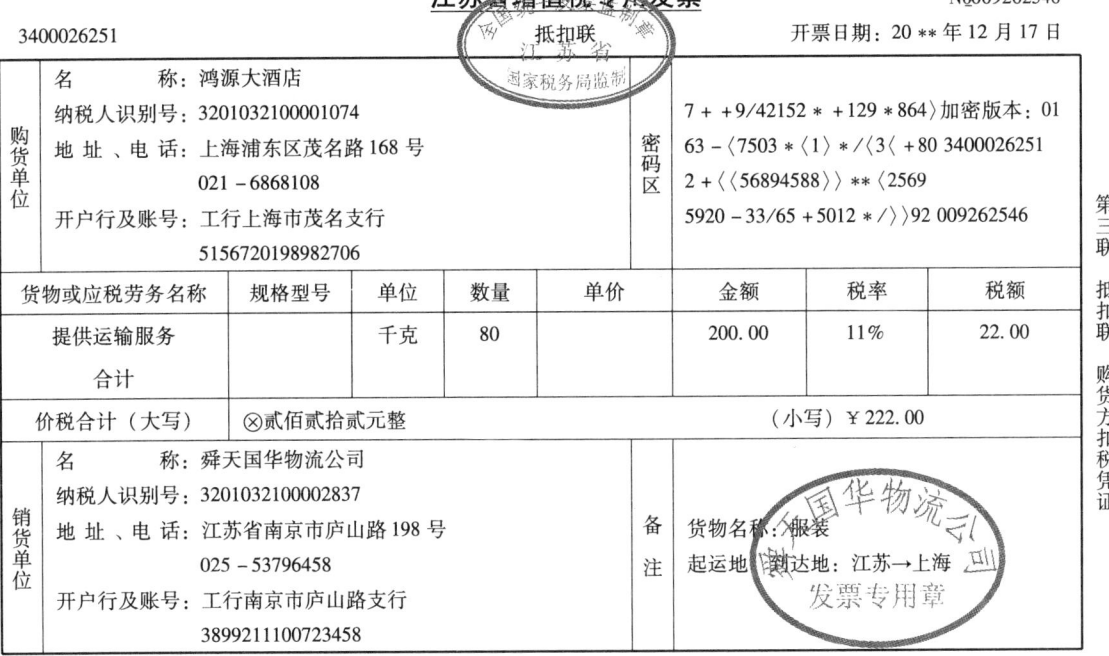

原始凭证 5-31

(2) 12月17日，鸿源大酒店商务部按约定将上述经验收入库的商品货款通过银行汇出。原始凭证见相关单据 5-32。

原始凭证 5-32

11. 12月20日，鸿源大酒店商务部向天方达公司出售A类丝绸服装5件，每件售价800元，进价500元。原始凭证见相关单据5-33至5-36。

原始凭证5-33

原始凭证5-34

中国工商银行转账支票

支票号码 IV V9335133

出票日期（大写）贰零**年拾贰月贰拾日　　开户行名称：工行上海市茂名支行

本支票付款期十天

人民币（大写）	贰仟玖佰贰拾伍元整	亿	千	百	十	万	千	百	十	元	角	分
						¥	2	9	2	5	0	0

用途：丝绸服装款　　科目（借）　　　　银行存款
　　　　　　　　　　对方科目（贷）　　预收账款
出票人签章（工行上海市茂名支行业务专用章）　付讫日期　20**年12月20日

出纳　刘媛媛　　　　　　　　　　记账　章磊
复核　王欣怡　　　　　　　　　　复核　刘义

原始凭证 5-35

中国工商银行进账单（收账通知）

20**年12月23日　　　　第3097号

收款人	全称	鸿源大酒店	付款人	全称	天方达公司
	账号	5156 7201 9898 2706		账号	5102 1066 4453 2603
	开户银行	工行上海市茂名支行		开户银行	工行上海市文东支行

人民币（大写）	贰仟玖佰贰拾伍元整	千	百	十	万	千	百	十	元	角	分
					¥	2	9	2	5	0	0

票据种类	转账支票
票据张数	1
单位主管：杨明宇　会计：纪红	
复核：朱文　记账：李清	

（收款人开户行盖章：工行上海市茂名支行 20**.12.23 收讫）

此联是收款人开户银行交给收款人的收账通知

原始凭证 5-36

12. 12月23日，鸿源大酒店接到宁远县城乡土地规划局的会议接待预定，会议时间为20**年12月26日至12月29日。预计参加会议人数95人，需留用标准间40间，双方协议价格为360元/间/晚，预定时间为3晚。会议预定提供早饭自助餐，每顿标准10元/人，午晚餐桌餐，每顿标准35元/人。会议预定能容纳100人的多媒体会议室，协议价格为800元/半天，预定时间为3天。会务组在会议召开前两天送来转账支票38 000元，约定会议结束后3天内结清。会议召开过程顺利进行，于12月29日上午结束，酒店服务台以现金退还会务组预付会务费800元。原始凭证见相关单据5-37至5-40。

上海市增值税专用发票

No 004635483

3400073368 记账联 开票日期：20**年12月29日

购货单位	名 称：	宁远县城乡土地规划局				密码区	7++9/42152*+129*864〉加密版本：01 63-〈7503*〈1〉*/〈3〈+80 3400073368 2+〈〈56894588〉〉**〈2569 5920-33/65+5012*/〉〉92 004635481
	纳税人识别号：	340088229142311					
	地 址、电话：	上海市闵行区前进路260号 021-6868401					
	开户行及账号：	工行上海市闵行支行 02106644532603					

货物或应税劳务名称	规格型号	单位	数量	单价	金额	税率	税额
会议费用					37 500.00	6%	2 250.00
合计							

价税合计（大写）	⊗叁万玖仟柒佰伍拾元整	（小写）¥39 750.00

销货单位	名 称：	鸿源大酒店	备注	
	纳税人识别号：	3201032100001074		
	地 址、电话：	上海浦东区茂名路168号 021-6868108		
	开户行及账号：	工行上海市茂名支行 5156720198982706		

收款人：刘洋　　　复核：肖燕　　　开票人：张庆　　　销货单位：（章）

原始凭证 5-37

中国工商银行转账支票

支票号码　IV V9335133

出票日期（大写）贰零**年拾贰月贰拾叁日　　开户行名称：工行上海市茂名支行
收款人：鸿源大酒店　　　　　　　　　　　　签发人账号：5156 7201 9898 2706

人民币 （大写）	肆万壹仟陆佰贰拾伍元整	亿	千	百	十	万	千	百	十	元	角	分
					¥	4	1	6	2	5	0	0

本支票付款期十天

用途　预支会务费　　　　　　　　　科目（借）　　　　　　　　银行存款
　　　　　　　　　　　　　　　　　对方科目（贷）　　　　　　预收账款
出票人签章　　　　　　　　　　　　付讫日期　　20**年12月23日

　　　　　　　　　　　出纳　刘媛媛　　　　　　　记账　章磊
　　　　　　　　　　　复核　王欣怡　　　　　　　复核　刘义

原始凭证 5-38

中国工商银行进账单（收账通知）

20**年12月23日　　　　　　　　　　　　　　　　　第3097号

收款人	全称	鸿源大酒店	付款人	全称	宁远县城乡土地规划局
	账号	5156 7201 9898 2706		账号	5156 8344 3249 1022
	开户银行	工行上海市茂名支行		开户银行	工行上海市闵行支行

人民币（大写）	肆万壹仟陆佰贰拾伍元整	千	百	十	万	千	百	十	元	角	分
				¥	4	1	6	2	5	0	0

票据种类	转账支票
票据张数	1

单位主管：杨明宇	会计：纪红
复　核：朱文	记账：李清

收款人开户行盖章：工行上海市茂名支行 20**.12.1 收讫

此联是收款人开户银行交给收款人的收账通知

原始凭证 5－39

现金支出凭单

第1329号

附件　张　　　20**年12月23日

对方科目编号	预收账款

用款事项：退还宁远县城乡土地规划局预付会务费

人民币（大写）：捌佰元整

现金付讫

收款人	主管人员	会计人员	出纳员
朱文	王鹏	刘小芳	付讫 刘洋
（签章）	（签章）	（签章）	（签章）

原始凭证 5－40

13. 12月24日，鸿源大酒店商品部向客户张卫民等人销售运动鞋一双（价值300元，客户以现金付款）、方便面5碗（价值25元，客户以现金付款）、丝绸服装3件（价值1 800元，顾客以银行卡结算）、首饰2件（价值4 575元，顾客以银行卡结算）、工艺品2件（价值5 300元，顾客以银行卡结算）。发票抬头为闵行区城乡土地规划局，货物名称为会议费用，原始凭证见相关单据5－41至5－44。

上海市增值税专用发票

No.004635483

3400073368　　　　　记账联　　　　开票日期：20**年12月24日

购货单位	名　称：闵行区城乡土地规划局
	纳税人识别号：340088229142311
	地　址、电话：上海市闵行区前进路260号
	021-6868402
	开户行及账号：工行上海市闵行支行
	02106644532603

密码区：
7++9/42152*+129*864〉加密版本：01
63-〈7503*〈1〉*/〈3〈+80 3400073368
2+〈〈56894588〉〉**〈2569
5920-33/65+5012*/〉〉92 004635481

第一联　记账联　销货方记账凭证

货物或应税劳务名称	规格型号	单位	数量	单价	金额	税率	税额
会议费用					11320.75	6%	679.25
合计							

价税合计（大写）　⊗壹万贰仟元整　　　　（小写）￥12 000.00

销货单位	名　称：鸿源大酒店
	纳税人识别号：3201032100001074
	地　址、电话：上海浦东区茂名路168号
	021-6868108
	开户行及账号：工行上海市茂名支行
	5156720198982706

收款人：刘洋　　复核：肖燕　　开票人：张庆　　销货单位：（章）

原始凭证5-41

现金收入凭单

第0987号

附件1张　　　20**年12月24日　　　对方科目编号：营业收入

用款事项：　商品销售收入

人民币（大写）：　叁佰贰拾伍元整

现金收讫

收款人	主管人员	会计人员	出纳员
朱文	王鹏	刘小芳	付讫 刘洋
（签章）	（签章）	（签章）	（签章）

原始凭证5-42

银联 POS 签购单

商户名称：鸿源大酒店
商户编号：0009201923
终端编号：19283
卡号：5156 7201 9898 2706

发卡行号：515064 收单行号：515672
交易类别：消费 有效期：×××
日期：20**年12月24日
批次号：××× 凭证号：××
参考号：××××
金额：11 675.00 元
总计：

持卡人签名：
张卫民

原始凭证 5-43

业务回单（收款）

日期：20**年12月24日   回单编号：1618600017

付款人户名：张卫民   付款人开户行：工行上海市
付款人账号（卡号）：5161723456894568   南京支行
收款人户名：鸿源大酒店   别名：无   收款人开户行：工行上海市
收款人账号（卡号）：5156720198982706   茂名支行
金额：壹万壹仟陆佰柒拾伍元整   小写：11 675.00
业务（产品）种类：跨行收报   凭证种类：000000   凭证号码：000000000000
摘要：住宿费   用途：   币种：人民币
交易机构：0160200238   记账柜员：00023   交易代码：52110   渠道：其他
附言：住宿费
交易支付序号：19344205   报文种类：小额客户发起普通贷记业务   委托日期：20**-12-24
业务类型（种类）：普通汇兑

本回单为第1次打印，注意重复   打印日期：20**年12月24日   打印柜员：9   验证码：FF14B76FB006

原始凭证 5-44

14. 鸿源大酒店与江南皮革厂签订协议，委托酒店代销貂皮大衣，并且按江南皮革厂确定的价格结算，酒店只收取代销手续费，手续费收取比例为25%。

（1）12月25日，江南皮革厂送来四件貂皮大衣，一共有两种款式，A款式两件，每件8 000元，B款式两件，每件12 000元。大衣经验收并办理交接手续后直接送到商务部销售。原始凭证见相关单据 5-45 和 5-46。

代销协议书

委托人：江南皮革厂（以下简称"甲方"）
代销人：鸿源大酒店（以下简称"乙方"）
甲乙双方经友好协商，在平等合作、互惠互利的基础上，就乙方代销甲方产品相关事宜，达成协议如下：
一、经销方式及销售价格：
1. 乙方代销甲方产品 <u>貂皮大衣 A</u>、<u>貂皮大衣 B</u>；
2. 乙方以甲方制定的价格销售；
3. 代销的甲方产品，其销售额的多少与乙方无关。
二、销售期限：
乙方自 <u>20**</u> 年 <u>12</u> 月 <u>25</u> 日起开始代销甲方商品。
三、甲方义务
1. 甲方需及时解答乙方提出的有关产品质量及市场相关问题；
2. 甲方应提供销售产品相关的资质及证明文件；
3. 甲方须每月支付给乙方代销费用，手续费收取比例为25%，须在每月15 日前支付给乙方。
四、乙方义务
1. 乙方应及时按照双方约定的结算方式结算代销产品货款；
2. 乙方应妥善保存甲方的产品及提供的无偿使用的货架和工具，在双方合作终止时，应完好退回。
五、甲方所提供首批产品及配件列表：

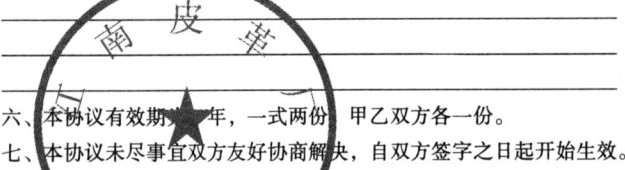

六、本协议有效期　　年，一式两份，甲乙双方各一份。
七、本协议未尽事宜双方友好协商解决，自双方签字之日起开始生效。

甲方签字：江南皮革厂　　　　　乙方签字：鸿源大酒店
日期：20**年12月25日　　　　　日期：20**年12月25日

原始凭证 5－45

入　库　单

字第 6702 号
20**年12月25日
单位：元

发货地点			温州		供应单位		江南皮革厂	备注		
库名	编号	名称	单位	规格	入库			单张据数	实收	
					数量	单价	金额		数量	金额
1	1	貂皮大衣 A	件	1	2	8 000	16 000	1	2	16 000
1	2	貂皮大衣 B	箱	2	2	12 000	24 000	1	2	24 000

会计：任双　　　保管：张丽　　　采购员：王明　　　制单：李莉

三联送交财务会计

原始凭证 5－46

（2）12 月 26 日，鸿源大酒店商务部向客户刘功盛出售 B 款貂皮大衣一件，收到现金 12 210 元（含销项税）。现金于第二天存入银行。原始凭证见相关单据 5－47、5－48 和 5－49。

上海市增值税专用发票

3400073368 记账联 No.004635483
开票日期：20**年12月26日

购货单位	名　　称：个人 纳税人识别号： 地　址、电话： 开户行及账号：	密码区	7 + +9/42152 * +129*864〉加密版本：01 63 -〈7503*〈1〉*/〈3〈+80 3400073368 2 +〈〈56894588〉〉**〈2569 5920 -33/65 +5012*/〉〉92 004635481

货物或应税劳务名称	规格型号	单位	数量	单价	金额	税率	税额
貂皮大衣B					10 435.90	17%	1 774.10
合计							

价税合计（大写）	⊗壹万贰仟贰佰壹拾元整	（小写）￥12 210.00

销货单位	名　　称：鸿源大酒店 纳税人识别号：3201032100001074 地　址、电话：上海浦东区茂名路168号 　　　　　　021 -6868108 开户行及账号：工行上海市茂名支行 　　　　　　5156720198982706	备注	（鸿源大酒店 发票专用章）

收款人：刘洋　　复核：肖燕　　开票人：张庆　　销货单位：（章）

原始凭证 5-47

现金收入凭单

第0988号

附件1张　　　20**年12月26日

对方科目编号	应付账款

用　款
事　项：　代销商品收入　　　　　　现金收讫

人民币
（大写）　壹万贰仟贰百壹拾元整

收款人	主管	会计	出纳员
朱文	人员　王鹏	人员　刘小芳	付　讫　刘洋
（签章）	（签章）	（签章）	（签章）

原始凭证 5-48

现金存款凭证（回单）

交款日期：20**年12月25日　　　　　　　　　　　　　　　　　　　　No.0023660

款项来源		商品代销收入		收款单位名称		鸿源大酒店							
现金计划项目				收款单位账号		5156 7201 9898 2706							
				收款单位开户行		工行上海市茂名支行							
人民币（大写）壹万贰仟贰佰壹拾元整								万	千	百	十	元	角	分
								1	2	2	1	0	0	0
券别	张数	金额	券别	张数	金额	券别	张数	金额	上述现金收讫无误 收款人 李红梅					
壹佰元	122	12 200	贰元			伍分								
伍拾元			壹元			贰分								
贰拾元			伍角			壹分								
壹拾元	1	10	贰角											
伍元			壹角											

（无收款员章及收讫章无效）

原始凭证 5－49

（3）12月27日，江南皮革厂来酒店结算貂皮大衣款，按照约定，应支付酒店代销手续费3 000元，从应付给江南皮革厂的货款中扣除。原始凭证见相关单据5－50和5－51。

收　据

入账日期：20**年12月27日　　　　　　　　　　　　　　　　　　　No：00002326

交款单位：江南皮革厂	收款方式：现金
人民币（大写）叁仟元整　　　　　现金收讫	￥3 000.00
收款事由 代销貂皮大衣手续费	
收款单位：鸿源大酒店	

财务主管 张宁	记账 李琦	出纳 王明阳	审核 刘坤	经办 张艳艳

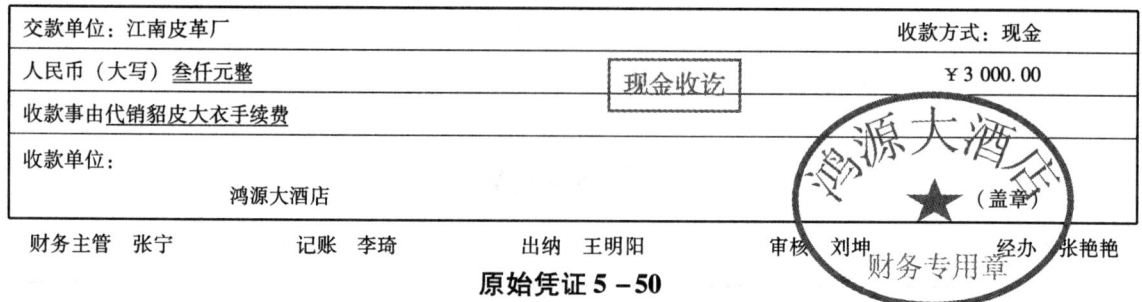

原始凭证 5－50

中国工商银行电汇凭证（回单）1

汇款单位编号　　　　　委托日期：20**年12月27日　　　　　　第0789209号

收款单位	全称	江南皮革厂	汇款单位	全称	鸿源大酒店
	账号或住址	515008090016		账号或住址	5156720198982706
	汇入地点	浙江省	汇入行名称	工行温州市环化支行	汇出地点	上海市	汇出行名称	工行上海市茂名支行

（表格合并：金额 人民币（大写）玖仟元整 　￥9 000.00　工行上海市茂名支行 20**.12.27 收讫）

汇款用途：代销商品款	（汇出行盖章）
上列款项已根据委托办理，如须查询，请持此回单来行面洽。	
单位主管：　　会计：　　复核：	记账：2006年12月27日

原始凭证 5－51

15. 12月28日,鸿源大酒店商务部美容美发厅向宾馆财务部交来现金22 500元,与"营业收入日报"列明的收入一致。原始凭证见相关单据5-52和5-53。

营业收入日报

20**年12月28日　　　　　　　　　　　　　　　　　　　　单位:元

项　目	服务人次	单价	金额	备注
一、美容收入			10 560	
其中:脸部护理	84	100	8 400	
纹眼线	6	160	960	
修指甲	30	40	1 200	
二、理发收入			11 940	
其中:剪发	200	22	4 400	
吹风	56	10	560	
烫发	32	100	3 200	
焗油	18	110	1 980	
发质护理	20	90	1 800	
营业收入合计			22 500	

实收现金:人民币贰万贰仟伍佰元整　　　　长款:　　　　短款:

收款人:徐文文　　　　　　　交款人:李岚

原始凭证 5-52

现金收入凭单　　　　　　　　　　　　　　　　　　　　　　第0989号

| 附件　张 | 20**年12月28日 | 对方科目编号 | 应付账款 |

用　款
事　项:　代销商品收入　　　　　　　现金收讫

人民币
(大写)　　贰万贰仟伍佰元整

收款人	主管	会计	出纳员
朱文	人员　王鹏	人员　刘小芳	付　讫　刘洋
(签章)	(签章)	(签章)	(签章)

原始凭证 5-53

16. 12月31日,鸿源大酒店餐饮部厨房剩余的各种原材料等共计2916元。根据盘点记录办理假退库手续。原始凭证见相关单据5-54。

月末剩余原材料、半成品和待售产成品盘存表

编表部门：餐饮部厨房　　　　　　　　　20**年12月31日　　　　　　　　　金额单位：元

原材料名称	单位	单价	剩余数量	半成品及未出售的制成品						合计	
				甲半成品			乙产成品			材料数量	金额
				数量	消耗定额	定额消耗量	数量	消耗定额	定额消耗量		
		－1	－2	－3	－4	(3)×(4)	－5	－6	(5)×(6)	－7	(7)×(1)
猪肉	千克	18.00	40							40	720.00
面粉	千克	3.00		32	6	192				192	576.00
鸡蛋	千克	5.40					100	3	300	300	1 620.00
合计											2 916.00

原始凭证 5－54

17. 12月31日，鸿源大酒店餐饮部以支票支付绿意花木公司当月鲜花费和绿色植物摆租费1 990元，以现金支付新生活乐队当月乐器演奏师和歌手劳务费5 400元。原始凭证见相关单据5－55至5－59。

中国工商银行
现金支票存根（沪）

XIN00081018

附加信息：

出票日期：20**年12月31日

收款人：绿意花木公司
金　额：￥1 990.00
用　途：鲜花费、绿色植物摆租费

单位主管：　　　　会计：

原始凭证 5－55

现金支出凭单

第0989号

附件1张　　　　　　20**年12月31日　　　　对方科目编号　预收账款

用款事项：　新生活乐队乐器演奏师和歌手劳务费　　　　　现金付讫

人民币（大写）：　伍仟肆佰元整

收款人　朱文（签章）　　主管人员　王鹏（签章）　　会计人员　刘小芳（签章）　　出纳员　付讫 刘洋（签章）

原始凭证 5－56

上海市增值税专用发票

发票联 No.009262549

3400026251 开票日期：20**年12月31日

购货单位	名　　称：鸿源大酒店			
	纳税人识别号：3201032100001074			
	地址、电话：上海浦东区茂名路168号　021-6868108			
	开户行及账号：工行上海市茂名支行　5156720198982706			

密码区：
7++9/42152*+129*864〉加密版本：01
63-〈7503*〈1〉*/〈3〈+80 3400026251
2+〈〈56894588〉〉**〈2569
5920-33/65+5012*/〉〉92 009262546

货物或应税劳务名称	规格型号	单位	数量	单价	金额	税率	税额
鲜花		盆	30	50	1 500.00	17%	255.00
绿植摆租劳务					490	17%	83.30
合计							

价税合计（大写）：⊗贰仟叁佰贰拾捌元叁角　（小写）¥2 328.30

销货单位	名　　称：绿意花木公司
	纳税人识别号：3201032108630281
	地址、电话：上海市浦东区南京路92号　021-53496024
	开户行及账号：工行上海市南京路支行　51892111007834567

备注：（发票专用章）

收款人：　复核：　开票人：　销货单位：（章）

第二联　发票联　购货方记账凭证

原始凭证 5-57

上海市增值税专用发票

抵扣联 No.009262551

3400026251 开票日期：20**年12月31日

购货单位	名　　称：鸿源大酒店
	纳税人识别号：3201032100001074
	地址、电话：上海浦东区茂名路168号　021-6868108
	开户行及账号：工行上海市茂名支行　5156720198982706

密码区：
7++9/42152*+129*864〉加密版本：01
63-〈7503*〈1〉*/〈3〈+80 3400026251
2+〈〈56894588〉〉**〈2569
5920-33/65+5012*/〉〉92 009262546

货物或应税劳务名称	规格型号	单位	数量	单价	金额	税率	税额
鲜花		盆	30	50	1 500.00	17%	255.00
绿植摆租劳务					490	17%	83.30
合计							

价税合计（大写）：⊗贰仟叁佰贰拾捌元叁角　（小写）¥2 328.30

销货单位	名　　称：绿意花木公司
	纳税人识别号：3201032108630281
	地址、电话：上海市浦东区南京路92号　025-53496024
	开户行及账号：工行上海市南京路支行　51892111007834567

备注：（发票专用章）

收款人：　复核：　开票人：　销货单位：（章）

第三联　抵扣联　购货方扣税凭证

原始凭证 5-58

收 据

入账日期：20＊＊年12月31日　　　　　　　　　　　　　　　　No：0000356

交款单位：鸿源大酒店		收款方式：现金
人民币（大写）**伍仟肆佰元整**	现金收讫	￥5 400.00
收款事由 乐器演奏师和歌手劳务费		
收款单位：新生活音乐工作室		（新生活音乐工作室 财务专用盖章）

财务主管 李晓阳　　记账 张欢　　出纳 王静　　审核 李爱明　　经办 张佳

原始凭证 5-59

18. 12月31日，鸿源大酒店商务部的销售收入如下：
工艺品 83 000元，工艺品的进销差价率为68%；
景泰蓝及漆雕品 65 000元，景泰蓝及漆雕品的进销差价率为48%；
金银首饰 12 000元，金银首饰的进销差价率为30%；
珠宝钻石 45 000元，珠宝钻石的进销差价率为55%；
丝绸服装 125 000元，丝绸服装的进销差价率为45%；
日用百货 8 800元，日用百货的进销差价率为35%。

19. 12月31日，鸿源大酒店商务部发现仓库一件进价600元的蜀绣纪念品被虫咬，无法销售，造成损失。经查是由于自然原因导致。原始凭证见相关单据5-60。

物品报损表（财务留存）

记录号：RX-J--93
使用号：RX-J--32

申请部门	采购部	申请人	宋伟安	申请时间	20＊＊.12.31
物品报损原因： 自然原因 虫咬损坏　　　　　　　　　　　　　　经办人签字：张丽					
申请部门意见： 情况属实，建议计入管理费用　　　　　　　　　　负责人签字：张阳					
财务部意见： 同意　　　　　　　　　　　　　　　　　　　　　　负责人签字：肖俊 （鸿源大酒店财务专用章）					
公司领导意见： 同意　　　　　　　　　　　　　　　　　　　　　负责人签字：李庆明					

原始凭证 5-60

20. 12月31日，鸿源大酒店商品部清点商场商品，发现还有5件手工旗袍未卖出，为回收资金，同时为避免造成更大的损失，经批准将5件手工旗袍降价处理。手工旗袍原来的进价为每件580元，售价为860元，现降价至每件500元，共损失400元。原始凭证见相关单据5-61。

产品降价申请表

编号：000984　　　　　　　　　　　　　　　　　　　填写日期：20＊＊年12月31日

产品名称		手工旗袍	规格	A	数量	5件
责任部门申请描述	申请降价额度	每件降价80元				
	申请降价原因	回收资金，避免损失				
	申请人	冯鑫奇	审核		张磊	
处理决定		□不准许降价销售		☑准许降价销售		
备注		无				

原始凭证 5-61

21. 交纳鸿源大酒店20＊＊年第四季度应缴纳的房产税。房屋的账面原值为12 600万元，房屋已使用8年，原始凭证见相关单据5-62。

纳税人编号：3201032100001074　　　　　　　**中华人民共和国**　　　　　　　　　　　沪

隶属关系：　　　　　　　　　　　　　　　　　**税收通用缴款书**　　　　　　　（20＊＊）沪地缴电

注册类型：股份有限公司　　　　　　　填发日期：20＊＊年12月31日　　　征收机关：上海市地方税务局

缴款单位（人）	代　号	3201032100001074	预算科目	编　码	101100103	第一联（收据）国库（银行）收款盖章后退缴款单位
	全　称	鸿源大酒店		名　称	股份制企业房产税	
	开户银行	工行上海市茂名支行		级　次	地方	
	账　号	5156 7201 9898 2706		收款国库	地方收入53400000023	
缴款所属期间：20＊＊年10月1日至20＊＊年12月31日			税款限缴日期：20＊＊年12月31日			
品目名称	课税数量		计税金额或销售收入	税率或单位税额	已缴或扣除额	实缴金额
房产税			126 000 000.00	1.2%	37 800 000	1 058 400.00
金额合计人民币（大写）⊗壹佰零伍万捌仟肆佰元整						￥1 058 400.00
缴款意单位（盖章）经办人（章）	税务机关（盖章）填票人（章）		国库（银行）盖章	20＊＊年12月31日	备注 一般申报 银税 20＊＊280029 上海市地方税务局	

逾期不缴按税法规定加收滞纳金

原始凭证 5-62

22. 交纳鸿源大酒店20**年第四季度应缴纳的城镇土地使用税。税务局核定每平方米每年的城镇土地使用税是18元，按月计提，分季缴纳，原始凭证见相关单据5-63。

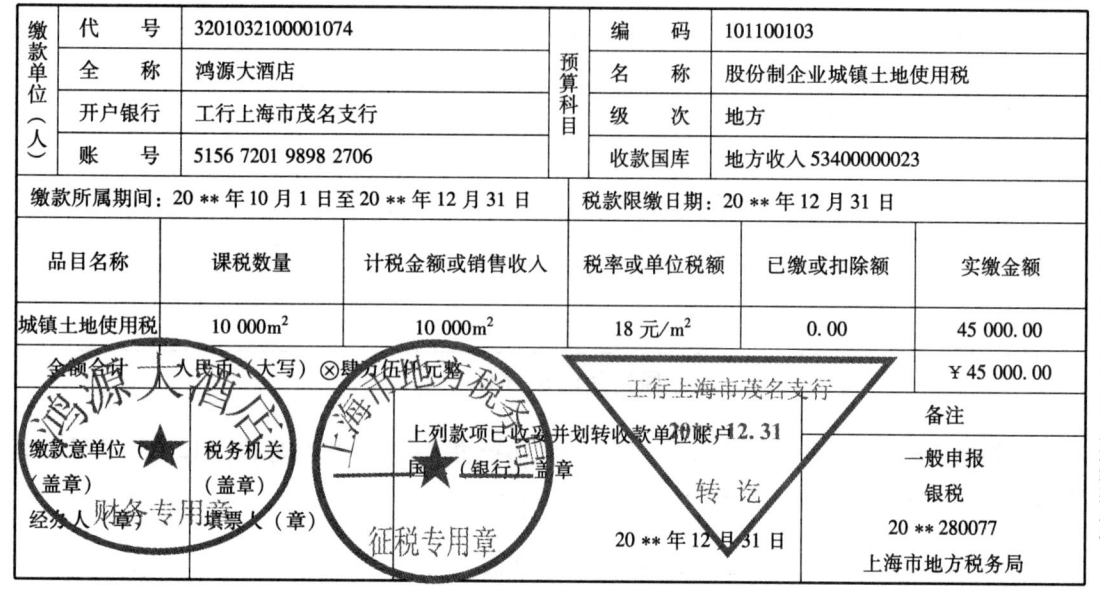

原始凭证5-63

23. 交纳鸿源大酒店20**年第四季度应缴纳的增值税。鸿源大酒店12月发生的营业收入汇总如下：酒店客房收入320万元；饮食部餐饮收入560万元；歌舞厅门票收入60万元、台位费收入40万元、相关的烟酒和饮料收入80万元。增值税税率：销售商品17%，应税服务——生活服务为6%。原始凭证见相关单据5-64。

纳税人编号：3201032100001074	中华人民共和国	沪
隶属关系：	税收通用缴款书	（20**）沪地缴电
注册类型：股份有限公司	填发日期：20**年12月31日	征收机关：上海市地方税务局

缴款单位（人）	代 号	3201032100001074	预算科目	编 码	101010103	第一联（收据）国库（银行）收款盖章后退缴款单位
	全 称	鸿源大酒店		名 称	旅游饭店企业增值税	
	开户银行	上海工商银行茂名支行		级 次	中央75% 县区25%	
	账 号	5156 7201 9898 2706		收款国库	工行中央与地方共享收入 53400000023	

缴款所属期间：20**年12月1日至20**年12月31日　　税款限缴日期：20**年12月31日

品目名称	课税数量	计税金额或销售收入	税率或单位税额	已缴或扣除额	实缴金额
生活服务业（6%）	9 800 000.00	9 800 000.00	6%	0.00	588 000.00
销售商品（17%）	800 000.00	800 000.00	17%	0.00	136 000.00
金额合计（人民币）（大写）⊗柒拾贰万肆仟元整					￥724 000.00

缴款意单位（盖章）	税务机关（盖章）	上列款项已收妥并划转收款单位账户 国库（银行）盖章	备注
经办人（章）	填票人（章）	20**年12月31日	一般申报 银税 20**2800068 上海市地方税务局

逾期不缴按税法规定加收滞纳金

原始凭证5-64

三、要求

根据以上经济业务，编制记账凭证并登记明细账和总账。